人を活かす
人材評価制度

楠田 丘「著」

経営書院

はしがき

　今日の人事問題は、2つの主要な課題をかかえている。1つは、年功・職階にかわる新しい処遇基準の確立であり、もう1つは、各人の適性や意思や能力に応じたキメの細かい能力開発や能力活用体制の整備強化である。前者が能力主義人事への転換であり後者が加点主義人事の整備である。ホワイトカラー化、高齢化、国際化といった新しい環境の中では、学歴、男女、勤続といったいわば年功要素による昇進、昇給慣行は崩壊せざるを得ないし、また画一的な能力の開発や活用も意味がなくなっていくからである。

　いわば画一的な年功による人事を改めて、各人をみつめた、かつ能力をベースとした人事を新たに展開していくことが必要であるわけだが、この際、まずすぐ問題となるのは、人材評価であろう。能力の絶対的な高さや特性をとらえるのみでなく、相対的に業績とか執務態度の評価のみを追い求めてきた従来の人事考課では、そのような新しい人事の展開には通用しないからである。

　それに第一、従来の人事考課はあまりにも不信感に満ちあふれたものでもあり、不信感を取り除かない限り、今後もそれを継続していくわけにはいかないといった面もある。従業員の相対関係のみをとらえ、一方的にしかも非公開で行われる人事考課では、新しい処遇基準の中枢に反映させるわけにはいかないし、能力の開発や活用に役立たせることもできるはずがない。

　そこで、この際、従来とは違った新しい考え方に立って新しい人事考課を編成し、出発させていくことが大切だと思う。それは、3つの要件からなると思う。

　①　考課基準を明確にし、絶対考課としていくこと

② 考課結果を、部下にフィードバックし事態の改善、つまり目標設定や職務改善や教育訓練に結びつけていくこと
③ 納得のいく、かつ公開されたルールで、整然と、昇格、昇進、昇給、賞与などに反映させること

　本書は右のような観点に立って、これからの人事考課のあり方として、とくに考課基準の明確化と考課制度の設計、考課者訓練の徹底および各人へのフィードバックのあり方等に重点を置いて、これからの人事考課を解説することとした。

　あくまでも従来の人事考課の欠点を修正し、納得のいく公平性の強い人事考課を実現し、仕事の与え方や能力の引上げに、より有効な人事考課をつくり上げることにねらいを置くこととした。

　新しい人事考課は、従来は経営側で一方的に行われてきたが、これからは労働組合も人事考課のルールについては積極的に発言し、意見を述べていくべきであろうと思う。そのような意味において、本書は経営側のみならず、労働組合の方々にも読んでいただきたいと思っている。

　本書が、従来のあいまいな人事考課をいくらかでも客観公平化するうえに役立つならば幸いである。

　なお本書の改訂にあたって、産業労働調査所（現　産労総合研究所）および日本賃金研究センターの皆様方にたいへんお世話になったことを厚く感謝したい。

　　　　昭和53年3月29日

『新版加筆および改題にあたって』

　原版を執筆してから約15年が経過した平成5年に改訂版（加点主義人事考課に改題）を出し、さらにそれから13年が経過したいま、ここに再度加筆、改題してこの改訂改題版を執筆した。この間、雇用形態

の多様化、高度化、男女平等化、個別主義化、国際化、価値観の多様化などが総合的に進む中で、わが国の人事・処遇制度は、一層、能力の開発・活用を基軸とする能力主義の強化と併せて実力主義、成果主義、そして加点主義人事の一層の整備が求められつつある。すなわち1975年以降、能力主義に転じたわが国の人事は、1990年以降さらに働きがいと組織の活性化を目ざして加点主義人事へと転換が進み併せて実力主義人事が要請されている。

これを受けて、人事考課についてもさらに一段と見直しの気運が高まり、多くの企業で何らかの形で、修正や再設計が進んでいる。それは、挑戦主義、長所主義、実力主義、育成主義、個別主義、生涯充足主義といった新しいあり方への転換をできるだけはかるという方向で、人事考課をぐっと拡げてアセスメントや実力評価を含めての人材評価への進化となっている。

このような今日的動きを踏まえて、この新版加筆にあたって、「新しい人事考課」から「加点主義人事考課」と改題し、さらに今回「人を活かす人材評価制度」と改訂することによって、より具対的に新しい人事考課のすすむべき道を示した。労使双方に少しでもお役に立ちたいと願っている。

本書の改訂にあたって、経営書院並びに日本賃金研究センターの皆様方に並々ならぬ御協力をいただいたことを付記して併せて感謝申し上げる。

　　　平成18年6月1日　改訂改題

　　　　　　　　　　　　　　楠　　田　　　丘

目　次

はしがき

第Ⅰ章　これからの人材評価
　　——人材の育成と活用に役立つ
　　　　総合的多面的絶対考課を目指して ……… 11

　1　「育成と活用」を主眼に置く ………………………… 12
　2　加点主義絶対考課を目指す …………………………… 15
　　　1　絶対考課とは ……………………………………… 15
　　　2　加点主義人事政策への転換 ……………………… 17
　3　能力主義のトータル・システム化 …………………… 21
　4　絶対考課への道 ………………………………………… 22
　　　1　能力主義人事の組立て …………………………… 22
　　　2　絶対考課の要件 …………………………………… 26
　　　3　問われる上司の姿勢 ……………………………… 27
　5　鍵を握る面接制度 ……………………………………… 28
　　　1　面接制度とは ……………………………………… 28
　　　2　その進め方 ………………………………………… 29
　　　3　育成面接のポイント ……………………………… 33
　6　人材評価制度修正の方向 ……………………………… 37
　　　1　従来の人事考課 …………………………………… 37
　　　2　新しい時代環境 …………………………………… 38
　　　3　能力主義と人事考課 ……………………………… 39
　7　加点主義人事への転換 ………………………………… 43

	1	チャレンジ目標の設定 …………………………	43
	2	自己評価 ………………………………………	44
	3	キャリア開発と評価 ……………………………	45
	4	育成面接 ………………………………………	46
8	人材評価制度の組み立て …………………………		47

第Ⅱ章　人事考課の組立て ……………… 49

1　人事考課の基本の理解 ………………………… 50
  1　成績と業績 ……………………………………… 50
  2　営業部門や管理職の人事考課 ………………… 52
  3　成績と業績と「能力考課」 …………………… 53
  4　考課基準の確認が大切 ………………………… 53
  5　中間項（業績と能力の間に介在するもの） ………… 56
  6　能力や適性の把握 ……………………………… 58
  7　人事考課の位置づけ …………………………… 60
2　人事考課の組立て ……………………………… 64
  1　成績考課と能力考課 …………………………… 64
  2　業績考課も必要 ………………………………… 66
  3　情意考課の位置づけ …………………………… 68
  4　人事考課とアセスメント ……………………… 70
    試験制度と人事考課の違い／72　適性観察制度／72
    人材アセスメント／72　長所主義と評価システムの
    多面化／74
3　考え方のポイント ……………………………… 75
  1　賃金に差をつけるだけが目的ではない ……… 75
  2　観察と分析こそが人事考課 …………………… 77
  3　考課基準の確認こそがすべて ………………… 78

4	非公開では維持できない ……………………	82
5	自己評価をかみ合わせる ……………………	83
6	チャレンジ制度 ………………………………	83
7	考課者訓練の徹底実施 ………………………	84
8	事後調整はできるだけ避ける ………………	88
9	ルールの設定には労使で協議を ……………	89
10	思いつきのバラバラな人事制度では効果があがらない ……………………………………………………	90
11	フィードバックと教育訓練への徹底活用 …………	91
12	自社人事考課のチェックポイント …………………	93

第Ⅲ章　考課基準の設定 ……………… 95

1　考課基準としての「等級基準（職能要件）」と「職務基準」……………………………………………… 96
2　職務調査の必要性 ……………………………… 99
3　職務調査の具体的進め方 ……………………… 108
　作業①職種別課業の洗い出し（職種別課業一覧表または部門別課業一覧表）……………………………… 108
　作業②職種別職能要件書の作成 ……………… 114
　作業③個人別課業分担表の作成 ……………… 116
　作業④対応課業（職能資格等級ごとの課業一覧表）の設定 ……………………………………………… 122
　作業⑤職種別等級別の職能要件書の設定（等級基準＝職能マニュアル）……………………………… 127
　作業⑥課業マニュアル ……………………… 129
　（参考）職務記述書および職能要件書の作成 ……… 129
4　考課段階 ……………………………………… 134

目　次

第Ⅳ章　人事考課制度の設計と運用 ……………137

1　人事考課表の作り方と運用 ……………………………138
　1　職能開発カードと成績考課表 …………………………138
　　　職能開発カード／140　成績考課表／142
　2　能力考課表 ……………………………………………148
2　設計上の留意点（その1）——能力の内容と考え方 …153
3　設計上の留意点（その2）——考課要素と層別区分 …162
　1　「成績」を通して「能力」を把握・評価する …………162
　2　層別区分 ………………………………………………166
　3　実施時期 ………………………………………………170
　4　作成すべき様式書の種類 ……………………………171
4　（参考）さまざまな考課方式 …………………………172
　1　人事考課の各種の方式 ………………………………174
　　　第1グループ…長所と短所の記録法、定期的記録法、勤怠記録法／174　第2グループ…業績報告法／176　第3グループ…指導記録法／176　第4グループ…減点法、執務基準法／177　第5グループ…成績評語法、人物評語法／179　第6グループ…プロブスト法、強制択一法／180　第7グループ…図式尺度法、段階択一法、評語考課法／181　第8グループ…相対比較法、人物比較法／182　第9グループ…分布制限法／183　第10グループ…成績順位法／183　第11グループ…オーバーオール・レイティング法／183
　2　考課表と職能開発カード ……………………………184
　　　フィードバックと人事情報システム／185　その設計と運用／186

5　運用上の要件 ……………………………………………… 189
　　6　配転と人事考課 …………………………………………… 192

第Ⅴ章　人事考課の活用 ……………………………… 197

　1　事態改善へのフィードバック ………………………………… 198
　　1　よりよき明日を求めて ……………………………………… 198
　　2　分析シートの活用 ………………………………………… 200
　　3　異動と人事考課 …………………………………………… 201
　　　　不利益を与えない／201　異動7ヵ条／202
　2　賞与・昇給・昇格への結びつけ ……………………………… 205
　　1　公平処遇への反映 ………………………………………… 205
　　2　計量化と総合 ……………………………………………… 209
　　　　計量化／209　総合のためのウエイトづけ／210
　　3　相対区分と絶対区分 ……………………………………… 220

第Ⅵ章　アセスメント並びに
　　　　　コンピテンシー評価の設計と活用 … 223

　1　アセスメントの設計と活用 …………………………………… 224
　　1　アセスメントの設計 ………………………………………… 224
　　2　アセスメントの活用 ………………………………………… 227
　2　コンピテンシー評価の設計と職責決定への活用 ……………… 229
　　1　コンピテンシー評価の設計 ………………………………… 229
　　2　コンピテンシー評価の進め方 ……………………………… 242
　　3　コンピテンシー評価の活用（実力等級）の設定 ……… 243
　3　実力による成果主義の導入 ………………………………… 244

4　能力と実力のダブルラダー（「職能資格制度」で人材育成・「実力等級制度」で人材活用）………………… 245
　5　実力等級のフレーム　………………………………… 247
　6　役割評価の実際　……………………………………… 249
　7　人材評価と処遇　……………………………………… 252

第Ⅶ章　考課者訓練の進め方　…………………… 253

　1　考課者訓練のアウトライン　………………………… 254
　　1　考課者訓練の内容　………………………………… 254
　　2　毎年1回、定期的に行う　………………………… 256
　2　手順と内容　…………………………………………… 260
　　1　講義――基本的事項の説明　……………………… 260
　　2　模擬考課演習（各人考課）　……………………… 261
　　3　人事考課のポイントについての説明――個人別意見発表と問題点の集約　……………………………… 271
　　4　グループ別考課　…………………………………… 281
　　5　感想文提出　………………………………………… 290

図表索引　…………………………………………………… 292

第Ⅰ章　これからの人材評価

　―人材の育成と活用に役立つ
　　総合的多面的絶対考課を目指して

1　「育成と活用」を主眼に置く

　人材評価には、2つの側面がある。1つは、賞与査定、昇給査定など、いわゆる選別査定をねらいとするものであり、もう1つは、評価を職務改善や人材の育成に役立てようとするものである。
　どちらを主体とするかによって、人材評価のあり方は変わってくる。もし、査定、選別がねらいであるならば、2人のうちどちらがすぐれ、どちらが劣っているとか、このグループの中で誰が一番よくやったか、やらなかったかといったとらえ方をすればよい。すなわち、人材評価は相対考課ということになる。
　相対考課の場合、1つの集団の中における平均ないし標準的なものが基準となったり、それぞれ相手が評価の基準となる。また、選別査定の論理を主体とするのであれば、本人に評価の結果を教える必要はなく、したがって上司が一方的に行い、その結果を本人にフィードバックする必要もない。しかし、一方、もし育成をねらいとする評価であるならば、ちょうどプールサイドのコーチが、選手の一人ひとりの記録を取り、その記録を本人に伝え、いかに記録を伸ばすかについて考えるといったような、または医師による健康診断のような評価となる。つまり、比較論ではなく、部下一人ひとりをみつめ、どこがすぐれ、どこが問題で、どこを今後伸ばしたらよいかといった人材評価となる。それが絶対考課である。
　人材評価には、選別査定をねらいとした相対考課と、育成を主たるねらいとする絶対考課の2つの臨み方があるわけだ。従来わが国の人事制度は、いわゆる年功人事であった。つまり学歴、身分、性別、勤続によって能力は把握され、あとは、同一年次、同一学歴の男子職員の中で、誰が優秀であるか、誰を早く昇進させるかといったことを決

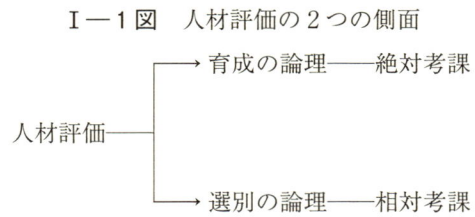

Ⅰ－1図　人材評価の2つの側面

めればよく、そのために、人材評価は行われてきたから、それは相対考課であり、したがって当然、おおかたはマル秘として、その結果を本人に伝えることもほとんどなかった。

　しかしいま、わが国の人事は年功・職階人事が行き詰まり、学歴や性別や勤続年数にこだわらず、本人の意思と適性と能力や実力に応じて、育成、配置、昇進、処遇をしていく、いわゆる能力主義ないし実力主義人事に変わろうとしている。そして国際化、ホワイトカラー化、高齢化といった新しい時代環境の中で、何よりもまず人材の育成と活用が重要であるという認識が強まりつつある。つまり、能力開発主義としての能力主義が、進められつつある。

　さてここで、わが国における戦後の人事考課がどのような経過を辿ってきたのかその流れを眺めてみよう。1960年から1970年代の半ばごろにかけて、高度成長期の中でわが国の人事制度は全般的に年功職階人事として固まっていった。これを受けて、人事考課も選別型の相対考課として各企業の中で導入され整備されていった。これが、戦後のわが国における人事考課の第Ⅰ期であると言えよう。

　さて、1975年ごろから高度成長が終わり、日本の経済・産業は質的な高度な時期に入っていく。このころから、情報化や技術の高度化などにより、新しい人材が求められるようになる一方で、労使関係はより一層民主化・近代化が進み、基準があいまいでマル秘の、しかも選別査定目的だけで行われる人事考課は漸次、その存在意義が失われていた。

Ⅰ─2図　過去の人事考課の流れ

	1975	1990	
Ⅰ		Ⅱ	Ⅲ
選別型相対考課		人材育成型 絶対考課	人材育成・活用型 加点主義・絶対考課

　そのころから人事考課も育成型の絶対考課へと変わっていったのである。いわば人事制度が能力主義人事に切りかわる中で、人事考課そのものも、育成型の基準を明示したオープンの絶対考課へと変わっていったのである。これが、おおよそ第Ⅱ期の人事考課であると言える。そして現在、1990年代の初め頃から、わが国の人事考課は第Ⅲ期を迎えることになる。つまり、人材育成活用型の加点主義の人事に立つ絶対考課型の人材評価への転換である。

　その背景には言うまでもなく高齢化とホワイトカラー化と人間尊重の高まりがある。90年代はわが国にとって構造的・慢性的な人材不足の時代の始まりであった。このような中で、これからの経営にとって最大のテーマは、いかに人材を育成し、フルに活用していくかである。以上をうけて、能力主義は一層その高度化が求められ、人事考課も単に従来の育成型ではなく、育成活用型で、しかも挑戦意欲を引き出す加点主義の人材評価へと変わりつつあると言ってよい。

　いわば前向きの、人間尊重の加点主義人事へと、日本の人事制度はいま大きく変わりつつある。このような状況の中で、人事考課そのものも、従来の選別型のクローズされた相対考課から、加点主義で育成型のオープンな絶対考課型の人材評価へと転換が進みつつあると言ってよい。まさに現在、日本の人事考課は、その人事制度の変換の中で大きな曲がり角を迎えつつあり、いわば第Ⅲ期への転換にあると言ってよい。

2　加点主義絶対考課を目指す

1　絶対考課とは

　育成型人材評価は、絶対考課でなければならないが、では、絶対考課とはどういうことをいうのであろうか。それはひとことで言えば、部下の一人ひとりをみつめる人材分析であるといってよい。優劣の議論ではなく、部下一人ひとりをみつめ、その人間を今後どう育成していけばよいのか、それをみつめる評価制度であるといえよう。

　　絶対考課とは……一人ひとりをみつめる人材評価
　ところで、一人ひとりをみつめるということになれば、基準が必要となる。ものさしがなければ、何がよいか、何が悪いかわからないからである。したがって、まず絶対考課は、基準、つまりものさしを用意するということが、1つの条件となる。

　〔第一の要件〕期待像の明示
　では、人材評価における考課の基準は一体何であろうか。それは企業が必要とする職業人つまり企業が期待し、求める人材像である。わが社の社員はこんな能力や実力や適性を身につけておいてもらいたい、こんな仕事をこれぐらいやってもらいたいといった、いわば期待像が基準となる。期待像に照らして、いまその人間が能力の面においてどうなのか、仕事を遂行する面においては何が問題で、何が十分なのかをとらえる形となる。つまり企業の期待像こそが、人材評価の考課基準ということになる。したがって絶対考課を成立させるためには、まず考課基準としての期待像を、できるだけ明らかにすることとなる。

　〔第二の要件〕事実を通してみる

絶対考課の第二の要件は、あくまでも日常の職務活動としての事実を通して、評価を行うというあり方である。漠然と、よいとか悪いとかいう形ではない。あくまでも考課期間においてあらわれた職務活動に関する具体的事実を把握し、その事実に基づいて、職務の遂行を評価したり、または能力の分析や観察を行う形となる。漠然と心情的に、イメージ的な考課を行ったのでは、これを育成に用いることはできないし、説得力を欠くことにもなる。

〔第三の要件〕能力開発へのフィードバック

　絶対考課であるための第三の要件は、この人材評価の結果を本人にフィードバックし、職務の改善や育成や配置に、大いに活用することである。"フィード"とは、物を供給するという意味であり、したがって出てきた結果を、原因、つまり本人に戻すことがフィードバックである。

　以上のように、絶対考課が成立するための条件は、基準を明らかにすること、日常の職務活動にあらわれた事実をベースとして考課を行うこと、そして考課結果を育成や配置などにフィードバックすることである。このようにして、部下の一人ひとりをみつめる人材評価が絶対考課であり、そのようなものであればこそ、育成に役立つものとなる。

〔第四の要件〕考課者訓練の定期的実施

　ところで、相対考課はやさしい。たとえば2台の車が走っているとしよう。どっちが速い、どっちが遅いということであるならば、おそらく2歳か3歳の幼児でも、これを判断し、評価することはできよう。しかし、1台の車が走っていて、それを、その速さとか、エンジンの音とか、その揺れ方などを見極めるということになれば、かなりむずかしい。高度な訓練や、高度な技術を身につけていて、はじめてそのような観察、評価をすることができるであろう。

　人材評価も、相対考課はやさしい。したがって考課する者の訓練を必要とはしない。しかし、絶対考課は、基準を用意し、その基準につ

いて考課者が十分理解し、日常の職務活動をつぶさに観察し、そのうえで考課を行うのであるから、決してなまやさしいものではない。かといって、相対考課では、これからの能力開発主義人事制度には役に立たないのであるから、困難を乗り越えてでも、絶対考課へ近づいていかねばならぬ。そしてそのためには、考課者訓練を確実に定期的に実施することが、もう1つの要件となる。

2　加点主義人事政策への転換

　従来の日本型人事は人間基準人事ではあったが、本当の意味での人間尊重の人事であったとは言えない。これまでは基本的に人材過剰の時代であったから、人事そのものも人材の無駄遣い人事であったと言えよう。つまりこれまでの人事の理念は、減点主義を基本としていたと言える。これからは前向きに人材を育成しフルに活用していくという、いわば加点主義人事へ転換をしていかざるを得ない。加点主義人事へ転換することによって、人材の一層の有効活用を可能としよう。

```
               ┌─減点主義…ダマレ、文句イウナ、いわれた通りにせよ
   集団主義─┤                （個の否定）
               └─加点主義…何ヤリタイ、ドコニイキタイ、自分で考え
                              てヤリナサイ（個の尊重）
```

　すなわち、Ⅰ—3図の左側に見るものが減点主義人事である。右側が、それに対抗する加点主義人事である。左側の理念と訣別し、右側の理念に切りかえていくことが、これからは求められる。いわば、加点主義人事への転換である。

　すなわち、これまでは規制と管理を主体とし、人材の有効活用が不十分であった。けれどもこれからは職場を自由と創造の場とし、積極的に挑戦していく風土を職場の中に形成していくことが必要であろう。規制と管理では人材を十分に動かすことはできず、自由と創造か

Ⅰ―3図　減点主義から加点主義への転換

＜減点主義＞（出る杭は打つ）		＜加点主義＞（出る杭は育てる）
管理主義 （管理と規制）	→	挑戦主義 （自由と創造）
年功主義 （差別主義）	→	機会均等
短所主義	→	長所主義
選別主義	→	育成主義
一律等質主義	→	個別主義
企業主義	→	生涯労働充足主義
集団の尊重	→	個の尊重

・加点主義人事に転換することによって、日本的人事の特質を最大限に活かすことができる。

らこそ新しいものが生まれていくこととなろう。

　また従来は年功、つまり学歴・性別とか労職身分や勤続年数などを基準とした人事であった。これでは人材の無駄遣いも甚だしいと言わねばならない。大学卒・男子・職員、そして勤続の長い者は優秀であり、そうでない者はそれほど優秀でないという発想である。こんな発想では、人材の半分は駄目になってしまうし、十分な活用は到底おぼつかない。学歴や性別とか労職身分は、どんなに努力しても回復することはできない。このような基準で処遇することは、明らかに差別人事であると言える。これからは差別は許されないし、人材を真に活用していくことが求められる。そうであれば、従来のような学歴・性別・身分などの年功基準から、本当に一人ひとりの意思・能力・適性を見つめ、それを基準とした機会均等人事に切りかえていかざるを得ない。

　従来の人事考課においては、人の短所・欠点のみに目を向けがちな、あら探しばかりの評価であった。このような短所主義では、結局、社員の自信を失わせ、意欲を低下させがちである。これでは、人材の無

Ⅰ―1表　加点主義と減点主義のどちらが望ましいか

加点主義に賛成 ……………………………… 42.5% ┐
どちらかといえば加点主義に賛成 …… 36.9% ┘ 79.4%

減点主義に賛成 ……………………………… 4.4%   ┐
どちらかといえば減点主義に賛成 …… 13.2% ┘ 17.6%

無回答 ………………………………………… 3.0%

資料出所：㈱人事測定研究所（現リクルートマネジメントソリューションズ）
「人事評価に関する総合実態調査」（1991年9月～10月）

駄遣いも甚だしい人事だと言わざるを得ない。誰にでも長所と短所があるから、これからの人材評価は、できるだけ秀でている点を引き出し、自らに意識させて、その長所を最大限に生かしていく、いわば長所主義に切り換えていくことが必要であろう。そうすることによって、人材のすべてはより長所をのばすことができ、自信に満ちあふれ、真の育成と活用を有効なものとしよう。

　従来は、結果のみで選別する結果主義・ノルマ達成主義であり、実績による選別主義であったと言える。しかし、結果が必ずしもその人の能力レベルをあらわすとは言えず、なぜそうなったかという原因や問題点を突きとめ、その改善を図りつつ能力を高めていくことに意をかけた方が、はるかに有効であろう。つまりこれは、選別主義をやめて育成主義に切り換えていくことを意味する。

　これまでは一律等質主義、つまり社員はみな同じという発想で評価・育成・配置を行ってきた。だからこそ、相対考課という比較論も成り立ってきたのである。しかし本来は、一人ひとりの意思・適性や能力はみんな違う。そうであれば一人ひとりを見つめ、その意思・適性、能力に沿って評価・育成し、いかに活用するかを考えていくような個別主義に転換することが、人材の有効活用につながるであろう。そして、それは同時に各人の働きがいを高めることにもなろう。

そして従来は、企業主義という会社側の論理のみを主張し、その論理を労働者に押しつけてきたと言える。働けるだけ働かせておいて、駄目になったら窓際に追いやったり追い出すというのでは困る。しかし、これからは労使対等の立場を考えていく必要があろう。それは、企業の期待像というものを明示し、それに向かって各人がみずからの意思でチャレンジし、参加していくというシステムである。十分にアウトプットをカバーできるインプットやリフレッシュなどを行いながら、知力・体力・気力のメンテナンスとプロモーションを図りながら、生涯労働を充足させていくあり方が望まれる。そのことによって組織は活性化され、各人は働きがいを高めることになろう。

　以上のように、これまではどちらかというと後ろ向きの人事であったと言える。これからは、前向きの人事に切りかえていかざるを得ない。それはいわゆる減点主義から加点主義への人事の転換であると言える。このような加点主義人事に転ずることによって、成長と創造をキー・ワードとする日本的人事の特質を、さらに一層活用することができるであろう。

　資料はいささか古いが人材測定研究所が1991年に行った調査（Ⅰ—1表参照）によると、加点主義と減点主義のどちらが望ましいかという問いに対して、加点主義賛成が42.5％、どちらかと言えば加点主義に賛成が36.9％であり、両者合わせて約八割の企業が加点主義への転換を前向きで考えようとしている。減点主義に賛成というのは、わずか4.4％にすぎず、どちらかといえば減点主義に賛成という13.2％を加えても、18％にしかすぎない。つまり、今日、日本の人事の主流は加点主義に変わりつつあることを、この調査は示している。

　人事を加点主義に変えるとするならば、人事考課そのものも加点主義人事考課に転換せざるを得ない。それは、後ろ向きの査定のための評価ではなく、挑戦、つまりチャレンジを褒めたたえ、それを高く評価する育成と活用に役立つような人事考課への転換である。

3　能力主義のトータル・システム化

　企業の期待する人材像なり職能像を明らかにする。それを基準として評価を行う。その評価結果を本人にフィードバックし、それをベースとして、期待像に向かって積極的に育成を行っていく。つまりI―4図でみるように、期待像は考課基準であると同時に、育成のターゲットともなる。期待像による評価、そして育成へのフィードバック、さらに期待像に向けての育成、この循環を繰り返しながら、各人の能力は引き上げられていく。これがいわば能力主義であるといえよう。そしてその結果、本人が努力をし、高い能力を身につけたならば、それに即して肩書処遇や賃金処遇が行われる。

　人事管理には、評価、育成、処遇といった3つのイベントがあるが、この3つのイベントはすべて企業の期待像を軸として、連動して行われることが必要である。このようなあり方をトータル・システムという。これからの人材評価は、期待像を軸としたトータル・システムでなければならない。評価、育成、処遇がばらばらでは困る。そしてこ

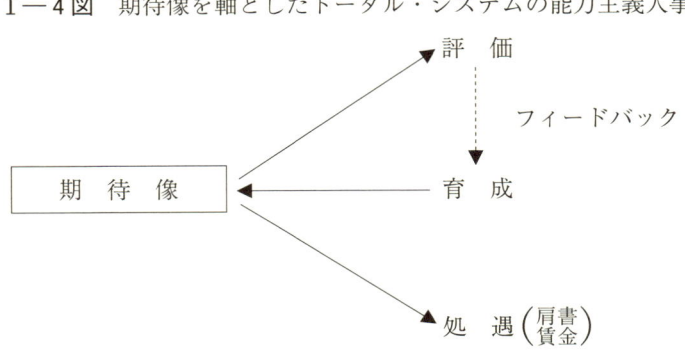

I―4図　期待像を軸としたトータル・システムの能力主義人事

のような効率性の高い、しかも納得性のあるトータル・システムとしての能力主義人事を進めるためには、まずベースとなる評価、つまり人材評価が確実であることが前提となる。

　今後、人材評価はますます重要性を帯びてくるが、それはあくまでも育成をねらいとした絶対考課でなければならない。

4　絶対考課への道

1　能力主義人事の組立て

　すでに述べたように、企業が期待し求める職能像が、能力主義人事のすべての基準となる。さて、そこでその期待像であるが、それはまず、職能資格制度の中で、職種別等級別職能要件という形で示される。一般に等級基準と呼ばれる。つまり企業が期待し求める職能像は、等級基準という形で、全社的に示されることとなる。

　　等級基準……職種別等級別職能要件（職能資格制度の中で示される）

　たとえば営業の4級は、このような能力を身につけておいてもらいたい、このような仕事を、これぐらいやれるようになっていてもらいたい、また現に、そのような仕事をすることを期待する、といったものが等級基準である。この等級基準が、能力主義人事の評価、育成、処遇の全社的統一基準となるわけである。

　さて、ところで等級基準だけでは、実際の一人ひとりの育成、配置の基準とはなり得ない。なぜかというと、たとえばここに同じ人事5級の人が2人、甲君、乙君がいるとしよう。甲君は入社以来人事畑で過ごし、人事の大ベテランとして人事の5級になった。一方乙君は入社以来営業畑で実績を積み、その大ベテランとして営業5級となった。そしていま、キャリア形成のために本人の意思を尊重し、営業から人

事へ職種転換を行ったとしよう。職能資格制度は全社的なものであるから、きのうまで営業５級であった乙君は、きょうから人事５級として格付けされる。甲君も乙君もともに５級ではあるが、甲君はすでに人事の大ベテラン、乙君は人事マンとしてはまったくずぶの素人、この２人を同じような等級基準で評価、育成を行うことが、はたして適切であろうか。適切ではあるまい。

　そこで、現実の基準としては、原則的、標準的な等級基準をベースとしながらも、実際には、"その時、その所、その人による期待像"にこれを翻訳し直して、活用していかねばならぬ。その翻訳する作業を"目標面接"と呼ぶ。つまり、目標面接を通じて、等級基準をベースとしながらも、そのつど、個人別の期待像が具体的にセットされることとなる。この個人別の期待像を"職務基準（ないし役割）"と呼ぶ。等級基準が職種別、等級別の標準的期待像であるに対し、この職務基準（ないし役割）は、そのつど６カ月おきに個人個人に設定される目標としての期待像であるといえる。

　　　　期待像 ┬ 等級基準（職種別等級別の期待像）
　　　　　　　 └ 職務基準（そのつど、個人別に設定される期待役割像）

　目標面接とは、上司と部下が期の初めに、１対１で時間をかけ、じっくりと話し合い、向こう６カ月間の職務を編成し、期待目標を設定し、能力開発プランを立て、お互いに確認し合う作業をいう。それは一般に、ミッションシートとかチャレンジシートとか目標管理カードなどと呼ばれるものが使われている。このシート（成績考課Ａ表）は、企業によっては、"マイ・チャレンジ"とか"私の役割と目標"とか、"マイ・タスク"とか"マイ・ジョブ"などと呼ばれる。この職能開発シートの中で、期の初めに、上司と部下との間で行われる目標面接を通じて、職務基準（役割）が設定される。

　この職務基準は、２、３カ月たったところで、フォローのために中

間面接が行われる。事態はたえず流動的であり、時々刻々状況は変わっていくからである。そこで期の半ばで、上司と部下とでもう一度中間面接を行い、役割の修正変更、進行状況のチェック、残された期間での目標達成のための手段についての再検討、あらためての指示、指導、本人の不平、不満、意見の聴取、必要ならば業務体制の修正、応援、受援体制の検討などが行われる。

このようにして目標面接、そして中間面接を通じて設定され確認され、最適なものとされた職務基準つまり「役割」は、本人によって確実に遂行されていかねばならぬ。そこで6カ月たった期の終りにおいて、この役割の遂行度が評価されることとなる。それがいわゆる遂行度評価である。

この遂行度評価は、できれば自己評価と、上司が行う上司評価の相互をもって行うことが適切である。目標面接がしっかり行われ、職務基準が上司と部下との間でよく確認、理解されているならば、自己評価も決してむずかしくはなく、自己評価とつけ合わせるところに意味が生じよう。

以上はミッションシートの中で行われるが、このミッションシートは、いろいろの形に活用されることとなる。Ⅰ—5図でみるように、まず育成面接を通じて、上司と部下が話し合い、その結果を通じてこれからの職務改善、ＯＪＴ（職場での指導）やＳＤ（自己啓発）にフィードバックされることとなる。育成面接は期の終りに行われるもので、人事考課のフィードバック、相互の反省、明日への決意、今後の職務改善なり能力開発のプログラムの設定などが主体となり、この育成面接は、その次の期の初めに行われる目標面接へと連環していくこととなる。

ミッションシートの第2の活用は、これを集約する形で成績考課が行われる。そしてこの成績考課は人事当局に提出され、賞与や昇給の査定に反映されることとなる。ミッションシート（成績考課Ａ表）は、

4 絶対考課への道

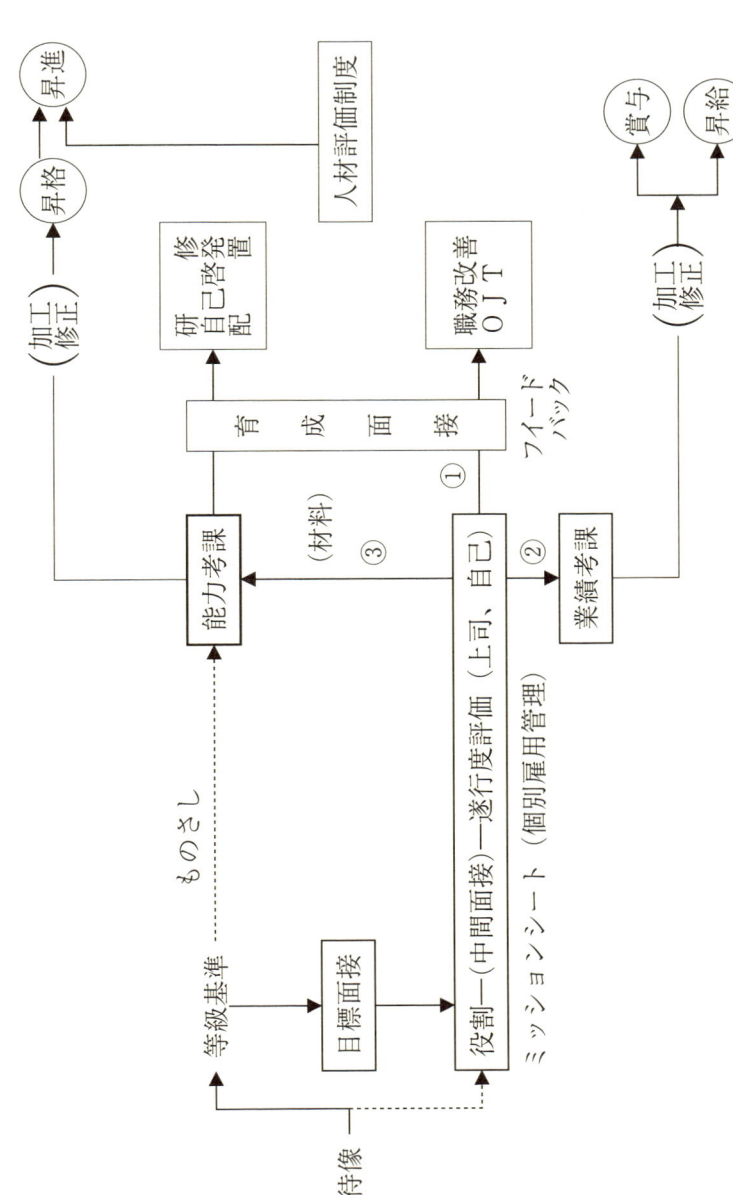

Ⅰ-5図 能力主義人事の流れ

上司と部下とでともどもにつくるが、これをもとにして集約される「成績考課」（成績考課B表）は、主として査定のためのものであるから、部分的には部下に対してマル秘となる。

さて第３の用途は、この年２回のミッションシートなり成績考課を具体的材料ないし事実として、年１回、能力の精密診断が行われる。それがいわゆる「能力考課」にほかならない。この能力考課は、等級基準をものさしとして行われる。つまり、たとえば、総務４級として能力はどういった点で十分であり、どういった点でまだ不十分であるのかといった分析診断である。この能力考課の結果は集約されて、本人に今後の能力開発のためにフィードバックされると同時に、人事当局で必要な加工修正を施したうえで、昇格（職能資格制度のグレードアップ）に活用されていく。さらにこれに、５年に１回行われるアセスメントが加味されて、昇進が行われることとなる。

以上が、いわば能力主義人事の具体的内容であり、流れであるといえよう。能力主義人事は、以上のどこかが滞ったり、あいまいであったり、不正確であれば、全体が崩れることとなる。そしてその能力主義人事の中で、人事考課がきわめて重要な位置づけにあることが理解できるであろう。

2　絶対考課の要件

前節の説明からすでに理解されるように、人事考課が絶対考課であるための要件は、次の５点であろう。

①　人事考課の理論的組立て

年２回のミッションシートをベースとした成績考課と、それを具体的事実として年１回行う能力考課、この２つから構成さるべきである。能力考課の考課基準は等級基準であり、成績考課の考課基準は職務基準（役割）である。つまり両者は明らかに性格を異にする。はっきり両者を区分して設定することが必要であろう。

② 基準の明確化

　職能資格制度を入れ、職務調査を実施して、「等級基準」を明確にすること、および目標面接制度、中間面接などを整備し、そのつど、個人に与えられる「職務基準（役割）」を明確にすること、この２つが絶対考課を支える前提条件となる。

③ フィードバックシステムの確実化

　ミッションシートないし成績考課は、育成面接を通じてＯＪＴや職務改善にフィードバックされ、能力考課は配置、研修、自己啓発などにフィードバックされる。成績考課の結果としての能力開発プランは、やや短期的なものであり、能力考課のフィードバックは、かなり長期的な能力開発プランを立てるうえにおいて有効となる。

④ 公平処遇への反映

　人事考課をはじめ人材評価制度は、人事当局に提出され、必要な計量化や加工修正が行われたのち、公平処遇に結びつけられる。成績考課は主として賞与と昇給の査定に、能力考課は昇格に結びつけられ、さらにこれに５年に１回のアセスメントが加味されて、昇進管理が行われることとなる。

⑤ 定期的な考課者訓練の実施

　考課者訓練および面接訓練を含んだ上司教育が定期的に、少なくとも年１回は行われることが必要である。

　これらのいずれかの条件をも欠いた場合、絶対考課は不完全なものとなろう。自社の現在における人材評価制度をもう一度見直し、これら５つの要件の中でどこがもっとも弱いかを明らかにし、その弱いところから漸次整備していくようにしたい。

3　問われる上司の姿勢

　Ⅰ―３図でみるように、能力主義人事は、結局各職場での、上司の部下に対する個別雇用管理が中心をなすことがわかる。

したがって目標面接、そしてミッションシートにおける公正な評価、フィードバックのための育成面接が不十分であれば、能力主義は本来の機能を果たさなくなる。部下をもつ上司が、人事考課の重要性、面接制度の意義を十分に理解し、納得したうえで積極的にこれに対処する姿勢が、まず求められよう。忙しくて暇がないなどといって面接もろくに行わず、忙しいからといって人事考課などもそそくさとやってしまうような上司では、部下の能力は伸びないであろうし、また伸びたとしてもその能力を活用することが十分にできないし、ひいては公平な処遇が行われる保証もない。まず上司は、人事考課の確認を確実にすることが先決であろう。

5　鍵を握る面接制度

1　面接制度とは

企業で行われる面接には、大きく分けて3つある。採用面接、進路選択面接、そして職能面接である。

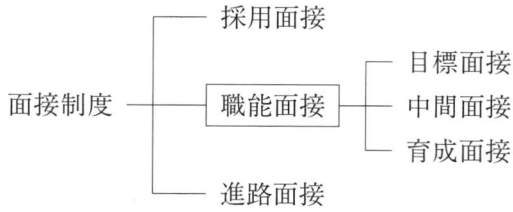

採用面接は、入社時だけであり、進路選択面接は10年おきに行われる。したがって毎年定期的に行われるのは、職能面接である。この職能面接は、期の初めに行われる目標面接、中途で行われる中間面接、そして期の終わりに行われる育成面接の3つからなる。育成面接は、そ

5 鍵を握る面接制度

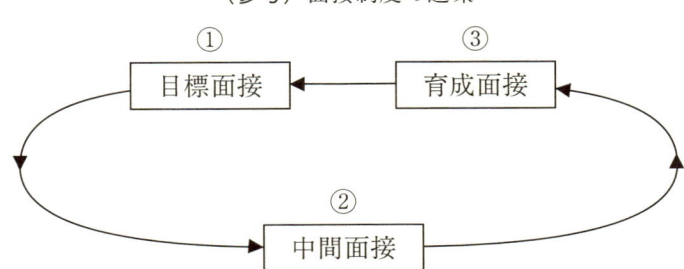

(参考) 面接制度の連環

の次の期の目標面接にそのままつながっていくから、いわば面接制度は連環することとなるといってよい。

この面接制度は、すでに述べたことから明らかなように、現場での個別雇用管理の鍵を握ることになる。もちろん随時必要に応じて、上司と部下は接触すべきものではあるが、それとは別に期の初めと半ばと終りにおいては、節目節目であるから、きちっと制度として面接を行い、目標を設定し、中間でフォローし、結果をフィードバックするあり方が望まれる。

2 その進め方

目標面接は、向こう6カ月間の職責を編成しそれにチャレンジを加えて役割を設定し、能力開発プランを設定することが内容となる。それはミッションシートといった、いわゆる目標管理シートの中で行われるのが望ましい。

さて、目標面接の進め方であるが、目標面接はⅠ―7図でみるように①ミーティングと③個別面談の二幕に分かれその②幕間に各人がチャレンジを各課業ごとに具体的行動目標として書き込む。

| 実 力 → | 職 責
(ミーティング) | ＋ | チャレンジ
(幕間) | ⇒ | 役 割
(個別面接) |

I－6図　目標面接の内容

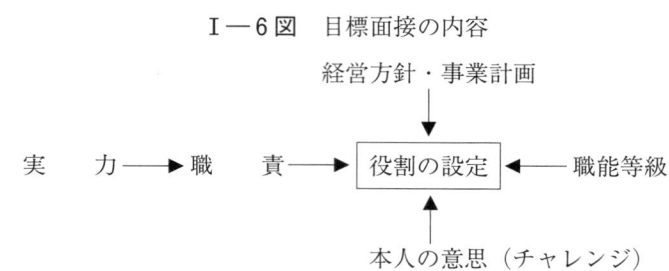

I－7図　目標面接の仕組み

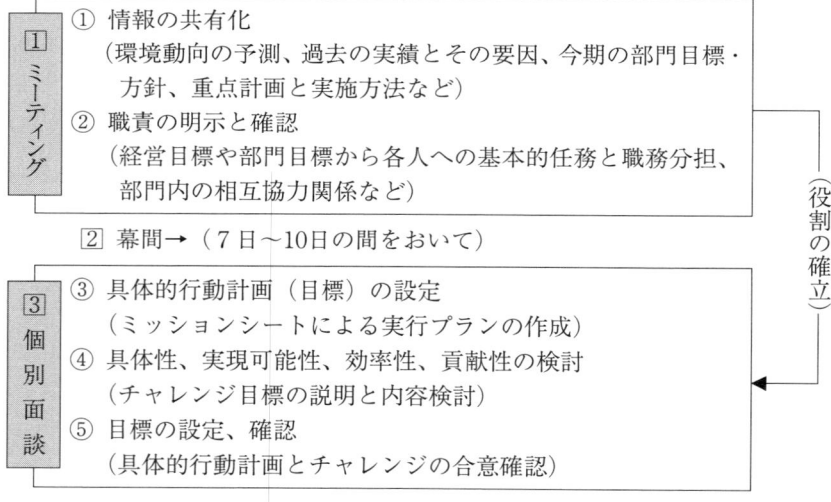

（注）役割＝職責＋目標（チャレンジ）

(1)　第1ステップ…ミーティング

まず課長と全課員が集まってミーティングが行なわれる。

その内容はI－7図でみる通りである。

このミーティングで、各人の今期の職責がきまるがそれは例示のような「ミッションシート」で行なわれる。

(例示)【ミッションシート】

職責	今　期　の　期　待　役　割		達成度評価	
	具体的行動計画 (目標、方策、留意点、期限など)	チャレンジ	自己	上司
1.				
2.				
3.				
4.				

(注) 6つのチャレンジ──確実、育成、拡大、革新、創造、自己充足

　まず上司から各人の実力（実力等級）に応じて職責が与えられる。ミッションシートの職責欄に課業が書き込まれていく。

　　課業（タスク）の集まり＝職責

　したがって目標面接の前に予かじめ実力（コンピテンシー）評価が実施されていることが要件となる。

(2)　第2ステップ…各人はチャレンジを含んだ具体的行動目標を課業ごとに記入していく。

　第1ステップのミーティングと第3ステップの個別面談の間には約7日から10日間の間がおかれる。この間に、各人は課業ごとに、何らかのチャレンジ（確実、育成、拡大、革新、創造、自己充足）を含んだ形で、具体的行動計画（目標）を記入していく。そしてチャレンジ欄にどのようなチャレンジを含めたかを書き込んでおく。

(3)　第3ステップ…上司と部下が1対1で向い合って、各人が記入してきた課業ごとの計画を話し合う。

　各人が記入してきた具体的行動計画（目標）を1つひとつチェック

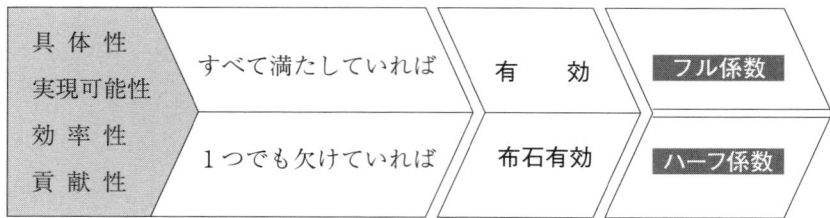

しながら、その行動目標が具体性、実現可能性、効率性、貢献性の四つのすべてを満たしている場合、その課業の欄に上司は「有効」というサイン（ハンコ）をする４つの要件の中、３つを満たしていれば布石有効となる。

そしてどの課業も有効か布石有効と上司が判定し本人が納得した段階で、今期の役割が確定する。但し、布石有効は６カ月後の中間面接時に改めて部下から修正行動目標が提出され、上司の判定で有効とみなされれば、布石有効から有効に判定替えが行なわれ例示のようにチャレンジ係数がハーフからフルに修正され役割の価値がそれだけ高いものになる。

ただし、中間面接でも布石有効から進歩がない場合に係数はそのまま持ち越され役割の価値は低いままとなる。

後述するように、職責×チャレンジ係数＝役割の重さだからである。

（例示）チャレンジ目標係数

① 確実、拡大、育成、自己充足	1.02
② 革新	1.05
③ 創造	1.08

Ⅰ—8図　中間面接の内容

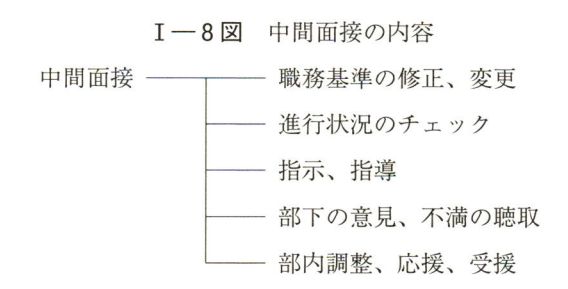

```
中間面接 ─┬─ 職務基準の修正、変更
         ├─ 進行状況のチェック
         ├─ 指示、指導
         ├─ 部下の意見、不満の聴取
         └─ 部内調整、応援、受援
```

　つぎに中間面接であるが、これは状況の変化に対応するものであり、進行状況のチェック、残された期間中に職務基準をいかに達成するか、さらに布石有効のあらためての検討、といったことが内容となる。状況をよく把握し、必要であるならば職務基準を修正し、本人の意見や不平不満などがあれば、これをよく聞き、必要に応じては組織体制、応援、受援、業務分担状況などをあらためて見直すことも必要であろう。とくに、外部情勢の変化に対しては、あらためて十分な情報を提供することが必要であることもいうまでもない。

　期の終りに行われる育成面接は、まず、評価結果の説明からはじまる。自己評価、上司評価が行われている場合、これをつけ合わせる形で行われる。そのうえでお互いに反省すべきものは反省する。そのうえに立って、よいものはもっと伸ばし、まずいものはこれをどうやれば直していくことができるかという観点で、今後の職務改善、研修、自己啓発、配置、ＯＪＴなどについて考え合う。そしてそれはいずれ次期目標面接時の内容に折り込まれていく形となる。

　以上が面接制度の概要であるが、とくに目標面接と育成面接が重要な鍵を握ることとなる。目標面接については、またあらためて人事考課表の運用の項で述べることにしよう。

3　育成面接のポイント

　育成面接の進め方について、いくつかのポイントを説明しておこう。

第Ⅰ章　これからの人材評価

Ⅰ－9図　育成面接の内容

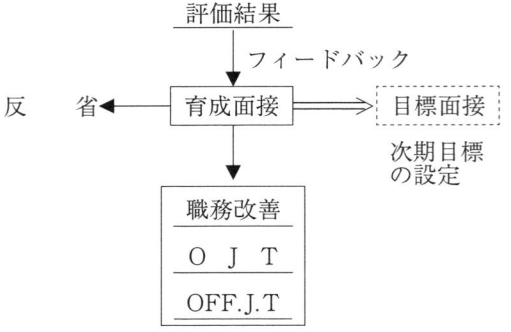

```
           評価結果
              ↓　フィードバック
   反　省 ←┌──────┐⇒┌──────┐
          │育成面接│  │目標面接│
          └──────┘  └──────┘
              ↓          次期目標
          ┌──────┐    の設定
          │職務改善│
          │Ｏ　Ｊ　Ｔ│
          │OFF.J.T │
          └──────┘
```

　まず育成面接にあたって、場を和らげることが導入部として必要である。趣味を話してもよいし、何か共通の話題でお互いの気持を和らげる。次に、評価についての意見の交換を行う。まず部下が、自己評価の説明を行う。上司はこれをよく聞くことが大切であろう。つぎに上司は、自分の評価をはっきり説明する。言葉を濁したり、あいまいな表現では部下の信頼感を失うこととなろう。お互いの意見発表が終ったならば、評価についての話合いに入る。

　通常、評価は次の3つの評語で行われる。
　　＋…期待したものを上回った。申し分ない。
　　±…少々ミスや問題はあったが、期待した通りであった。
　　－…期待したものを下回った。不十分であった。

　話合いは、まず上司と本人の評価が一致したものから行う。プラスとプラス、またはプラス・マイナスとプラス・マイナスといったように、評価が一致したものについて意見を交わし、今後どうすればマイナスをなくしていくことができるか、仕事の面、能力の面で話し合う。そしてそれを1つの結論として、今後の改善欄に書き込んでいく。

　次に、評価が上司と部下との間で一致しなかったものについて話し合うが、結果は、いかなる場合にも修正はしない。修正をはじめると

Ⅰ―10図　育成面接の順序

```
1  導入部 ………… (和らげる)
2  評価についての意見
   ―①  自己（部下）………… (よく聞く)
   ―②  上司…………………… (はっきり説明する)
3  評価についての話合い
   ―①  一致したものから
              ＋、±、−
   ―②  一致しなかったものについては修正しない
       （面接レベルの具体性の欠如）
       （中間項についての判断）
       （チャレンジについての思い違い）
4  事態改善、育成プラン
5  次期目標の設定　………… (いつまでに)
6  ｅｎｄｉｎｇ
```

とめどもなく、修正のための交渉といった形になるおそれがあるからである。問題は、なぜ上司と部下との間で評価が一致しなかったか、その原因を明らかにすることの方が大切であろう。通常は、(イ)目標面接における面接レベルの具体性が欠如していること、(ロ)中間項、つまり外部条件とか内部の諸条件とか、本人の健康や精神状態などによる業務遂行への影響の解釈がくい違うこと、などが上司と部下の評価にズレをもたらす。また、チャレンジしたような場合にも、評価結果のくい違いが生じよう。このように、なぜ上司と部下との評価結果がくい違ったかについて話し合う。

　以上を通じて、今後の目標面接のあり方をもっと綿密にしようとの反省などをも含めて、これからの事態改善なり育成プランを考慮し、次期目標の設定に結びつけ、最後はエンディングとなる。できるだけ

激励、または期待の言葉をもって最後の言葉としたい。

　以上が育成面接の順序であるが、面接の心構えとして大切なことは、次の4点であろう。

　①　パートナーとしての立場

　上司が偉い、部下が偉くないといった対応関係ではなく、あくまでも仕事の面においてはパートナーであるという認識を、お互いにもつことが必要であろう。

　②　大切なことを見極めて

　ほめる点、叱る点、今後の育成する点などについて、何がもっとも重要であるかをよく見極めてから面接するようにしたい。

　③　意見が対立した時は柔軟に

　細かい点で価値判断が対立した時は、柔軟に譲る。そして大きな方向で理解させる。上司と部下との間で、面接において意見がくい違うことは決して少なくはない。その時に何もかも上司の意見を部下に押しつけるのではなく、細かい点においては、むしろ部下の発言や意見にしたがうことも必要であろう。しかし、大きな立場、大きな方向での育成点については、十分説明し、納得させ、理解させることが必要であろう。

　④　思いやり

　部下の立場に立って考え、発言していく姿勢が望ましい。かといって人事考課そのものは事実の確認であるから、冷厳に事実をとらえていくという姿勢が必要である。いずれにしても、過ぎ去った結果よりも、原因が大切である。できてしまったことは、もう仕方がない。成績が悪かったとかよかったといった結果だけをしつこくいっても仕方がない。あくまでもそれをもたらした原因がどこにあったかを明らかにし、部下ともどもに考えていき、二度と同じ過ちを犯さないということが、とくに重要であろう。

6　人材評価制度修正の方向

　以上のようなこれからの人材評価制度の方向を踏まえて従来の人事考課も修正されていかざるを得ない。

1　従来の人事考課

　従来の人事考課は、一般的にいって次のような性向をもっていた。
　①　実績主義
　どのような実績をあげたかという結果が重視され、それを中心として人事考課制度も仕組まれ、運用されてきた。明日への布石よりもきょうの実績が大事だとされてきた。もちろん能力考課も情意考課もあわせ行われてはきたが、実績が高ければ能力も高く、実績が低ければ能力も低いというように、両者の区別は定かでなく、実績が結局は、支配的であった。
　②　査定主義
　賞与査定、昇給査定、昇格査定といったことをねらいとして、人事考課は行われてきた。現に"賞与のための人事考課"とか、「昇給考課」といった名称がついている人事考課を実施している企業も決して少なくない。人事考課は査定のために行われてきたといってよいであろう。
　③　相対考課
　実績を中心とし、査定のための人事考課だから、一定の分布制限をもった相対考課が主流をなしてきた。従業員相互間の比較論である。絶対的な実績や能力の高さをみつめるのでなく、誰が一番よく、誰が一番すぐれているかの論議であり、評価であった。
　④　非公開主義

査定をねらいとしているから、評価の結果はもちろん、人事考課のルール自体も一般従業員（被考課者）には示されていなかった。どのような要素で、どんなしくみで考課がなされているのかについて、被考課者は、ほとんど情報をもっていなかった。考課する前から、「秘」のマークが考課用紙には印刷されているケースが多かった。

以上のように、実績主義、査定主義、相対考課、そして非公開主義が、これまでの人事考課を形づくってきたということができる。

2　新しい時代環境

ところでいま、人事考課をとりまく環境は、まさに歴史的変革を遂げつつある。

　　情報化社会の進展とホワイトカラー化
　　高齢化
　　多様化（雇用形態や価値観）
　　国際化

すなわち、今日、歴史的に工業化社会から情報化社会へと序々に転換が進みつつある。その中で、ホワイトカラー化が順次進む方向にある。ホワイトカラーの生産性向上が強く求められてくる。それは、人材の育成と活用の重要性が一層高まることを意味する。

また、定年年齢の延長（2013年65歳雇用延長）とも相まって、高齢化が一段と進む。これらをうけて、中高年ホワイトカラーの肥大化が一層進むことになるが、情報化社会においては、中高年ホワイトカラーは企業経営にとって貴重な人材の宝である。これを排除したりムダ使いしようとする姿勢や諸制度は適切ではなく、いかに積極的にこの人材を活用していくかがこれからの課題となる。人件費を節減しようとして、この中高年層ホワイトカラーを排除することは貴重な宝を失なうことになる。

さらに労働者の労働観も変わる。一層、自己主張、自己充足への欲

求が高まり、いわゆる個を主張する自分主義が拡がり雇用形態も多様化していく。

また、経済、社会の国際化が進む中で、人事諸制度もまた国際化が進むことになる。

これからの人事は、これら4つの動向をどう受けとめていくかが課題となり、当然、評価制度も人間尊重の前向きの加点主義に転換していかざるを得ない。

3　能力主義と人事考課

つまり年功昇進、年功昇給は、能力主義的システムの方向に修正されていかざるを得ない情勢に、今日はある。そのような時代の流れの中で、当然、人事考課も何らかの形で見直しを必要としてきている。能力主義人事と人事考課は切っても切れない相互関係にあるからである。

ではいま、人事考課はどのような方向で修正が進行しているのであろうか。基本的方向をながめておこう。

①　成績考課と能力考課の調和

高度成長、若年層主体の時代にあっては、結果つまり実績のみを追い求めればよかった。しかし、低成長しかも高年齢化のこれからにあっては、各人の能力を高めていかなければ、高い業績はとうてい望み得ない。結果も大事だが、それをもたらす原因はもっと大切なのである。能力主義人事つまり、能力を開発し活用し、能力で処遇しようとすると、とにかく、各人の能力をみつめ、正しく把握していくことが何よりも重要となる。

これからの人事考課は、成績考課とあわせて能力の診断・分析としての能力考課を、重視していくことが必要で、その際も、成績イコール能力という短絡的とらえ方でなく、両者をきちんと識別した考課システムを展開していくべきである。能力はあっても、それに見合う仕

事につけない場合がこれからは生じよう。つまり能力と成績とは必ずしも一致しないケースが、これからはしばしばあると考えねばならない。それだけに、成績考課と能力考課をきちんと仕分けた人事考課システムが求められてくるのである。

② 査定主義と開発主義の調和

公平処遇の立場からして、昇格査定、昇給査定、賞与査定は必要である。決してそれが不必要だとか悪いというのではない。しかしながら、人事考課が査定だけをねらいとするのでは問題である。

差をつけることも大切かもしれないが、職務の遂行度つまり成績とか各人間の能力の格差をできるだけなくするよう努力することは、終身雇用のわが国にあってはもっと基本的に大切なのである。

人事考課の結果を、業務改善とか能力開発にフィードバックしていくべきであろう。これからの人事考課は、差をなくなすためにやるのだという前向きの意識も重要であろう。差をつけることだけがねらいの人事考課では、社内全員の合意と協力はおそらく得られまい。

欧米の労働者は、格差と競争で意欲を燃やす。しかしわが国は、和と安定が、労働意欲を盛り上げる土台をなす。とすれば、なおさら、人事考課の結果は業務改善や能力開発に役立たせていくべきであろう。査定主義と開発主義の調和こそが、これからの人事考課の要件となる。

③ 相対考課から絶対考課へ

実績をベースとした査定だけがねらいなら、このグループの中で誰がよくて誰が悪いといった、いわゆる相対考課もよいであろう。しかし、能力をみつめ、義務改善や能力開発へフィードバックしていこうとすると、単なる比較論では通用しない。一人ひとりの職務遂行度や能力をじっとみつめ、どこがよく、どこが悪いという人事考課、つまり絶対考課がどうしても必要となる。はじめから、半分の者はよくて、半分の者は悪いと決めつけるような粗っぽい人事考課で、どうして、

キメの細かい能力主義を展開していくことができようか。分布制限などやめて、真実を追い求めていくといった絶対考課へと転換していくことが、何よりも重要であろう。

　絶対考課はむずかしい。しかしそもそも安易な気持で能力主義などやれるものではない。たとえ絶対考課への道がけわしく困難であろうとも、乗り越えて、絶対考課へ接近していくよう最大限の努力をすべきであろう。

　④　非公開から公開へ

　どんなに立派なことをしていても、ルールがみえないような状態では、不信感が湧くし、ひいては非協力的な態度も生まれてこよう。少なくともルールは社内に公開すべきであろう。考課される側にしても、どんな内容でどんなルールで自分が考課されているのかわからないのでは、たまったものでないし、自己啓発など行動を起こそうとしても起こしようがあるまい。

　人事考課の公開といっても、(イ)ルールの公開、(ロ)要素別考課の一部についての、当人に対するフィードバック、(ハ)考課結果の本人への通知、といったように段階があるのであって、それぞれの状況に応じて対処していけばよい。しかし少なくとも、ルールについてはオープンにすべきであろう。ジメジメと隠れてやるのでなく、からっと明るい陽光の下で、人事考課は実施したいものである。そして人事考課の結果について、上司と部下とで一緒に考え合うというようなしくみをつくり上げていきたいのである。

　⑤　実力（コンピテンシー）評価の導入

　能力と実力のアンマッチが進む中で、能力開発（能力主義）と合せて実力高揚（実力主義）の必要性が高まっている。これを受けて今後、人材評価の中に、実力評価つまりコンピテンシー評価を入れていく必要がある。

　実力で各人に職責を与え、これに各人がチャレンジを加えて役割が

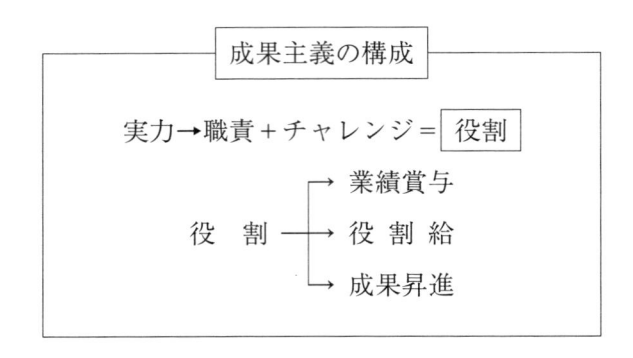

```
┌─────────────────────────────────────┐
│          成果主義の構成              │
│                                     │
│   実力→職責＋チャレンジ＝ 役割      │
│                                     │
│                   ┌→ 業績賞与       │
│         役 割 ───┼→ 役割給         │
│                   └→ 成果昇進       │
└─────────────────────────────────────┘
```

きまる。これによって成果主義が成立する。

　その実力（コンピテンシー）評価を進めるには、後述する通り、コンピテンシーモデル（要素とディクショナリー）をつくり、それによって各人の実力が評価される。

⑥　適性（アセスメント）評価の導入

　すでに述べたように、

　　　能力 ──→ 人事考課

　　　実力 ──→ コンピテンシー評価

で評価するが、さらに個々人の意思や適性はアセスメントで評価する。

　　　適性・意思 ──→ アセスメント

　アセスメントは、3〜5年に1回の頻度で、多面的、総合的、動態的に意思、適性、キャリアなどを把握分析し、人材の評価・活用の指針とする。

　以上を簡単にまとめてみると、いまわが国の人事考課はⅠ—11図でみる左的なものから、右的なものへと修正が進みつつあるといえる。

Ⅰ―11図　人事考課修正の方向

```
実 績 主 義      ──→  能力開発主義
 （成 績 考 課）         （能 力 考 課）
査 定 主 義      ──→  開 発 主 義
                         （フィードバック）
相 対 考 課      ──→  絶 対 考 課
非 公 開 主 義   ──→  公 開 主 義
能 力 主 義      ──→  人 間 主 義
                         （能力、実力、適性、意思）
```

7　加点主義人事への転換

　前述のように育成型絶対考課をベースにしながら、これをチャレンジ型の加点主義人事考課に高度化していくためには、さらにどんな要件が必要となるのであろうか。次に、加点主義の育成型絶対考課を構成するいくつかの要素を考えてみることとしよう。

1　チャレンジ目標の設定

　企業側が制度的に決めた一方的な基準を考課基準とするのでは、挑戦型の加点主義人事考課にはなり得ない。企業側が決めた考課基準のほかに、あくまでも本人の意思によってつけ加えられるチャレンジ目標が考課基準の中に入り込まねばならない。
　考課基準は、大きく分けて2つの分類からなる。1つは人事当局であらかじめ用意する企業側からの期待目標であり、もう1つは職場での上司と部下の目標面接において、部下のチャレンジ精神を引き出した形で設定された目標を考課基準とするということである。

このように加点主義人事考課とするためには、目標面接が不可欠であり、目標面接の中で各人がチャレンジ目標を付加していくシステムが必要である。部下は積極的にチャレンジ目標を組み込むべきであるし、上司も部下にチャレンジへの期待を与える形で目標を設定するという仕組みがなければならない。加点主義育成型の絶対考課を成立させるための最も重要なファクターは、チャレンジ目標を設定するために上司と部下との目標面接が、確実に行われることである。

〈育成型加点主義絶対考課の考課基準〉

　　企業の期待像　──────┐　　挑戦加点主義
　　本人が申告した挑戦目標像　──┘　　絶対考課の基準

2　自己評価

従来の人事考課においては、上司の評価がすべてであった。しかも、それは本人には示されず、評価が間違っていても、それを正す機会が与えられていなかった。

加点主義人事考課では、積極的にチャレンジした結果に対する評価を知るというフィード・バックが行われ、また本人の自己評価のチャンスが設定されることが大事である。自己評価を行うことによって、各人は自分のチャレンジ目標を改めて反省することができ、次へのチャレンジ目標の設定に新たな意欲を燃やすこともできる。また、自己評価を上司評価とつき合わせて話し合う中で、評価に対する一層の理解・認識を高めることもでき、上司と部下のコミュニケーションを密にすることで、相互の信頼関係を高めることもできるであろう。

チャレンジした結果に対する評価内容を知らされず、また反省の機会が与えられないままでは、やがてチャレンジ精神は萎縮していくことにならざるを得まい。みずからがチャレンジした目標にみずからが評価することによって、責任意識を高めると同時に、次のチャレンジ目標に対して新たな意欲を燃やすことにもつながる。このような意味

で、これからの人事考課では、自己評価のシステムは絶対不可欠のものとなる。

3 キャリア開発と評価

　積極的に異動・職種転換・配転などに応じていけば、それに応じて職歴点数が1点つけ加えられる――これをキャリア・プラスワン・システムと呼ぶ。これからは転勤や職種転換・配置転換などもできるだけ公募制度としたい。その理由は、本人の意思と適性をフルに活用したいからで、このような公募に対して積極的に手を挙げ応じた場合においては、職歴点数が1点付加されるようなキャリア・プラスワン・システムをとるようにしたい。

　この職歴点は後での昇進――管理職昇進・専門職昇進・専任職昇進などのときに大いに有利となる。昇格は人事考課を基準として行われるが、昇進では能力だけの評価には限られず、過去の職歴、キャリアの開発状況や適性・意思を組み込んでいかねばならない。したがって昇進のときに、キャリア・プラスワン・システムによる職歴点は、本人にとって極めて有利となる。管理職昇進の場合には特に職歴点が大きくものを言うのであるから、管理職を志向しようとするならば、できるだけ職種転換や異動に応じておいたほうがよい。

　転勤する者は総合職、転勤しない者は一般職といった、いわゆるコース別管理を導入している企業も少なくないが、これは決して望ましいことではない。このような制度では、有能な人材が心ならずも総合職を志向しないということにもなりかねない。それは、本人にとって転勤という脅威があるからである。総合職になったからといっても、実際に全員が転勤するとは限らないのに、転勤の可能性ありということだけで昇格・昇給にまで差をつけることは、どう考えても納得性は得られない。これでは差別人事・差別賃金と言われても、いたし方ないのではなかろうか。そんな方策ではなく、総合職・一般職・専門職を

問わず、転勤や職種転換に対しては公募制度をとり、公募に応じた者につけられる職歴点により、将来の昇進面で報われるという形をとるのが、正当ではなかろうか。

そして、今までの職歴と異なる分野に異動した場合には、どうしても仕事のパフォーマンスや等級基準の充足度も低くならざるを得ない。そのような場合には、人事考課で不利益にならない一定のシステムを導入する必要もあろう。例えば、成績考課では職務基準を下げて目標を設定するとか、能力考課を2年間は実施せず猶予とするといった具合である。このような猶予期間条項などを設定することによって、異動が本人に不利益にならず、逆にキャリア・プラスワン・システムで将来の昇進にとって有利となってくる。

このようなシステムを入れることが、加点主義人事考課を成立させる1つの重要な要件となると言ってよい。

4　育成面接

評価が終わった後、集約し育成面接メモとしてまとめ、それをもとに部下と十分に話し合いながら、今後の職務改善や能力開発に結びつけていく。このようなフィード・バックは、育成面接を通じて行われ、育成面接がなければ育成型人事考課の機能を果たすことはできない。目標面接と同時に、その結末としての育成面接も重要であると言わねばなるまい。このような育成面接を行うことによって、管理者は人事考課の本当のねらいを実感することができるし、いい加減な気持ちで評価しておいては、この育成面接に耐えられないことにもなる。何故なら、明確に部下の日常の行動を見つめ、具体的事実をもって評価し、その評価結果を分析しておかないと、育成面接はできないからである。

このように上司の評価姿勢を変えるという意味においても、育成面接は極めて重要なものとなる。目標面接と育成面接を前後にはさんで、育成型絶対考課は成立をするのである。

8　人材評価制度の組み立て

　人材の多様化、雇用形態の多様化の中で、人材評価制度も従来の「人事考課」のみならず、新たに各人の適性・意思の詳細を検証する「アセスメント」、さらに実力主義時代（実力で職責ないし役割を決める）に対応する実力（高成果実現能力…コンピテンシー）評価を整備していくことが是非とも必要となる。そこで、人事考課もⅠ―12図でみるように、これからは、より広範な人材評価制度として展開されることが求められる。
　まさに査定の為の人事考課制度から人材育成と活用の為の人材評価制度への転換である。

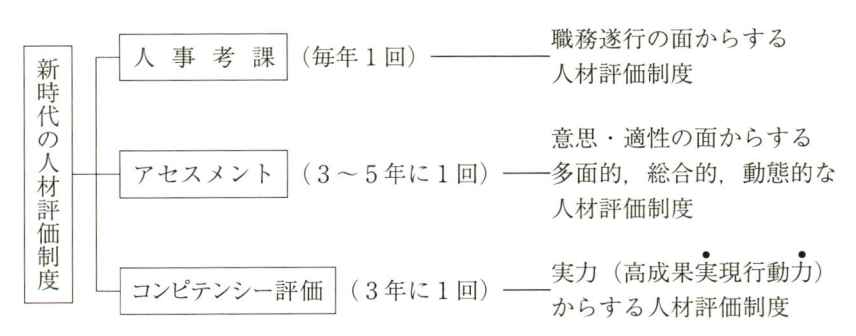

Ⅰ―12図　新時代の人材評価制度

新時代の人材評価制度
- 人事考課（毎年1回）――― 職務遂行の面からする人材評価制度
- アセスメント（3～5年に1回）――― 意思・適性の面からする多面的, 総合的, 動態的な人材評価制度
- コンピテンシー評価（3年に1回）――― 実力（高成果実現行動力）からする人材評価制度

　今後、強力に人材を育成し、適格に人材を活用し、納得のいく形で公正に人材を処遇していくにはこのような人材評価制度が不可欠となる。
　労使で力を併せて、評価制度の整備、充実を進めていって貰いたい。

第Ⅰ章　これからの人材評価

　以上、これからの人材評価制度の方向を述べたが、以下、第Ⅱ章～第Ⅴ章で『人事考課の詳細』を、続く第Ⅵ章で『アセスメント並びにコンピテンシー（実力）評価のあり方』、そして第Ⅶ章で評価制度についての『上司教育（とくに考課者訓練)』の進め方を詳述していくこととしたい。

第Ⅱ章　人事考課の組立て

1 人事考課の基本の理解

1 成績と業績

　さて人事考課は一体どのようなしくみからなるのであろうか。まずその基本的なメカニズムから考えていくこととしよう。そこでⅡ—1図をまずみていただきたい。

　各人には一定の役割（職責プラスチャレンジ）が与えられているが、その役割（職務基準）をどのように達成したかが、いわば「成績」（絶対成果）である。つまり成績とは、与えられた役割の遂行度そのものであって、その時の職務のレベルの高低つまり役割の重さは問題とはならない。わかりやすくいえば、"上司が部下に対し、やれといったこと"、または"部下が上司に対し、やるといったこと"をどの程度こなしたかが成績であり、それを評価するのが成績考課である。したがってその場合、そのやれといったこと、またはやるといったことのレベルや広がりは成績考課では問題とはならないことになる。

　さて次に、この成績に「職務のレベルとか広がり」つまり役割の重さをさらに加味したものが、いわゆる「業績」ということになる。つまり業績という場合には、職務や役割のレベルが問題となる。したがって、ここにたとえば2人の人がいて、それぞれ違ったレベルの職務が与えられているとしよう。この場合、それぞれが期待し要求された以上にその職務を果たしたとするならば、両者とも成績は"よかった"つまり「A」と評価される。しかし業績は両者が同じになるとは限らない。なぜならば、両者の職務のレベルが異なるのであるから、当然職務のレベルが高かった方が、業績は高いことになる。この業績は、もはや能力に近い。なぜならば、高いレベルの役割を十分にこな

Ⅱ―1図　人事考課のしくみ

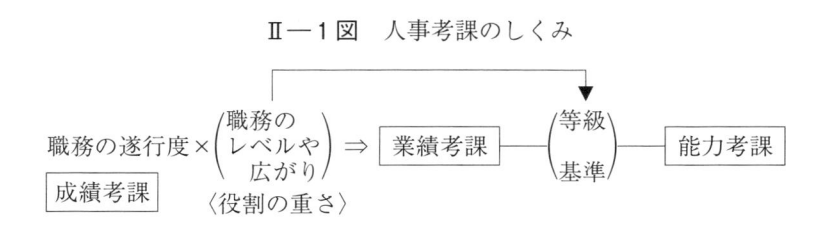

職務の遂行度×（職務のレベルや広がり）⇒ 業績考課 （等級基準）→ 能力考課
　成績考課　　〈役割の重さ〉

し得たとするならば、それだけの能力があったからにほかならないからである。

　もう一度確認しておこう。クリアすべきバーをとび越えたかどうかを考課するのが「成績考課」であり、その時のバーの高さを念頭に置いて比較するものが「業績考課」である。つまり、業績は相対成果であり、高いバーをとんだ方が高いということになる。

　人事考課を進めるうえで重要なのは、いわゆる漠然と成績考課という時、それは成績（絶対成果）を問うのか、それとも業績（相対成果）を問うのかという点である。職務や役割が各人の意思と能力によって自由に拡大され選択されるのであるならば、業績を対象としてもよいかもしれない。なぜならば、能力があり、やる気旺盛であるならば高いレベルの役割を選びこなし、かつ自分の役割を広げていくことも可能であるからである。しかしそうではなく、職務や役割が会社の都合によって与えられるものであるならば、たまたま低いレベルの役割が与えられた時、本人が熱意をもってそれをこなしたにもかかわらず、もし業績を問うとしたら、役割のレベルが低いゆえに業績は低いということになり、そこに不合理が生じる。

　高度成長のもとにあっては、恒常的に新しい仕事が増え続けていくから、能力さえあれば、各人は役割を不断に高め、拡大することが可能である。また能力があり、高い資格等級に位置づけられれば、それにふさわしい高い役割を与えることができる。しかし、成長が鈍化すればそうはいかない。能力はあっても、それにふさわしい高いレベル

の役割を会社の都合によって与えられない場合もあるであろう。中高年層の比重が高くなってくれば、資格等級は高くても、低い仕事を負担せねばならない場合もありうる。その場合に、組織としてもっとも重要なことは、とにかく各人がその時課せられた役割、つまり職責を十分にこなすという態勢である。役割が低いからといって、どんなにうまくやっても業績は低く、役割が高ければ業績は高いとするあり方は、本人の意思や能力にかかわらず、いろいろなレベルの役割が与えられるような状況のもとでは不適切であろう。

つまりこれからの新しい企業環境のもとにあっては、一般的にはまず成績を重視すべきであろう。そしてそれを対象とするのが成績考課である。

上述のことから明らかなように、成績考課の基準は各人に与えられた役割そのものである。上司と部下との間で確認し合った職務の内容とレベルである。それを超えたか、期待し要求する程度でこなしたか、それとも及ばなかったか、という形で成績考課は行われるべきで、またそれで十分であろう。

2　営業部門や管理職の人事考課

ただし、職務の選択や拡大が比較的自由である時は、成績とあわせて業績を問うことも意味があるし、大切でもあろう。

　　職務の選択や拡大が制限されている時…「成績考課」（能力主義）
　　職務の選択や拡大が自由である時…「業績考課」（成果主義）

とすると、たとえば、営業部門、研究部門、企画部門などは成績よりも業績を問うべきだし、また管理職や専門職なども業績を取り上げることの方が適切だということになる。

　　一般職……………………「成績考課」（能力主義）
　　営業・研究・企画部門⎫
　　管理職・専門職　　　⎬……「業績考課」（成果主義）

人事考課の設計にあたっては、画一的に考えず、それぞれの部門の特性や条件を活かす方向でしくんでいくことが望まれる。成績も業績も区別しないと、考課する側も判然としないし、考課される側も何となく釈然としないものとなりがちである。

3　成績と業績と「能力考課」

さてもう一度、Ⅱ—1図をみていただきたい。職務の遂行度に、職務のレベルや広がりを加味したものが業績だが、その時の職務のレベルや広がりを、一定のものさし（たとえば職能資格等級の等級基準）に照らして、能力の高さを判定したり分析したりするものが「能力考課」である。

たとえば、いま与えられている職務のレベルが5等級相当のものであり、かつその遂行度つまり成績が立派であるならば、彼または彼女は5等級相当の能力があると判定してよいことになる。業績考課は成果の高低や優劣を相対的に論ずるものだが、能力考課ということになると、その職務のレベルが等級基準に照らしてどうなのかということが問題となる。

いかに業績が高くとも、その時の職務のレベルや広がりが、当人の相当等級の基準に比べて低いものであるならば、能力はまだ不十分ということになるわけだ。等級基準は一般には職種別等級別の職能要件書（職能マニュアルとも呼称される）という形で設置されるが、いわばそれが能力考課のものさしということになる。

4　考課基準の確認が大切

上述から明らかなように、成績考課は各人が与えられた職務基準を遂行したかどうかが問題となり、能力考課は、その職務のレベルが等級基準に照らしてどうかが問題となる。いずれも、ただ漠然と、よくやったかどうかの考課ではなく、まして、従業員間の相互の比較でも

ない。各人に与えられている職務のレベルも広がりも内容も異なるのに、相互に比較しても、それは何の意味もない。全体で、Aが20％、Bが60％、Cが20％というように決めて考課するのを分布規制といい、こういった規制を設けて考課を行うのを相対考課と呼ぶが、このような相対考課は成績考課や能力考課では納得が得られるはずがない。業績考課を別とすれば理屈が成り立たないからである。絶対考課、つまり、与えられた職務の遂行をみるのが成績考課、その職務のレベルを等級基準に照らして能力の高さを判定するのが能力考課ということにしてこそ、人事考課は納得がゆくし、これを処遇基準にすることも、能力開発に結びつくことも可能となる。ただし、「業績考課」は相対考課でもやむを得ない。

　そこで、人事考課では、各人の職務を事前にはっきりすること（職務基準の確認）と、能力の高さをはかる等級基準を明確にしておくこと（職種別等級別職能要件の設定）が不可欠の条件となる。

　上司が部下に対して「何を期待し何を要求するか」が考課基準となるわけだ。そのような考課基準を上司たるもの部下の一人ひとりについて十分に整理し、そのうえで部下の一人ひとりと、面接、対話、修正、確認を行っておく。つまり、期待し要求する仕事の内容と程度（職務基準）や期待し要求する能力の程度（等級別職能要件）こそが考課基準であるべきであり、その考課基準は上司と部下の間で確実に理解され、納得し合っておく必要がある。上司が部下に対し、何を期待し要求しているかがはっきりしていないというのでは困るし、またそれを上司がただ心の中でひそかに考えているだけでもダメである。部下の一人ひとりと確実に話合い、相互の意見や希望を調整して、相互に確認され合っていることが人事考課の基本的な条件となる。

　大切なことだからもう一度繰り返すが、特定部門を対象とする「業績考課」（相対考課）は別として、人事考課は、人間と人間を比較してどっちがよいか悪いかというといわゆる相対考課ではなく、あくまでも

1　人事考課の基本の理解

Ⅱ—2図　職能資格等級によってバーの高さは異なる
　　　　（等級基準が能力考課の判定基準）

（等級ごとにバーの高さが異なる）

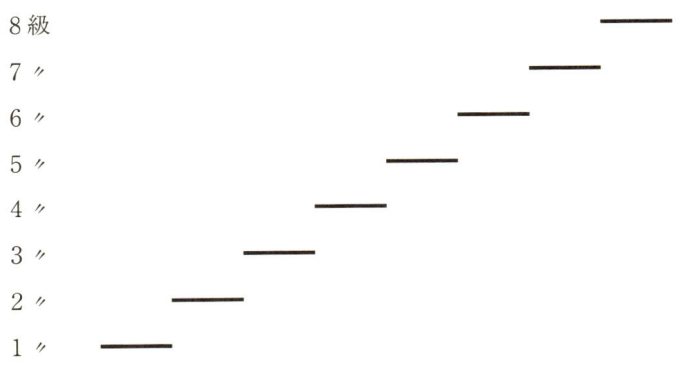

```
8級  ────────
7 〃       ────────
6 〃     ────────
5 〃   ────────
4 〃  ────────
3 〃 ────────
2 〃────────
1 〃────────
```

（昇格とはバーの高さを引き上げること）

Ⅱ—3図　バーの高さの確認（バーの高さとは考課基準のこと）

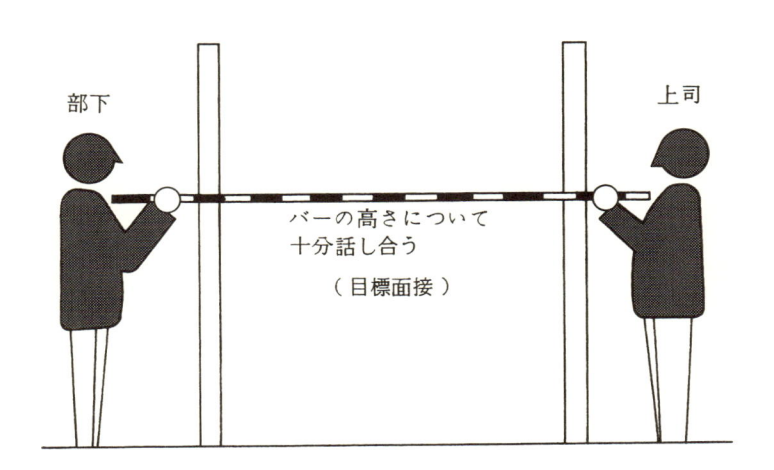

部下　　　　　　　　　　　　　　　　　上司

バーの高さについて
十分話し合う
（目標面接）

当人に与えた職責を基準とし、それをどの程度こなしたかという成績考課と、その場合の当人の到達している能力の高さはどうかという判断を資格等級基準に照らして行うという、いわゆる絶対考課を本筋とすべきであろう。

　例示的に説明すると、1つのプールの中で企業全員の人が泳いでおり、審判員が1人なら相対考課つまり比較概念によって、誰がよい、誰が悪いと判定することも可能であろう。しかし実際には社内には多くのそれぞれ分かれたプールがあり、それぞれのプールの中で数人ずつが泳いでおり、それぞれのプールに1人ずつ審判員がついているような形のものである。このような場合には、それぞれの審判員がちゃんと記録をとり、その記録を人事当局があとで集めて、能力を分析比較するという方法をとらざるを得ない。人事考課を行う場合、考課者はいかなる場合にも絶対考課の構想に立つべきである。そしてその場合の考課基準は、成績考課は上司と部下との間で、どのような仕事をどのようにこなすことが期待され要求されているか（職務基準）ということであり、もう1つの能力考課は当人が在級している職能資格等級の職能要件書つまり等級基準ということになる。

5　中間項（業績と能力の間に介在するもの）

　さて、さきに業績はもはや能力に近いと述べたが、しかし業績はまた必ずしも、能力そのものではない。なぜならば、Ⅱ—4図でながめるように、いろいろの条件が能力を発揮する過程で、プラス・マイナスの作用を及ぼすからである。外部条件、内部条件、そして本人条件などがそれである。

　ここで外部条件というのは、たとえば市場が急激に悪化して商品が売れなくなったとか、同地域に強力な競争会社が出店してきたとか、原材料の品質が急激に落ちたなど、本人の能力とかかわりなく業務遂行を阻害し、そのために業績が落ちる場合もありうる。その逆の場合

Ⅱ—4図　中　間　項

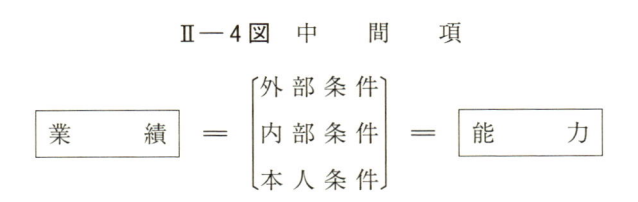

$$\boxed{業\ 績} = \begin{bmatrix} 外部条件 \\ 内部条件 \\ 本人条件 \end{bmatrix} = \boxed{能\ \ 力}$$

ももちろんありうるであろう。このような企業外の諸条件をいう。一方、内部条件というのは、たとえば上司の部下に対する命令指示のあり方や、援助のあり方の如何などである。本人の能力が高くとも、いいかげんな命令指示が降りてくれば、業績は悪くなるであろうし、少々能力が不足していても、上司が適切な命令指示を与え、適切な援助を積極的に行えば、結構いい業績をあげることができよう。つまり、内部条件によっても、能力と業績とは相異なったものとなる可能性をたえず含んでいる。最後に、本人条件というのは、やる気つまり職務に対する意欲、態度である。能力は高くとも、やる気がなければ低い業績しかあげられないし、能力が低くともやる気旺盛であるならば、高い業績をあげることも可能であろう。

　以上のように、業績はほぼ能力に近いが、確実に能力とはいえない。そこで、人事考課においては、これらの外部条件、内部条件、本人条件などを考慮し、本人の本当の能力がどのようなものであるかをとらえようとする、それがいわば能力考課である。そしてこの能力考課の時には、上述のように彼に与えた職務や役割のレベルがどんなものであるかが問題となるのであり、そしてその時係長としてとか、5等級在位者として能力はどうかという分析、把握の仕方となる。つまり能力考課というのは役割を遂行した度合い、役割のレベルおよび中間項としての諸条件などを考慮しながら、彼がいま到達している能力が5級職としてはとか、2級職としてどうかというジャッジメント、つまり判定ということになる。したがって能力考課の考課基準は、職能資格等級別の等級基準であるといえるわけだ。

6　能力や適性の把握

　以上の人事考課は、すでに明らかなように、職務をすべて媒体としている。つまり職務を通しての能力の把握・分析である。したがってそれは、いわば職務を通して発揮された能力の考課ということになる。

　そこで、適切な職務機会つまり能力を発揮する機会が与えられていないと、能力はあっても表面に出ず、能力を把握することができないものとなる。しかし大切なのは、本人が身につけている能力のすべての把握である。それを把握しないと、能力の活用ということについて適切な判断基準が得られない。

　では、表に出ないいわば潜在的な保有能力をどうやってとらえるかというと、職務の外に、媒体を用意する必要が出てくる。Ⅱ―5図でみるように、それが、試験、研修認定、面接、論文、資格免許などのいわゆる幅広い能力考課である。これらのほかに、一定の限度内でならば、勤続を1つの判定資料として用いることも意味をもち得よう。

　つまり能力をはかる指標としては、人事考課のほかに修得認定制や勤続もあることになる。日常の職務を通じての能力の評価が人事考課であるが、表に出た能力、つまり実績については、一定の方法をもってすればある程度正しい観察がなされうるとしても、保有能力の把握はむずかしい。保有能力についてはあくまでも推定という形をとることになるからである。

　そこで、推定上のエラーを少しでもカバーするには、基本的能力の把握については試験など修得認定、習熟度についてはある程度勤続をもって補うことが必要で、それをもって人事考課のエラーを修正していくこととなろう。人事考課と修得認定と勤続の3つは相互に補完関係にあるのであり、いずれか1つをもって、すべてを律するような態度は改められねばなるまい。

　修得認定も、勤続も、人事考課も、いずれも必要な指標ではある。

Ⅱ—5図 能力や適性の把握

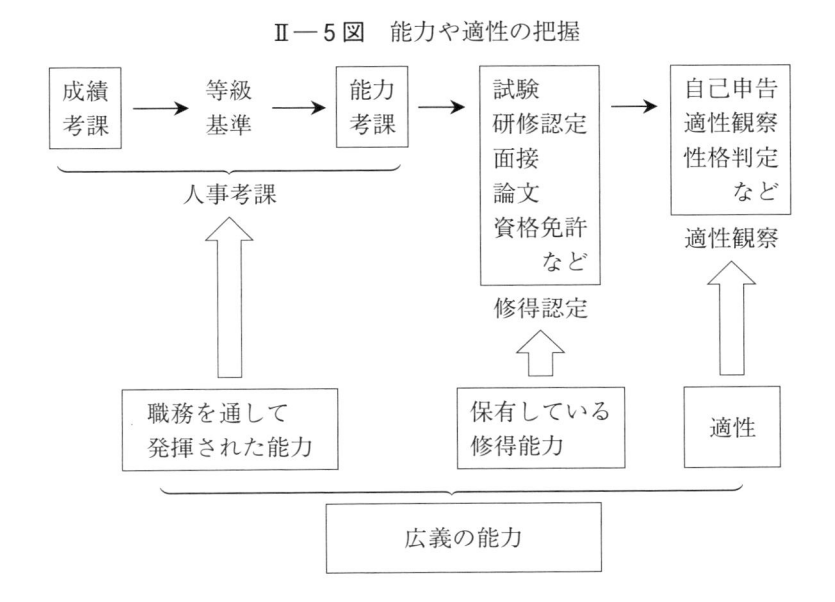

```
[成績考課] → [等級基準] → [能力考課] → [試験/研修認定/面接/論文/資格免許/など] → [自己申告/適性観察/性格判定/など]
      人事考課                              修得認定              適性観察
         ↑                                    ↑                     ↑
[職務を通して発揮された能力]        [保有している修得能力]        [適性]
                              広義の能力
```

しかしいずれも、万能であるとはいえない。試験に通らなかったからだめとか、人事考課が悪いから、もうこの人はだめであると言い切ってしまったり、勤続が短いから能力が低いと決めつけることは誤りである。いろいろの記録なり、資料というものを、総合的に判定し、考え、能力の開発の方向を探っていくことが重要であろう。ともすると人事考課を万能と考えたり、試験に通ることを絶対の要件とみなしたり、または勤続の長さを万能と考えるしくみや制度が、企業の中に浸透している事例を数多くみるが、そのようなあり方は疑問が残る。ともあれ人事考課を過信してはならないことをつけ加えておこう。

ところでもう一度、Ⅱ—5図をみていただきたい。以上のような能力のほかに、適性や実力をさらに把握する必要がある。適性とは、本人の意思とか性格とか趣味嗜好などである。これからの配置や教育訓練は当人の意思や適正に応じて、柔軟かつキメ細かく展開していく必要があり、そのためにも適性の把握はぜひとも必要である。そこで、

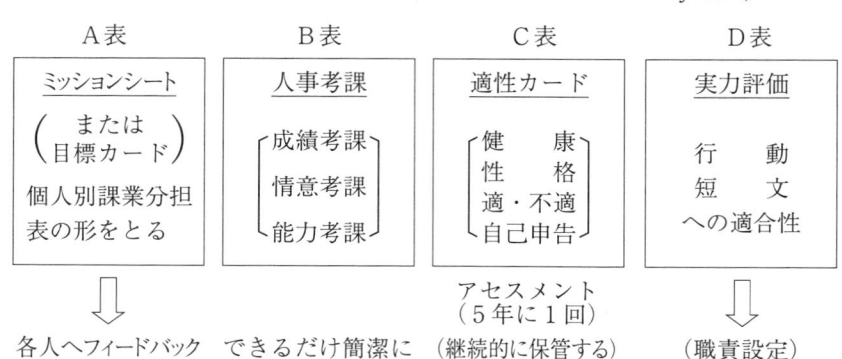

Ⅱ—6図　人事情報システム（Personnel Information System）

A表	B表	C表	D表
ミッションシート （または 目標カード） 個人別課業分担 表の形をとる	人事考課 ｛成績考課 　情意考課 　能力考課｝	適性カード ｛健　　康 　性　　格 　適・不適 　自己申告｝	実力評価 行　　動 短　　文 への適合性
⇩			⇩
各人へフィードバック	できるだけ簡潔に	アセスメント （5年に1回） （継続的に保管する）	（職責設定）

　人事考課、能力考課のほかに適性調査さらにコンピテンシー評価を取り上げて実施することが望まれる。

　このような適性や実力調査は、人事考課とはかなり性格を異にするから一緒にせず、切り離して別個に行うようにしたい。

　たとえば、Ⅱ—6図のように、ミッションシートと人事考課と適性カードと実力評価の4つに分け、この4つをもって、いわゆる人事情報システムとして構成することが適切であると考えられる。職能開発カードとは成績考課の内容を項目別に具体化し、フィードバックを主たる目的として設定し運用するものである。

7　人事考課の位置づけ

　さて、人事にとって大事なのは、能力と仕事と賃金を、総量としても、また従業員一人ひとりとしても、一致させる、つまり均衡をとることである。この3者の均衡をはかることによって、(イ)公平処遇、(ロ)働きがいの創造、(ハ)生産性向上、を達成していくところに人事理念があるはずである。

　この均衡をはかる方法として何を起点とするかによって仕事ベースの人事（成果主義）と、能力ベースの人事（能力主義）の2つがある

1 人事考課の基本の理解

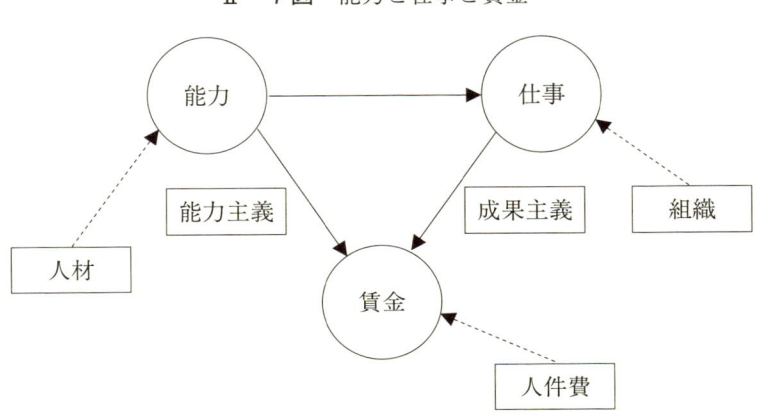

Ⅱ—7図　能力と仕事と賃金

```
        能力 ──────→ 仕事
         ↑  ＼     ／  ↑
        人材  ＼   ／  組織
      能力主義  ＼ ／ 成果主義
              賃金
               ↑
              人件費
```

ことになるが、欧米と違ってわが国の場合、能力つまり人間ベースの人事（終身雇用人事）をとってきたし、これからもとることが望ましいと思われる。

　能力ベースの人事をとるとして、それは決して年功つまり勤続（学歴別・男女別）ベースではないのだから、年功に代わる能力によった処遇基準を新たに確立していく必要がある。能力をベースとした処遇基準としてもっとも一般的なのが「職能資格等級」である。年功を排除していくといっても、年功に代わる新しい処遇基準を整備しない限り、それは無理である。

　そのような職能資格等級は、いわば「能力（職務遂行能力）のグレード」としての性格をもつものであるから、各人の能力の公正な評価がない限り成立するものではない。逆にまたすでに述べたように、職能資格等級（等級基準）がない限り、能力考課は成り立たない。つまり、これからの人事は、職能資格等級を基準として、能力開発、能力評価、能力活用、そして能力に応じた賃金の決定を行うという形をとることが、基本的な考え方やしくみとなろう。そして、人事考課は、まさにそのような能力主義人事の中のきわめて重要な機能の一部を構成する

こととなる。
　そこでいま、これからの能力主義人事の全体構図（フローチャート）と、その中での人事考課の位置づけを図示すると、Ⅱ―８図のようになる。
　この図について簡単に説明しておこう。図の中の番号３から14までが能力に関する管理領域である。続く15、16が昇進つまり仕事に関する部分であり、最後に２と17と18が賃金に関連する諸制度である。これら各パートの有機的相互関連の中で、能力主義人事つまり能力をベースとした、しかも能力、仕事、賃金を一体化する人事・労務管理が進められていくこととなる。
　さて、そこでまず能力に関する領域であるが、図の中の３の職能資格制度がすべての基準となる。この職能資格制度には、すでに述べてきたように、等級基準としての「職種別等級別職能要件書」が設定され、一方あわせて目標面接を通じて「個人別課業分担表」が設定される。つまり職種別等級別職能要件書と個人別課業分担表は、職務調査と目標面接を通じて明らかとなる。職能資格等級の確立には職務調査を是非とも必要としよう。職務調査を通じて、等級基準としての職能要件とか、個人別課業分担表つまり職務基準が明らかとなる。個人別課業分担表をもとにして上司と部下との間で面接・対話が行われ、それを通じて各人に与えられた職務内容の詳細が確認されることとなる。
　図でみるように、人事考課はこのような職種別等級別職能要件書とか、事前の上司と部下における職務確認のための面接・対話をベースとして行われることとなる。つまり能力考課は職種別等級別職能要件書（等級基準）をベースとし、成績考課はすでに述べたように、各人に与えられた職務基準をベースとして行われる。
　人事考課の結果は、具体的にはミッションシートを通じて各人にフィードバックされ、能力開発に結びつけられていく。一方、明確かつ公開されたルールで昇格に結びつけられ、その基準となる。ただし、

1　人事考課の基本の理解

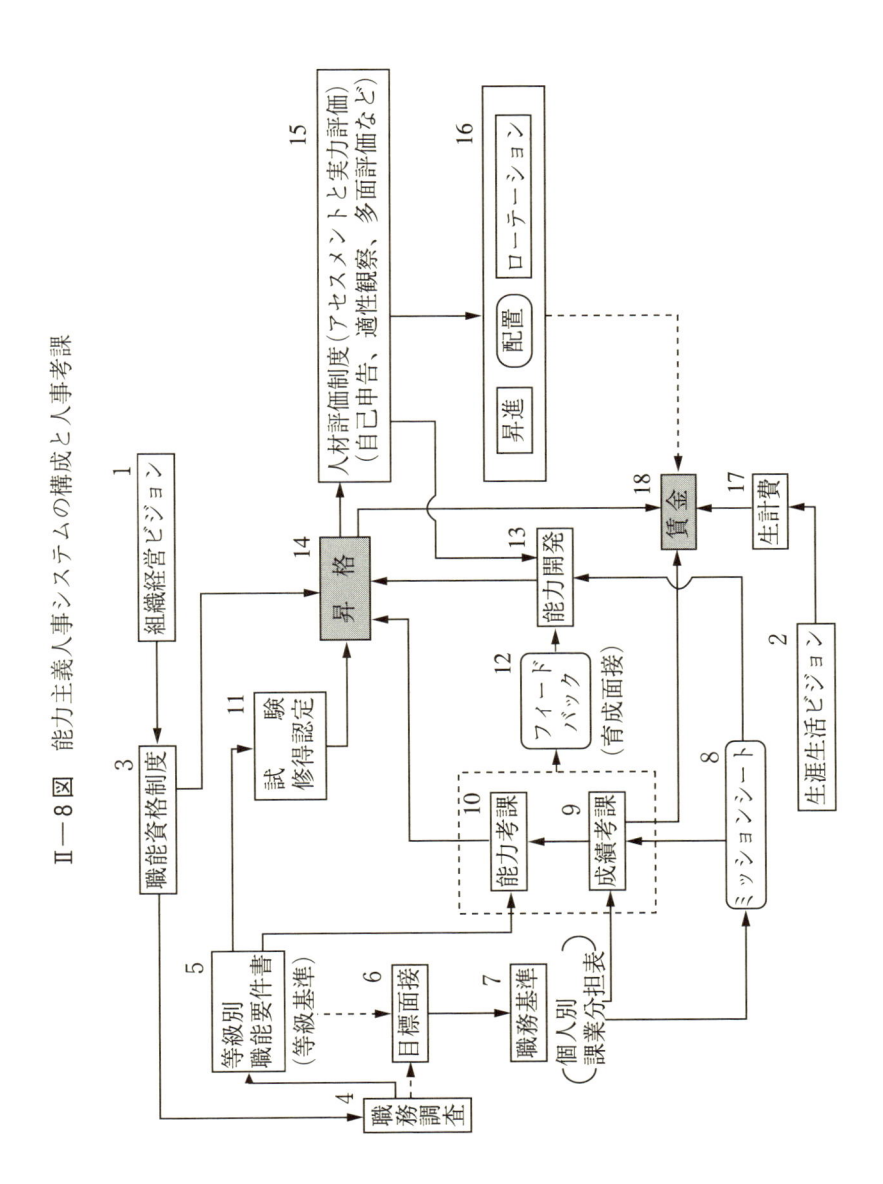

Ⅱ-8図　能力主義人事システムの構成と人事考課

1 組織経営ビジョン
2 生涯生活ビジョン
3 職能資格制度
4 職務調査
5 等級別職能要件書（等級基準）
6 目標面接
7 職務基準（個人別課業分担表）
8 ミッションシート
9 成績考課
10 能力考課
11 試験認定・研修認定
12 フィードバック（育成面接）
13 能力開発
14 昇格
15 人材評価制度（アセスメントと実力評価）（自己申告、適性観察、多面評価など）
16 ローテーション・配置・昇進
17 生計費
18 賃金

63

昇格は職務を通じて発揮された能力としての人事考課のみでなく、潜在的な保有能力としての修得能力も、一定の修得認定制度たとえば試験制度とか、研修・認定システムを通じて把握され、これとさきほどの人事考課があわさって昇格基準となる。

人事考課のうち、成績考課はさらに単独で、賃金のうちの臨時給与の査定にも反映されることとなろう。つまり人事考課はあくまでも等級基準、職務基準をベースとした絶対考課であり、かつその結果はフィードバックされて教育訓練に結びつけられるということであり、さらに保有能力の修得認定制度などとあわせられて昇格に反映されていく形となる。人事考課が能力主義人事システムの中で、まさに中枢的機能を果たすことが、このⅡ―8図から明らかであろう。

ところで、このようなしくみをもって運用される昇格（図の中の14）とあわせて、自己申告や適性観察や実力評価が配置、昇進、ローテーションの基準となる。つまり昇進は必ずしも昇格そのものと自動的に連動するものではない。本人の意思とか適性とか実力、さらに組織の都合などとの関連の中で、配置とか昇進は決まっていくこととなる。さらに賃金は、主として昇格つまり能力に結びついた形で決められるが、部分的には昇進つまり仕事とも結びつくであろうし、さらに重要なことは、ライフサイクルビジョンにのっとった年齢別生計費を反映する形でも決定されていくこととなろう。

2　人事考課の組立て

1　成績考課と能力考課

すでに以上の説明から明らかなように、人事考課のメインは成績考課と能力考課の2つからなる。成績考課は、期の初めに設定された職

2 人事考課の組立て

Ⅱ—9図　成績考課と能力考課

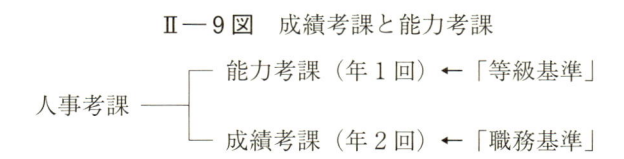

人事考課 ─┬─ 能力考課（年1回） ← 「等級基準」
　　　　　└─ 成績考課（年2回） ← 「職務基準」

Ⅱ—1表　成績考課と能力考課の性格の違い

構成要素	成　績　考　課	能　力　考　課
考課基準	職務基準	等級基準
頻　度	年　2　回	年　1　回
考課要素	課業別遂行度	要素別評価
フィードバック	当面の教育訓練や職務改善	長期的育成
一次・二次・三次	一次考課重視	二次・三次考課重視
調　整	調整なし	調整あり
考課サイド	自己評価	多面評価
処　遇	賞　与	昇格・昇進

務基準の遂行度であるから、あくまでも考課基準は職務基準である。一方、能力考課は、等級にふさわしい能力を身につけているかどうかの評価・分析であるから、等級基準が考課基準となる。両者は性格を異にするから、はっきり区別して設定したい。できれば、5月、11月が成績考課、そしてそれを材料として、年が明けた2月に能力考課を行ってみてはどうであろうか。賞与、昇給、昇格など、いわゆる人事カレンダーといった面からしても、この時が望ましいと思われる。しかし、企業の経営期に合わせることも必要であるから、5月、11月の代わりに、4月、10月を成績考課とし、能力考課を1月に行うといったこともあり得るであろう。

　いずれにしても、経営期と人事カレンダーなどを十分念頭に置きながら、年2回の成績考課と、また別個の時期における年1回の能力考課をもって組み上げるようにしたい。成績考課と能力考課が癒着して

いては、人事考課を正当に編成することはできない。

2　業績考課も必要

　成績考課と似て非なる概念に、業績考課という概念がある。先述した通りだが、もう一度要約すると、それは次のようなものである。
　　業績考課＝成績考課＋（職務基準―等級基準）
　成績考課は、職務基準が考課基準であるから、その時与えられた職務のレベルが高いか低いかは、一切問われない。ただ、本来のレベルよりも高い時には、チャレンジ・プラスワン・システムで、成績考課の結果は１つ修正される。しかし、本来の等級基準よりも低い職務レベルで、職務基準が設定された場合には、それを達成したものが、そのまま成績考課となる。つまり成績考課は、どんなつまらない仕事でも、低い仕事でも、「やれ」と指示されて実行したかどうか、やりますと答えてやり上げることができたかどうかが、成績考課である。これに対して業績考課は、それにその時の職務基準が、その人本来の等級基準に比べてどうであったかが加味される。つまり、例えば５級の人が、それよりも低い３級程度の業務を与えられたとしよう。その場合、その業務を確実に遂行していれば成績考課はＡとなる。しかし、業績考課はそうではない。５級であるにかかわらず、３級程度の業務しかしなかったのであるから、職務基準マイナス等級基準はマイナス２となり、したがって成績考課のＡから２段下がったＣが、業績ということになる。
　このように、業績考課は、あくまでもその時与えられた職務が、本来の等級に比べてどのような状況にあったかが加味されたものである。したがって業績考課は、いわば本人がもらっている賃金に比べて、企業に対する貢献度が高かったのか低かったのかをみることとなる。簡単にいえば、"貢献度"といってよいのかもしれない。したがって、たとえば「君は何もやるな」といえば、何もやらなければ成績考課は

申し分ないからAと評価されるが、業績考課は、何ら企業に貢献はしていないから、最低の評価Dとならざるを得ない。このような業績考課も必要であろう。

　しかし、業績考課が成立するためには、職務ないし職務基準の選択や拡大が、本人の意思によって自由であるということが条件となる。本人の意思によらず、組織とか上司の都合によって低い仕事をやらざるを得なかった場合、貢献度が低かったからといって、その業績考課を処遇や報奨制度にもし結びつけるとするなら、やはり納得は得られまい。あくまでも業績考課が成立するのは、職務や職務基準の選択や拡大が、本人の意思によって自由である場合のみに限定されよう。

　さて、戦術的にいって、攻撃の時には、できるだけ自由に攻めさせ、守る時にはきちっと守備範囲を決めて守らせるのが、戦術的にすぐれている。企業経営にも、攻撃部門と守備部門がある。攻撃部門は、いわば職務の選択や拡大はできるだけ個人の自由にしておくようにしたい。売れるだけ売り、作るだけ作るといったことが望ましい。しかし、守備部門においてはそうではない。あくまでも各人の業務行動をきちっと決めたうえで行うことが望ましいであろう。そのような意味において、今後業績考課は、攻撃部門には取り入れるとしても、守備部門には適切でない場合が多くなろう。

　企業の中で攻撃部門といえば営業部門、企画・研究・開発部門、そして管理職掌部門の3つがあり、一方、事務部門とか生産部門などは守備部門であるといえる。したがってもし業績考課を入れるとするならば、営業部門、企画・研究・開発部門、および管理職掌部門が適切であるということになる。営業部門の場合には、期ごと、または1年おきでやってもよいであろうが、企画・研究・開発部門の場合においては、単年度では無理で、事情によっては3年、5年、10年の長期ベースでとらえられることとなろう。

　この業績考課は、これも本来的には絶対考課ではあるが、実際には

貢献度の比較という意味で、相対考課で行ってもよいであろう。今期、誰が一番売上げを上げたか、このグループの中でもっとも利益係数の高かったのは誰と誰かといったように、相対考課でやってもよい。この5年、または10年のうちに、誰が一番よい研究、または企画を行ったかといったようにである。

ただし、このような業績考課は、やはり偶然性が強いから、あまり昇給とか昇格、昇進に使うことは望ましくない。また、すべての部門に業績考課を行うこともできないからである。そこで、このような業績考課は、報奨制度に用いるのが最適であろう。営業とか企画・研究・開発部門には、業績考課を中心とした報奨制度があることは、やはり必要ではあるまいか。報奨制度は、第1にまず教育休暇、たとえば海外旅行などに重点を置き、ついで精神的な栄誉、会長奨励賞、社長勲功賞といったものが適切で、金銭の授与は、むしろ第3番目に考慮すべきではあるまいか。

3　情意考課の位置づけ

人事考課においては、もう1つ情意考課が必要となる。いかに成績や能力や業績がすぐれていても、組織の一員としての自覚、つまりマインドに欠けていては困る。各人は組織の一員として行動しているからである。

さて、マインドとして必要なものが、まず2つある。1つは規律性であり、もう1つは責任性である。この2つは、組織を防衛するうえにおいて必要であり、したがってサラリーマンの意識の根底に置いておかねばならないといった意味においては、まさに下部意識構造を構成する。服務規律を守ったかどうか、自分の守備範囲を、細心の注意をもってどこまで守ろうとする意欲をもって臨んでいたかといった、規律性と責任性は、まず組織を守るうえにおいて不可欠なものとなろう。

Ⅱ—10図　組織の一員としての自覚

協　調　性	積　極　性
規　律　性	責　任　性

　この2つの意識のうえに、協調性と積極性の2つがある。積極性と協調性がなければ、組織は伸びない。つまり組織をプロモートするうえにおいて必要なマインドが、この2つである。積極性とは、自己啓発、チャレンジ、改善提案などをいい、協調性とは、自分の守備範囲外ではあるが、そして他人の守備範囲であるが、組織全体の利益を考えて、積極的に援助していくことであり、また、同一部内においても、お互いに力を合わせていく姿勢をいう。

　組織防衛のために規律性と責任性、組織を伸ばすために協調性と積極性、この4つがいわば組織の一員として求められるマインドであるといえよう。このマインド、つまり情意をチェックする人事考課部分が、いわゆる情意考課である。

　さて、この情意考課は、あくまでも過去6カ月間にあらわれた事実を問うものであり、漠然とした性格を問うものではない。この6カ月間、服務規律を守っていたかどうか、あくまでも過去形で問われる内容である。その点では、成績考課とまったく同じ性格であるから、情意考課は成績考課と一緒に、その同じ考課表の中で行われてよいであろう。したがって年2回、成績考課とあわせてこの情意考課は行われることとなる。

　以上からして、これからの人事考課は、Ⅱ—11図のような形となる。全員を対象として、年2回の成績考課と、年1回の能力考課、そしてその成績考課の中には、情意考課が包含される。そのほかに、営業、研究・企画・開発、管理職などを対象とした業績考課が適宜行われ、

Ⅱ―11図　人事考課の組立て

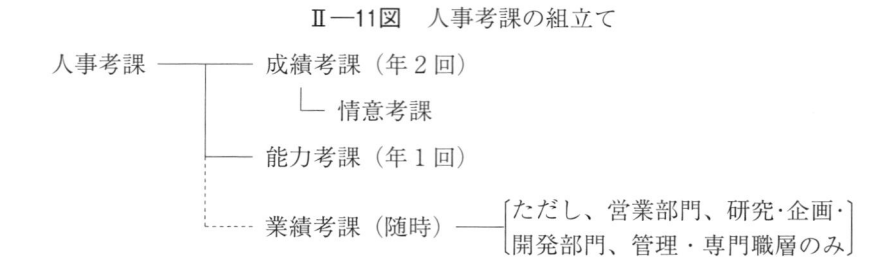

```
人事考課 ─┬─ 成績考課（年2回）
          │   └─ 情意考課
          ├─ 能力考課（年1回）
          └── 業績考課（随時）──[ただし、営業部門、研究・企画・開発部門、管理・専門職層のみ]
```

これは報奨制度に用いられることとなる。

4　人事考課とアセスメント

　人事考課は、あくまで日常の職務活動を通じて発揮された能力の把握、評価、分析である。仕事を通じて能力は発揮され、発揮されなければ能力を把握することはできない。人事考課で潜在能力をとらえようとすることは誤りである。あくまでも発揮された能力のみをとらえることになる。したがって、できるだけ多くの機会を与え、能力を発揮させ、その場を通じて評価する姿勢が必要となる。つまり人事考課は限定されたものであるという認識が重要であろう。

　さて、能力には、大きく分けてⅡ―12図のようにA、B、C、Dの4つの領域がある。Aというのは、いまやっている仕事がどれくらいできるか、Bは、社員として何がどれくらいできるかであって、Aを包含しながら、もっと広いものとなる。いわば、潜在的な能力も含めたものがBであろう。Cは、さらに体力や気力や行動力などをも含めた高成果実現能力（実力）であり、成果主義のベースとなる。そしてDは性格とか素質とか趣味とか特技なども含めて現在身につけている能力以外に、将来性などをも含めたより広い次元のものとなる。

　この4つの領域の中で、人事考課が対象とするのは、すでに明らかであるように、A領域でしかあり得ない。しかしながら、社員を処遇するうえにおいて対象となる能力は、あくまでもBである。そこで処

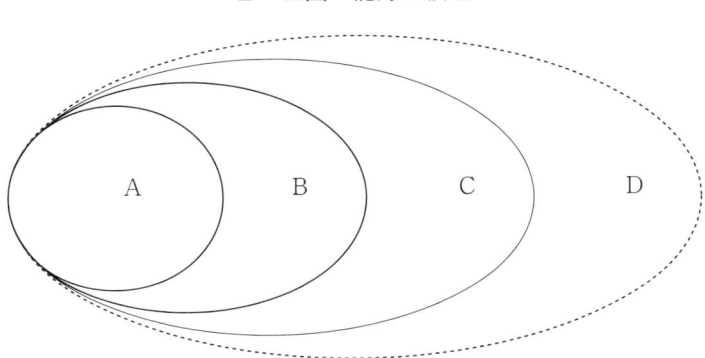

Ⅱ—12図　能力の領域

```
          ┌─────────────────────────────────┐
       ┌──┤  ┌──────┐                       │
       │A │  │  B   │   C        D          │
       └──┤  └──────┘                       │
          └─────────────────────────────────┘
```

遇を適切に行うためには、なんとしてもBをとらえていかねばならない。

　では、どのようにして、A以外のB領域を把握するかであるが、まずいろいろの仕事をやらせてみて、能力を発揮させるという意味において、ローテーションとか、異動、転勤が必要であろう。いろいろやらせてみることによって、その人にどのような能力があるかがわかる。ベンチに座らせていただけでは、能力はわからない。いろいろやらせてみることである。これがローテーションである。

　自己申告制度というのがある。本人にどんな能力があるかをいわせる。またどんな勉強をしたかをいわせておくことも必要である。

　あるいは、修得認定制度がある。あらかじめ、決められたコースの研修とか、通信講座とかをどの程度受けたかによって能力を判定することもできる。

　また、試験制度も必要であろう。社員として必要な能力ではあるが、日常の職務活動を通じて発揮できない能力は、試験という機会を制度的に設けて、そこで能力を発揮させ評価することとする。

　さらに第Ⅵ章で述べるアセスメントやコンピテンシー評価がなければ、CやDは評価できない。

(1) 試験制度と人事考課の違い

　人事考課と試験制度は、能力をとらえるという意味においては同じであっても、性格ははっきり異にする。日常の職務活動を通じて発揮できるものは人事考課で、把握できないものは試験制度でとらえることになる。日常の職務活動でとらえにくいものとしては、身につけている知識や技術、技能が体系的であるか、次に、知識や技能の基本ベースを身につけているかどうか、さらには関連する知識、技能を身につけているかどうかなどであり、したがってそれらが試験の対象となろう。人事考課とあわせて、職能資格制度の中での2カ所程度に試験制度を入れ、能力の把握を確実にすると同時に、評価基準を明確にしていきたい。

　このように、B領域をとらえるためには、いろいろの制度をあわせ加味し、できればこれらを人事情報として今後整理しておく必要があろう。人事情報システム（パーソネル・インフォメーション・システム）も人材管理のうえにおいて、今後は不可欠となる。

(2) 適性観察制度

　さて、今後の育成や配置を行うためには、当然C、Dの領域についても正しくとらえておく必要があろう。そこで適性観察制度（アセスメントや実力評価）といったものを、人事考課とは別個に設け、ここでは性格、行動態様、特技、趣味、素質、将来性など、さまざまのものをできるだけ広くとらえるようにしたい。しかし、これらはあくまでも処遇に使うのではなく、配置や今後の教育訓練の材料にするという意味のものであり、それ以上のものであってはなるまい。

(3) 人材アセスメント

　さて、そこで今後は、毎年行われる人事考課のほかに、5年に1回程度、人材アセスメントを適切に行うことが必要であろう。人材評価制度は、人事考課の5年程度の長期分析、自己申告制度、適性観察制度、多面評価制度といったものを内容とし、できれば5年に1回行い

II—13図　人材アセスメント

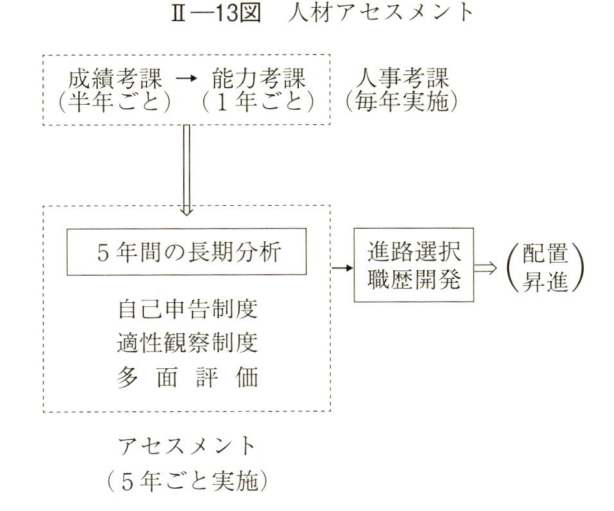

```
成績考課 → 能力考課   人事考課
(半年ごと) (1年ごと)  (毎年実施)

       ↓

5年間の長期分析    進路選択    (配置)
               職歴開発    (昇進)
 自己申告制度
 適性観察制度
 多 面 評 価

アセスメント
(5年ごと実施)
```

たい。人事考課は単年度主義であり、いわば一時点での切り口を見るものである。しかし一時点の切り口だけでは、能力を立体的にとらえることはできない。そこで5年間程度の人事考課をまとめて、その変化なりを長期的に分析し、立体的、時系列的に能力の変化の模様をとらえる。どういう面で能力が伸びつつあるのか、どういう方向に育てていった方がよいのかが把握できることとなろう。

　自己申告制度は、今後の配置や教育訓練についての本人の意見を述べさせるものである。こういうものは、毎年行っても意味がない。5年おき程度に確実なものを実施したい。

　多面評価制度というのは、本人が所属している上司、係長や課長や部長の評価だけでは不十分で、5年に1回程度は、所属している以外の先輩上司諸兄から、本人と接触のあった者について、いろいろと意見を聞くことをいう。5年間の中では、いろいろ組織の中で接触するはずであるし、また、所属している上司が見落としている面で、見誤っている面を、はた目から見て修正することも意味がある。はた目が正

しい場合もありうるのである。とくに人間関係が複雑であり、歪んだ場合、所属している上司以外からの意見や評価は、大変有効なものとなろう。

　適性観察制度は、人事考課で取り上げられない性格や素質や特技や趣味など、一般的なものをチェックすることが内容となる。これらは人事考課で取り上げることは適切ではない。この適性観察制度を行うにあたっては、アセッサーを設けて、短期的に能力や適性を把握する方法を取り入れることも可能であろう。

(4)　長所主義と評価システムの多面化

　人間にはどんな人にも、長所というプラス面と短所というマイナス面の両面がある。したがって、アバウトに人間の優劣を比較し論ずるよりも、一人ひとりの長所と短所を見極めて、短所については教育訓練や上司の指導で改めていくように努めるべきであろう。長所については、さらに伸ばして最大限に活用し、本人の昇進・昇格に積極的に結びつけていくと同時に、企業のプロモートにも役立てていく姿勢が大切であろう。

　それには、5年間に1回のアセスメントで、過去5年分の人事考課を通して本人の能力を分析・吟味し、できるだけ長所面のみを評価しながら、今後の育成・活用・処遇に積極的に結びつけていくような長所主義の考え方が必要である。人事考課では長所・短所の両面をとらえねばならないが、短所主義でとらえていては、人材の育成・活用に結びつかないので、アセスメントではできるだけ長所のみをとらえるようにしたい。

　すでに触れてきたように、加点主義人事は長所主義を重要な柱とする。アセスメントなどを行いながら、できるだけ本人のすぐれている点である長所をとらえ、その長所を人材活用で全面的に押し出すようにすることが大切であろう。そうすることによって、すべての人材の有効活用を図っていくことが可能となる。

そして、今日の評価制度の変化での新たな点は、旧来の人事考課制度では限界があるとして、多面的な人材評価を行うためのアセスメント・システムやコンピテンシー評価（第Ⅴ章で解説）が整備されつつあることである。従来のアセスメントといえば、管理職選抜のためのアセスメント研修が一般的であったが、そんな限定されたものではなく、これからは生涯ベースで5年おきに人材の洗い直しを行い、総合的な視野で最大限にその能力を開発・活用していくあり方が望まれる。

3　考え方のポイント

　人事考課制度を設計し、実施するにあたって、いくつかの重要な留意点がある。すでに若干ふれたところではあるが、あらためていくつかの留意点について整理してみることとしよう。

1　賃金に差をつけるだけが目的ではない

　すでに述べてきたように、従来の人事考課は昇給とか賞与の査定という目的をもって主として行われているケースが多い。しかしこれからの人事考課においては、そのようなことが主たる目的であってはならない。能力の開発と活用を進めるための基礎資料としての能力の観察と分析という点をこれからは主体とすべきであると思う。つまりいうなれば人事考課のねらいは、教育訓練とか、配置とか、昇進、昇格といったことが主体とならねばならないと思われる。
　能力主義というのは、能力の開発と能力の活用、および能力による公正な処遇の3つからなり、能力の開発は、能力の正しい把握ということ、教育訓練や自己啓発等からなる。能力による公正な処遇は、能力に応じての昇進、昇格ということと、能力に応じての個別賃金の決定という2つの項目からなる。

Ⅱ—14図　能力主義のなりたち

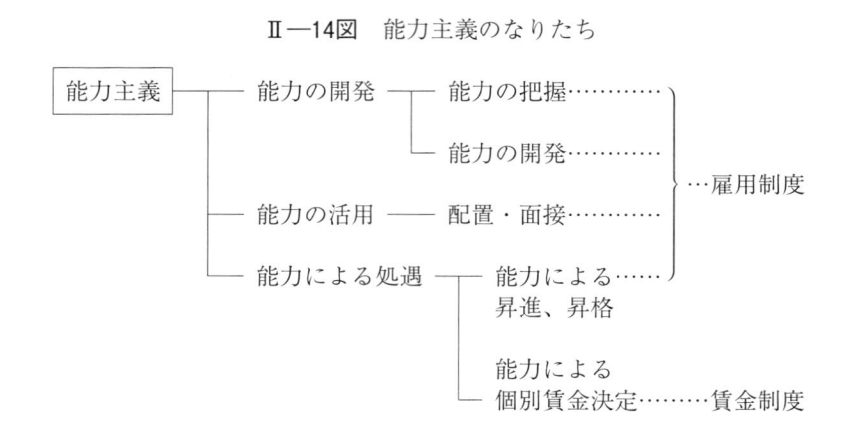

```
能力主義 ─┬─ 能力の開発 ─┬─ 能力の把握………┐
         │              └─ 能力の開発………┤
         ├─ 能力の活用 ─── 配置・面接………┼…雇用制度
         └─ 能力による処遇 ┬─ 能力による……┤
                          │   昇進、昇格    │
                          │                 ┘
                          │   能力による
                          └─ 個別賃金決定………賃金制度
```

　Ⅱ—14図でみるように、上の4つの項目が雇用制度であり、第5の項目たる能力によって賃金を決めるという項目が、いわゆる賃金制度である。

　このように能力主義を進めるにあたっては、雇用制度の側面と、賃金制度の2つの側面を整備する必要がある。雇用制度をいいかげんにしておいて、賃金制度だけをいかに、たとえば職務給とか職能給を導入したとしても、それは十分に効果をあげ得るはずがない。ともすると賃金制度や賃金体系だけを少し手直ししておいて、人事雇用制度はそのままのほったらかしという事例をみるが、これではやはり十分に成果をあげることはむずかしい。むしろ真に必要なのは、賃金制度を能力主義化にする以前に、そのような人事雇用制度自体のあいまいかつ年功的なしくみを、より明確に基準化し、能力主義的なものに切り換えていくことであるといわざるを得ない。

　そして、人事考課こそは、まさにこのような人事雇用制度のしくみに基準を与え、能力主義化していくうえでのベースとなるべき性格のものである。人事考課は、ただ賃金に差をつけるだけのねらいとするならば、そこから人事考課無用論などが当然出てくることとなろう。

これからの賃金は小刻みの差をつけることは意義をもち得ないものとなろう。最近の職務給や成果主義の動きにしても、できるだけ大ぐくりのものとしてきており、全体として簡素化の方向をたどりつつある。賃金が人を動機づけることが困難となってくるからである。かつて、つまり戦前の賃金は、能率給がかなりの部分を占めていた。しかもそれはかなり複雑なしくみをもつものからなっていた。それは、労働者の労働意欲を刺激するうえで必要であると考えられていたし、また事実そうでもあったことに由来している。これを廃止することは、労働意欲を落とすことになると真剣に考えられていたし、経営側もそれはきわめて勇気の要ることでもあった。しかし、戦後の今日、能率給はもはや、賃金の主流ではなく、副次的賃金としての意義をもっているにすぎない。そのような賃金の算定のしくみが、労働意欲にとって役割を果たさなくなりつつあると同時に、それがあまりにも経営サイドに立った労務管理的色彩が強すぎるからである。

今後の賃金の方向は、明らかに簡潔かつ格差の小さいものであるといってよいだろう。そのような意味からしても、人事考課は、賃金に格差をつける用具としての役割をも果たすことは今後とも否定できないとしても、それは必ずしも、主たるねらいではなく、むしろ主たる目的は、マイナスを明らかにし、それをなくしていくうえでの基本となるところに置かれることとなろう。

人を企業の中で育てていくという日本的労使慣行の中では、とくに上述の意味で人事考課は今後とも意義をもち続けよう。

2　観察と分析こそが人事考課

すでに明らかなように、長所、短所、ないしはすでに基準を超えている部分（仕事や能力）と、基準に到達していない点を正しく観察し、どのように努力すれば、そのような欠点を直し長所を一層伸ばすことができるか、といったことを細かくとらえていくのが人事考課という

ことになる。これまでの人事考課は、いきなり最初からきわめてよいとか、悪いとか、またはウエイトが何で、総計すると何点というように段階づけることに主眼が置かれた。ＡとかＢとか課の中で何番とか、そのような考課がいきなりとび出し、序列づけることが前面に出てくる。これは人事考課が、明らかに昇給や賞与の査定にねらいを置いていることによっているといってもよいだろう。

そのような人事考課の活用上の側面は、いましばらく必要な機能であることは否定できないとしても、ちょうど、能率給が衰退していったように、やがては、その側面は意義を失うこととなる。

必要なことは"期待し、要求している程度"を上回っているかどうかを知ることであるから、全部が上回っているなら、全部がＡであってもよい。全員が、職務基準や職能要件を下回っているなら、全員がＣであってもよいはずだ。Ｓは何パーセントでなければいけないとか、Ａは、この課の中では何パーセント以上つけてはならない、といったような、はじめから成績区分を一定の割合で決めてしまうというのは、観察や分析の精神に反する。どのような事実があったか、どのような点で修正すべき点があるのか、これらを正しく観察し、とらえ、確認し、本人に知らせ、誤りは正し、長所は伸ばすための努力、つまり自己啓発や指導教育訓練が行われる。この一連の流れに、人事考課の真の意義が今後はあるような気がする。

まさに観察と分析こそが人事考課であると言いたい。そして従来のような、いきなり点数とか、序列といった考課区分が先行するごとき人事考課は、できるだけこれからは避けることとしたい。

3　考課基準の確認こそがすべて

能力を考課するには、ものさしがいる。ものさしがないと主観的なイメージ考課となってしまう。これでは、正しい能力の把握はできないし、またそのような人事考課の結果によって処遇が行われるとする

ならば、そのような人事考課を受ける一般従業員の立場からするならば、まさにたまったものではない。そのような人事考課に対して反対しようという気になるのも、当然ではなかろうか。つまり人事考課は、意味がないものとなってしまう。

　人事考課において何よりも必要なことは、考課基準を確立することである。では、考課基準とは何か。人事考課が日常の職務を通じての能力の観察という性格である限り、考課基準は、各人の職務基準と、等級別職能要件に置く以外に方法はなかろう。すでにふれたように職務基準とは、その人にどのような仕事が期待され、要求されているかであり、等級別職能要件とは、その仕事を十分にこなしていくためには、一体どのような能力が、どの程度要求されているかである。このような職務基準、職能要件こそが、まさにその従業員を考課する場合の基準とならざるを得まい。

　このような職務基準なり、職能要件は、具体的には職務調査と面接制度をベースとして把握し、確定していくことができる。人事考課を精密化していくためには、職務調査は欠かせないことになる。

　ところで、このような職務基準とか職能要件はただ単に上司のみが理解していたり、または奥深くしまわれている文書の中に整理記述されているだけでは十分とはいえない。職務基準、職能要件は、従業員に対して十分に説明が行われ、確認されていることが絶対に必要である。

　欧米における賃金体系は職務給や職種別熟練度別賃金だが、それはつぎのような採用のあり方を基準としている。たとえばあるポストが空くとする。するとそのポストにつく人が公募される。その公募が行われる場合には、きわめて詳細に職務基準、職能要件が提示される。あなたに対し募集されるポストは、このようなポストです。そしてこのようなポストにおいて、あなたがなさねばならない仕事の内容はこんなもので、さらにそのような仕事を十分にこなしていくためには、

あなたに要求される能力はこんなものです。英語については作文能力はこの程度、会話能力はこの程度、読む能力はこの程度で、フランス語についてはこう、数学についてはこう、経営学についてはこう、自動車の運転技術についてはこう、というように、事細かに説明が行われる。そしてこのような職務基準や職能要件を、十分にこなし得ない場合においては、その人はその職を去らねばならないことが暗黙のうちに了解される。そしてそのような能力条件を満たす必要な時間も、ある一定の形で明示される。

　各人は職務基準や職能要件（等級基準）を満たすことが絶対の責務となるが、そのかわりそれ以上のことをやる必要もなければ、それ以上が要求されることもない。だから各人はその職務基準や職能要件を満たすことについては全力をあげるし、それが当然だと理解されるが、それ以上のことをやろうとはしない。これがいわば職務給の考え方である。

　わが国の場合、明確な基準が示されないから、責任範囲や責任意識もあいまいなかわりに、もうこれでよいという限界もなく、いわゆるやる気のある人や、根性のある人、優秀な人に対してはどこまでも仕事の能力の広がりが要求される。職務給概念（成果主義）がよいのか、わが国の方式（能力主義）がよいのか、一長一短あって一概にいうことはできないし、むしろ、技術が変化し、各人の仕事や能力が、縦にも横にも弾力的に広がっていくことが要求されるこれからの時代にあっては、日本的方式がすぐれている点が多いとも考えられよう。それがいわゆる職能給の考え方である。

　しかし、かといって、まったく基準や要件が示されなくてよいものではない。重要なのは、基準は示されるが、それは決して固定されるべきでないという点である。つまり基準を設定するが、各人の能力の伸びに応じて、適宜、それは修正され広がりをみせていくべきで、それは文書化には限界があり、上司と部下の間で面接、対話、修正、確

認という形をとって弾力的に運用されていくべきであろう。それを的確にやるには人事考課の機能をまつ以外にはない。

　つまり、各人に与えられている仕事の1つひとつについて、期待し、要求する程度を上回っているならばプラス、下回っているならばマイナス。また要求される能力の1つひとつの項目について満たしているものはプラス、満たしてないものはマイナスという形で考課がなされ、そしてマイナスの部分についてはプラスに転じていく努力がなされなければならないし、その努力に対して企業なり、雇い主は、全面的協力を惜しまない体制が重要である。マイナスを消してプラスにしていくように、本人も会社も一体となって努力していく。これが人事考課の役割である。とくに、企業の中で人を育てるという日本的労使慣行のもとでは、このような機能をもつことがとくに重要である。

　このような人事考課はどこにもあいまいなところはないし、よいとか悪いという人間的な価値評価での比較基準でもない。あくまでも期待し、要求する程度に対してどうであるかという、プラスとマイナスの判断にしかすぎないのだ。

　大体、これまでの人事考課が小刻みな昇給査定を目的としているところから、Sとか、Aとか、Bとか、Cとか、Dとか、その考課が何段階にもなっている。しかし、これからは、賃金への小刻みな格差づけの意味が乏しくなり、したがって、人事考課も主として教育訓練や自己啓発をねらいとするものとなり、したがって考課段階も基準を上回っているか、下回っているか、それとも基準通りかの3つだけでよいことになる。これまでのきわめてよいとか、ややよいという考課も、所詮あいまいなものになりがちである。しかも従業員を1人の上司がつけるならまだしも、いろいろの課長が分担して各自の部下を考課する。この場合に、きわめてと、ややの間に有意性をもった基準を用意することは至難のことではなかろうか。

　以上からして明らかなように職務調査を実施し、職務基準、職能要

件を整理し、上司と部下との間で、日常、非公式でもよいから恒常的に面接、対話、修正、確認が行われるよう、努力していきたいものである。

4　非公開では維持できない

　多くの会社の人事考課は、マル秘が打ってある。つまり従業員には公開されていない。公開されない理由は、その人事考課は主として昇給査定など、いわゆる人事の問題であるから、なにも見せる必要はないということであり、さらにもっと大きな意味は、公開するほど確信がもてない場合が多いのである。かなりいいかげんにやっているために、公開できない場合が多い。また公開することは、企業の中において混乱を引き起こす可能性があるとして公開されない場合もある。確かに企業の中における従業員の職務意識、能力意識が低い場合には、公開することには問題があるであろう。

　したがって人事考課の結果を、いきなりいま公開するかどうかは別としても、少なくとも考課様式とか、考課要素とか、考課上の着眼点とか、それは当然公開されてしかるべきではなかろうか。さらに、より進んできたならば、人事考課の結果についても、よいとか悪いとかいう形ではなく、どういう点がまだまずいのかとか、どういう点は十分すぐれているというふうに、1つひとつ具体的に従業員について説明してあげることが必要であると思われる。

　はだかになって、上司と部下とで話し合う精神が必要で、こうなればもはやそこにマル秘の人事考課が生き続ける余地はない。人事考課におけるマル秘は、恥のしるしだと考えるようにしたい。マル秘はまさにマル恥である（いくつかの企業におけるマル秘は、赤インキで印刷してある場合もあるが、これはまさに赤恥というのではなかろうか）。

5　自己評価をかみ合わせる

　考課基準というものを、より明確にしていったならば、一体どの点については自分はまだ十分でないと思うか、あるいはこの点については、自分は十分に努力し、勉強もしたから、期待し、要求されている程度は上回っていると思うというように、自己評価も可能となることとなる。自己申告も必要だが、自己評価も人事考課を効果あらしめるうえで望ましいものとなる。

　たとえば自分は、規律性は十分だと思うが、さて課長さんはどう思うか。課長の評価と、自己評価とをつき合わせて、それを中心に上司と部下とで話し合いを進める。こういったところから有効な指導とか、相互の信頼感とか、職務意識とか、能力意識が出てくることになると思われる。そこに人事考課のメリットがある。人事考課は、むしろそのプロセスが大事でさえある。

　よく人事考課の話をすると、"そうはいっても結局概括的によいとか悪いとか考課するのが、結果的には正しいのですよ。直感がいいのですよ"とおっしゃるところもある。たしかにそうかもしれない。いかにいろいろと分析的な行動をとっても、結果的にはえいやっとエンピツをなめて考課した結果と大差ない場合があるであろう。

　しかし人事考課において必要なことは、そういう結果よりも、むしろそのプロセスなのである。面接とか、対話とか、確認とか、そういうことを通じて人間関係、職務意識、能力意識が高まっていくところに、むしろ1つのねらいがあるといいたい。今後はできるだけ自己評価制度をかみ合わせていくことが望ましいといえよう。

6　チャレンジ制度

　これからの賃金には、チャレンジ賃金としての性格が強まっていく部分が大きくなっていくと思われる。すべての業種、すべての職種に

おいて、このようなチャレンジ賃金が一般化するとはまったく考えられないが、特殊の業種、特殊の職種については、チャレンジ賃金も出てくるものと思われる。

チャレンジ賃金というのは、私はこの程度のことをやりますから、これだけの賃金をもらいたいと思います。どうでしょうか、というやり方である。つまりさきほども述べた、どの程度を期待し、要求するかに対し、一定の基準が与えられたならば、それをさらに本人が拡大し、より高度なところに1つの目標を置き、それに対して努力をしていく。そして評価においても、その一定の掲げた目標を基準として、すでにそれに到達しているとか、到達していないという形で能力考課が行われる。これがまさにチャレンジ人事考課システムである。

やはり今後は、だだ与えられたものをやるというような狭い範囲での職務給概念は、これから修正されていかねばならないと思われる。自己を広げていくことが働きがいでもある。高いところに1つの目標を置き、その目標に向かってどの程度到達したか、それを考課してもらう。人事考課には、自己評価制度を導入することが望ましいと述べたが、さらにいうならば、そのような、職務基準、職能要件の中に、チャレンジという考え方をより導入していくことが望ましい場合もあろう。ただし、それが競争をあおるとか労働強化を強いる形であることは望ましくない。したがって賃金にダイレクトに結びつけることはやはり問題が多すぎようが、しかしこれからはうしろ向きの人事考課ではなく、前向きの、しかもダイナミックな人事考課を設計したいものである。

7 考課者訓練の徹底実施

たとえば、考課者訓練をある企業で行ってみる。ある人物の行動についてのスライドを見せ、それについて考課者に考課をさせる。ところがその結果は、まさにさまざまである。同じ行動に対してある人は

S（きわめてよい）、とつけ、ある人はD（きわめて悪い）、とつける場合もしばしば起こる。つまりいうなれば人間の主観というものが、いかに人によってかたよりをもっているかの証拠でもある。このようなかたよりをそのままにしておいて、主観的に人事考課が行われた場合、その結果は、少しばかり調整してみたところで、もはや使いものにならないことはいうまでもない。

考課者訓練も行わずに人事考課を実施しておいて、ある部門は甘い、ある部門は辛いから、それを数学的な方式で調整するというやり方があるが、一体ある部門は辛く、ある部門は甘いということがどうしてわかるのだろうか。もしわかるのならば、なぜはじめに甘い部門に対しては、もっと辛くつけなさいと注意してあげないのだろうか。また辛い部門については、もっと甘くつけなさいと注意してあげるべきではなかろうか。そういうことを怠っておいて、結果を人事当局で勝手に調整するというのは、人事考課に対して不信感をもたらすもっとも大きな原因だと私は思う。出てきた結果の調整はむしろやるべきではあるまい。つまり事後調整は、できるだけ避けるべきだろう。

それよりも、事前調整、つまりまず考課者の考課能力を引き上げることが肝心だ。考課能力を引き上げるということは、要するに各管理者の価値判断基準をできるだけ統一して主観的な評価からくるズレを少しでも起こさないようにすることである。考課者訓練を日常的に精力的に実施していくことが、人事考課の結果を信頼高いものにすることは間違いない。

考課者訓練とは何か。それはいうなればBレベルの統一である。Bというのはいわゆる標準であり、標準がくい違っているなら、SもDも、AもCも、考課表によってくい違いが生ずるのも当たり前であろう。人事考課において一番むずかしいのは、標準とは何かということである。標準さえしっかりしているならば、あとのAとかCはつけやすい。

第Ⅱ章　人事考課の組立て

Ⅱ—15図　考課者訓練のねらい

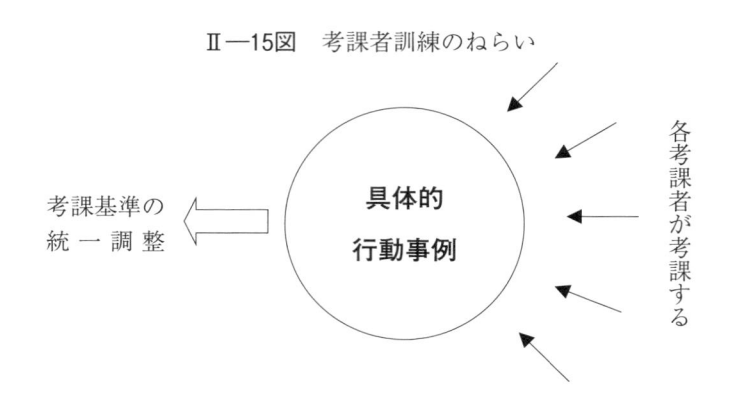

考課基準の
統一調整　←　具体的行動事例　←　各考課者が考課する

Ⅱ—16図　考課者訓練の内容

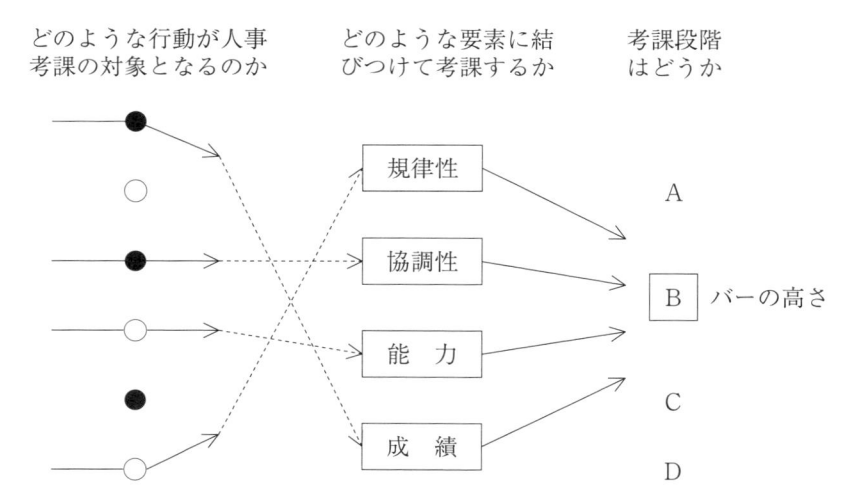

どのような行動が人事　　どのような要素に結　　考課段階
考課の対象となるのか　　びつけて考課するか　　はどうか

規律性　　　A
協調性　　　B　バーの高さ
能　力
成　績　　　C
　　　　　　D

　その標準というものが、ある課長と、こちらの課長とでくい違っているならば、その考課結果はもはや調整のしようがあるまい。つまりBレベルを統一するということは、いうならば一体どの程度のことを部下に期待し、要求したらよいのか。その要求する程度というものについて、考課者同士でできるだけ調整することである。この調整こそ

Ⅱ—17図　同一等級でも個人によってバーの高さを調整する

個人によってバーの高さを調整した時は、標準のバーの高さに対しどのような位置づけにあるかを確認し明記する。

```
標準となるバー      ────────────── +1    ⎫ 同一等級でも個
（等級別にある）                             ⎬ 人によってバー
                    ────────────── -1    ⎭ の高さはかわる
```

が、まさに考課者訓練のすべてであるといってよいであろう。考課者訓練とは、部下に対する職務基準、職能要件の考課者同士間の調整、統一の問題であるといっても過言ではない。

そのような考課者訓練は、ただ抽象的に、やれ規律性はどうであるとか、人事考課のエラーにはハロー効果があるとか、百万べんことばを費やしてみても、あまり効果はない。あくまでもケースをもとにして具体的な形で考課させ、各人間の主観というものが、いかにくい違うかということを、とにかく徹底して各人に痛感せしめることが大事なのである。このような考課者訓練を通じて人事考課の信頼性を高めていくことが十分可能となろう。

部下に対して期待し要求する程度は、その部下の能力次第で異なるのはかまわないが、上司間で何らかの横の統一基準がないのでは困る。ある職種のある等級の者に対しては、標準としてはどの程度のことを期待し要求すべきか（標準となるバーの高さ）、それをベースとすると、たとえばA君に対して要求する仕事や能力のレベルはどの程度のもので、そして当人は、そのレベルに対してどういう位置づけにあるのだろうか、という形で考課基準は理解されるべきである。

①　職種別等級別の考課基準（標準となるバーの高さ）の理解

② 標準となるバーの高さに対し、各人に対して設定される目標となるバーの高さはどの程度のものか（標準的バーの高さを上回っている従業員に対しては、バーを上げて高い目標を掲げる必要がある）の確認
③ そのバーに対し各人はどのような位置であるかという形での考課

　こういう形で人事考課は行われていくが、その考え方やとらえ方について考課者間（上司間）でよほどキメ細かい調整が必要で、それがないと、人事考課の結果は使いものにならないことになる。①や②や③のあり方や考え方を調整すること、これが考課者訓練にほかならない。取り上げてはならない行動を人事考課の対象としたり、1つの行動をいくつもの要素に結びつけて過大な考課を行ったり、何が標準であるかについての正しい理解がないことからくる甘い辛いのゆがみを生じたりすると、客観公平性を失うものとなる。具体的な職務に関する行動のケースを数多く取り上げ、ケーススタディの形でこれらの調整を行うよう考課者訓練はなされるべきである。

8　事後調整はできるだけ避ける

　一度出てきてしまったものを調整することは問題が多い。たとえば投影法とか、標準人物法などで調整する場合があるが、本当の差までなくしてしまうおそれはないだろうか。どこまでが誤りの差で、どこから先が本当の差なのか、それをどうやって見分けようというのであろうか。とにかくすべての部、すべての課が、平均点が同じであるという保証はどこにもないのだ。このように考えると、事後調整はできるだけ避けたい。

　さらにまた、たとえば係長がつけたものを課長が修正する。課長が修正したものを部長が手直しする。そして部長がつけたものを、社長が最後に修正する。それなら、はじめから社長が1人でつければよい

のだ。わざわざ係長、課長、部長とつけさせて、最後に社長が手直しすることは問題が多い。私をしていわしむるならば、人事考課の結果については、社長は口出しするな、といいたい。あくまでも係長、課長、それぞれが考課した結果というものは、どこまでも尊重すべきである。つまり係長がつけたことも1つの観察結果であり、課長が考課したのも1つの観察結果なのだ。それがくい違っていてもよいではないか。ただ、それが非常に大きくくい違っているならば、有意性がないと考えざるを得ないから、そのような人事考課の結果は、却下さるべきである。ある程度類似しているなら、それぞれを尊重した形で、1つの答えを出して考えていけばよいわけである。

　縦にも、横にも調整が行われるのは適切ではない。横にというのは、部門間とか、課と課の間の調整であり、縦の調整とは、第1次考課、第2次考課、第3次考課間の調整である。このような縦、横の調整はできるだけ控えたい。控えるためには自己評価の実施とか、考課基準の明確化とか、考課者訓練の徹底とか、すでに述べたような多くのポイントをまず確実にしていくことが、前提となるといってよいのではなかろうか。このような努力を行わずして、ただ事後調整に頼るという精神は改められねばなるまい。

9　ルールの設定には労使で協議を

　人事考課のルール設定においては、従業員側の知恵も、会社側の知恵も、現場の労務担当の知恵も、労働組合の知恵も、みんなで出し合って考えてみてはどうであろうか。所詮、人事考課というものは、企業の中にいかに理解され、定着し、浸透していくかがひとつの鍵を握る。人事課のみで設定しても企業の中にうまく浸透していくとはやはり考えられない。労使の場で、人事考課はやはり十分協議される対象として考えられてしかるべきではなかろうか。

　労働組合も、人事考課のあり方についてよく勉強し、会社側に提案

をし、意見を述べ、そのルールの設定には積極的に参加し、意見を述べることは、当然望ましいことだと思われる。できれば労使で人事考課のルールを共同研究して、それから設定していくというあり方も望まれるのではなかろうか。ただし人事考課は、実際に実施する段階においては、労働組合はタッチしない方がよいと思う。なぜならば、それは個人の利害関係まで出てくる可能性があるからである。組合が組合員同士で評価するということは、やはりそれが処遇ということに結果的には結びついていくだけに問題が多いと思われる。実施は、経営側に任せればよい。それはある意味においては人事権の問題でもあるからだ。ルールの設定においては労使で協議、そしてその実施は経営サイドで行う。これがやはり人事考課をめぐる労使関係のあり方ではなかろうか。

10　思いつきのバラバラな人事制度では効果があがらない

　いろいろの人事制度を工夫して導入している企業をよくみる。ところが、それが少しも効果をあげていない。なぜだろうか。それは1つひとつが思いつきでバラバラに実施されていて、相互に有機的な関連性をもっていないために、相乗効果をもっていないのみか、むしろお互いに効果を消し合っている場合さえありうるのだ。これではだめである。相互の関連性がないのでは、十分な効果はあげ得ない。

　人事考課を確実にしていくためには、すでに明らかであるように、労使関係の協議精神とか、公開の姿勢であるとか、職務調査であるとか、上司と部下との間における面接の一般化とか、学歴、男女に対する機会均等の導入とか、適切なジョブローテーション・システムとか、このようにいろいろの人事制度というものが、体系的に、しかも相互に関連をもって導入され、そしてそれが十分に企業の中で、トップから、昨日入社した人についてまで、それが理解され、浸透されていくことが要求される。

ちょっと何かいい話を聞いてきて、これはいける、ということで会社の中に導入する。1、2年もたつと形骸化してしまう。これでは何にもならない。相互に関連がないばかりか、広い、長い立場での人事制度の改善ははかれない。そのような企業に人材が育つはずがないではないか。長期的な形の中で、人材育成計画というものが設定され、その一貫として人事考課も展開されていく。このような形で人事考課が行われるなら、それはそれだけでひとつの大きな効果をもち得ると思われる。思いつきで、バラバラの人事制度を、部分的に近代化していってもそれはだめなのである。

あくまでも人事考課自体を精密にしていくために、そのほかのいろいろの諸制度とあわせて改善し、そしてそれぞれの相互の関連性というものを、改めて明確にしていくことが要求されよう。長期的なビジョンの中で、体系的に人事制度を組み上げていっていただきたい。そのようにしてこそ人事考課は価値あるものとなると考えられる。

11　フィードバックと教育訓練への徹底活用

仕事や能力の具体的項目の中で、マイナスのものがあった場合、それを賃金に結びつけることも賃金の1つの性格（貢献度による配分所得としての性格と、それによる刺激機能）上必要なことには違いないが、それよりもっと重要であり、しかも本質的なことは、マイナスの項目（期待し要求している程度を下回っている遂行度とか能力程度）を、本人、上司、同僚、企業など各レベルが自覚し、みんなの協力でなくしていくことであり、マイナスを消すことが大事なのである。

以上述べてきたことと関連して、これからの人事考課の実施上のポイントをあらためて整理すると、次の5つとなる。

　　① 　人事考課の目的を、単なる査定から能力開発、活用に重点を置いたものに切り換えていく
　　② 　職務調査を実施し、考課基準、つまり「職務基準と職能要件」

Ⅱ—18図　考課基準と人事考課

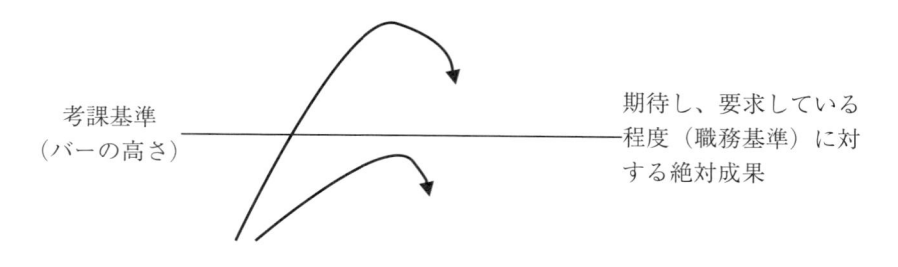

考課基準
（バーの高さ）

期待し、要求している程度（職務基準）に対する絶対成果

（とび越えているならバーを上げる。とび越えていないならバーを下げるか、訓練指導する。）

を明らかにする
③　考課手段、つまり人事考課のやり方を理にかなったものとする
④　考課者訓練を徹底実施する
⑤　フィードバックを含めて人事考課の活用を適切なものにする
そしてまた、人事考課のルールについては従業員に対し公開するよう心がけることが望まれる。
人事考課の公開には次の3つの段階がある。
　第1……ルールの公開
　第2……詳細な職務基準や職能要件に照らしたところの具体的な考課内容（課業別遂行度や項目別修得度など）をフィードバックする
　第3……点数とか序列など最終考課をフィードバックする
いきなり、第3の考課結果の公開に踏み切るのでなく、むしろ第1から漸次段階を追って公開していく姿勢の方が望ましい。

12 自社人事考課のチェックポイント

　以上から、自社の人事考課をチェックする上でのポイントは、次の12項目にまとめることができる。このチェック・ポイントにしたがいながら、自社の人事考課が適切かどうかをチェックして、不十分な点については労使で整備するようにしておきたい。

① 成績考課と能力考課は区分されているか
② 等級基準は具体的に明示されているか（職務調査は実施されたか）
③ 考課手段、つまり人事考課のやり方は理にかなっているか
④ 能力開発にフィードバックされているか
⑤ 面接訓練、考課者訓練は定期的に実施されているか
⑥ 処遇に公平に結びついているか
⑦ 人材評価制度（アセスメント）は実施されているか
⑧ 昇格と昇給は分離されているか
⑨ 専門職、専任職制度は機能しているか
⑩ 職群管理など昇進機会は公平か
⑪ 職群基準、人材評価制度、進路選択制度、公募制度、ギャリア形式プログラム、専門分野登録制度はどうか
⑫ 実年層（50〜65歳）の人材活用政策は十分か

第Ⅲ章　考課基準の設定

1 考課基準としての「等級基準（職能要件）」と「職務基準」

　成績や能力を考課するにはものさしがいる。そのものさしがいわば考課基準である。「成績」とは、すでに述べたように、各人が与えられた職務をどのように遂行し得たかであるから、各人に課せられた職務の内容とレベルの具体的な明細、つまり「職務基準」が成績考課の考課基準となる。一方、各人に期待し要求されている能力の内容とレベルの具体的な明細、つまり職種別等級別職能要件（等級基準）に照らし、当人の能力がどのような状態にあるかをみるのが能力考課である。

　つまり、人事考課における考課基準とは、組織が各人に対し何を期待し要求しているか、それに対し職務の遂行度はどうであったか、またその人が到達している能力の高さはどうか、という形で人事考課は行われる。したがって、人事考課における考課基準は、各人に課せられた期待、役割だといってよい。

　このように事前に考課基準をはっきり定めて認識し、それに対してどうであったか、または現にどうであるか、という考課の仕方をすることを絶対考課と呼ぶ。これに対し、基準を事前に明確にしないままに結果について人と人とを比較し、どちらがよいとか、どちらが悪いとかの優劣を論ずるのを相対考課という。

　これまでのわが国の人事考課は主として相対考課であった。このために、基準があいまいとなり結局漠然とした人物評価となってイメージ考課に流れやすいものとなっていた。そしてそのことは、A（標準を上回る）をとる人はいつもA、Cと考課される人は引き続きC、というかたよりをもつ危険性をたえずはらんでいたといえる。

　人事考課において何よりも重要なことは考課基準を明確にし、それ

1　考課基準としての「等級基準（職能要件）」と「職務基準」

Ⅲ—1図　等級基準と職務基準

```
考課基準    = 組織（上司）が各人（部下）に対し期待し要求する内容
              とレベルの具体的明細

┌─────┐
│職種別 │
│等級別 │  = 等級基準（原則的統一的期待像）       ←職務調査
│職能要件│
└─────┘

┌─────┐
│そのつど│
│個人別に│
│設定される│ = 職務基準（時，所，人による期待像）  ←目標面接
│期待像 │
└─────┘
```

に照らして部下を観察するという絶対考課のあり方を確立していくことであろう。

　さて、Ⅲ—1図をみてみよう。何のために従業員が採用され、毎日出勤し、賃金が払われているのだろうか。それは何かを期待し要求されているからである。つまり、組織は各人に対し期待し要求するものが必ずあるはずである。この場合、組織が各人に対し、というのは仕事については上司が部下に対し、と置き換えることができる。なぜならば上司は部下に対し、組織が要求するものを肩代りして部下に任務を付与するからである。

　期待し要求するもの、というものは1つは仕事であり、1つは能力である。つまり、組織は必ず各人に対し期待し要求する仕事があるはずである。さらにまた、期待し要求する能力というものがあるはずである。この場合、期待し要求する仕事や能力の内容とレベルを職種別等級別に具体的明細として示したものが等級基準であり、一方、そのつど、個人別に設定される仕事や能力の期待像が職務基準である。

　つまり、職務基準とは、今期あなたはこういう仕事をこんなふうに

やってもらいたい、こういう勉強をやってほしい、というものであり、君は4級だからこのような知識、技能、資格免許、経験といったものを身につけることが望まれますよ、といったものが等級基準である。

そして、この職務基準通りに仕事がなされているかどうかをチェックするのが、いわば成績考課であり、等級基準に照らして本人の能力がどうかをみるのが能力考課である。もし、職務基準通りに業務を遂行していないならば、それを本人に伝え、それがいわばフィードバックであるが、ただちに職場指導を行って改善していかなければならない。それがOJTである。

一方、等級基準についても、それを十分に満たしていないならば、その状況を部下に正しく伝え、教育訓練や自己啓発を進めて能力を高めていく。そしてこのようなOJTや教育訓練をベースとして、配置、昇進、昇格、昇給、賞与を進めていくようにする。職務基準や等級基準は何らかの形で上司と部下との間で確認されていなければならない。何らかの形でというのは、1つは口頭で話すことであり、他の1つは文書にまとめるということである。いずれでもよいが、もっとも適切なあり方で、いずれにしても職務基準や等級基準を各人に対し明らかにするということは、絶対にやらなければならない。

ところで、職務基準だが、各人の業務というものは流動的に変化していくものであるから、文書化せず、むしろ一定の時期に上司と部下は時間をかけながら口頭で説明し、理解し合っておくことが必要であろう。

一方、等級基準については全社的に整理、統一された形で、職種別等級別に具体的に整備されておく必要があろう。それがいわば職能マニュアル（職能要件書）である。つまり職務基準は現場における上司と部下との間の確認の問題であり、等級基準は全社的に整理、統一された資格等級別の職能要件であるといえる。この模様を示したのがⅢ―2図である。

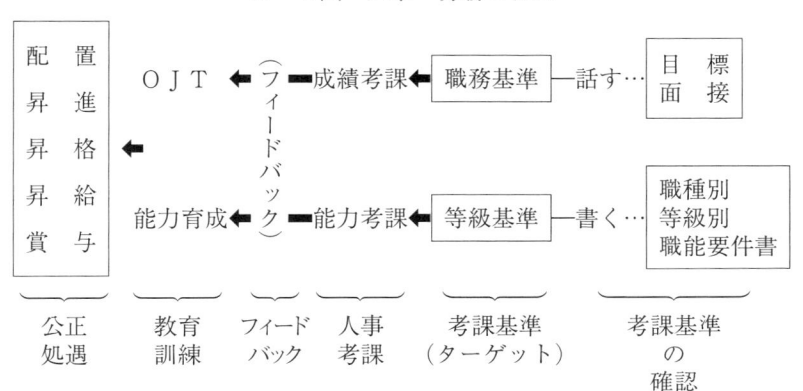

Ⅲ—2図　人事・労務の流れ

```
配置          ┌─OJT ←(フィードバック)─ 成績考課 ← 職務基準 ─話す… ┌目  標│
昇進 ←                                                          │面  接│
昇格 ←                                                          └────┘
昇給          └─能力育成 ←────────── 能力考課 ← 等級基準 ─書く… ┌職種別 │
賞与                                                            │等級別 │
                                                                │職能要件書│
                                                                └────┘
 公正   教育   フィード  人事    考課基準      考課基準
 処遇   訓練   バック   考課   (ターゲット)      の
                                               確認
```

　このように、①職務基準や等級基準つまりターゲットの設定、②面接や文書化というターゲットの相互確認、③それをベースとした人事考課の実施、④結果の従業員へのフィードバックを通じてのOJTや能力開発、⑤そしてそれらのすべてを総合した形での配置、昇進、昇格、昇給、賞与といった処遇のあり方、以上が人事制度の基本となる。つまり、Ⅲ—2図でみるような形が、人事・労務における中核となるのだといってよい。

　また、これでわかるように、すべてのものが職務基準、等級基準を軸として有機的につながり、動態的にその効果をあげていくという人事・労務の一体化が必要であろう。

2　職務調査の必要性

　すでに述べたように、人事考課の考課基準を明らかにするには、2つのことが必要であった。

　1つは、「面接」を通じて上司と部下との間で職務基準を明確にする

ことである。そしてもう1つは、職種別等級別職能要件書つまり「職能マニュアル」を等級基準として明らかにすることである。このような面接なり職能マニュアルを明確にするには、職務調査が不可欠である。職務調査の目的はまさにこの2つである。

職務調査 ─→ 職種別等級別職能要件書（職能マニュアル）
　　　　 ─→ 個人別課業分担表

　1つは上司と部下とが面接をし、相互に職務基準を確認し合う、つまりあらかじめどんな仕事があるのかを整理しておき、それをベースとして各人の職務の分担を明らかにしておこうとするものである。もう1つは職種別等級別職能要件書（職能マニュアル）を、できるだけ具体的な形で設定しようとするものである。職務調査を行う場合、あまり多くの目的をもって行うのでなく、最小限度必要な、この2つをねらいとして行うことが賢明であろう。さてそこで、まずこの2つのことについて、簡単に説明しておこう。

　第1の面接であるが、Ⅲ―3図をみていただきたい。一定のポストつまり職位につくと、一定の役割が与えられる。役割は職位につきものである。社内の組織図の中で、各人の職位と役割が明確にされている必要があろう。さてその役割を果たしていくために、各人は一定の仕事を遂行することとなろう。それがいわば職務である。その職務はいくつかの複数の課業をもって構成される。つまり課業の集まりが各人の職務である。

　どのような仕事をどんなふうに構成して職務をつくりあげるかは、その時、その置かれている状況で変化することとなろう。役割は一定でも、その役割をこなすための職務は、本人の能力、その時の職場状

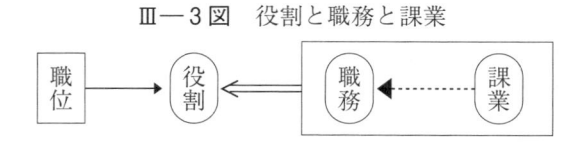

Ⅲ―3図　役割と職務と課業

職位 → 役割 ← 職務 ← 課業

況、外部条件等々によって異なるはずである。職務はつまり流動的なものである。

　職位に対する役割、そしてその役割を果たすための職務、その職務を構成する1つひとつの課業、これらの中で、課業はいわば砂粒みたいなものであってはっきりしている。役割も職位につきもので明確である。もっとも軟らかく、その時その場所で上司と部下とでよく話し合いながら、本人の希望、意思も取り入れながら構成されるものが、職務である。

　つまり面接とは、各人が与えられた役割を果たすために、どのような課業をもって、どのように職務を編成するかの作業であるといってよい。別の言い方をするならば、面接とは「職務の編成および確認」であるということになる。このような面接を制度化するには、ポスト、役割、各職種に含まれるもろもろの課業などを、あらかじめ明らかにしておくことが必要となる。そのことにより、上司は部下に対し、どのような課業をもって、どのようなレベルで職務を部下に与えていけばよいかが明らかとなり、目安となるからである。

　さて、もう1つの職能要件書（等級基準）であるが、それは具体的にはどんな形になるであろうか。Ⅲ—4図をみていただきたい。職能要件とは、いわばたとえば営業5級という場合、それはどんな能力を必要とするかを、できるだけ目に見える状態で、具体的に書き記した

Ⅲ—4図　職種別等級別「職能要件」（等級基準）

【職歴要件】	【習熟要件】	【修得要件】
1　最低必要年数 2　キャリアパス	どんなレベルの仕事をどれくらいの広がりで出来る必要があるかの明細	修得すべき知識・技能の明細

ものである。ところで具体的に営業5級の必要な能力のレベルと内容を示すといった場合、それには2つの方法がある。

1つは職場にある具体的な仕事で説明するあり方である（Ⅲ―4図の「習熟要件」）。つまり、このような仕事をこの程度できるという書き方だ。職場にある具体的な仕事をつぎつぎにあげながら、営業5級というのはこういった仕事をこの程度できるのだという形で書き記す。

もう1つは、必要な知識・技能で説明するあり方でⅢ―4図の右欄の「修得要件」である。これは必ずしも、現に職場にある具体的な仕事で説明するのではない。たとえば営業5級となれば、どの程度日本経済について知識が必要なのか、どのような法律を知っていなければならないのか、商品についての知識はどんなものなのか、またどのような資格、技能免許をもっていなければならないのか、またどんな経験があればよいのか、こういったことをできるだけ具体的に書き記すのが、いわば知識・技能で示したことになる。

職能要件は、実はこのように、1つは仕事で説明し、他の1つは必要な知識・技能で説明する形となる。仕事で説明したものは、これをもとにしてOJT、成績考課、役割分担の基準に役立ち、一方知識・技能で説明したものは、能力考課、研修、自己啓発、試験、昇格基準などに明確な基準を与えてくれることとなる。

以上に照らし、職務調査は5つのことを内容とする。

① わが社には、一体、どんな仕事（課業）があるのか（課業の洗い出し）
② それら1つひとつの仕事（課業）はどれくらいのレベルの仕事なのか（仕事の難易度の評価）
③ それを完全にこなすことができるのは、主として何等級程度なのか（資格等級別の必要習熟要件の指定）
④ どのような知識や技能があれば、その仕事をこなすことができ

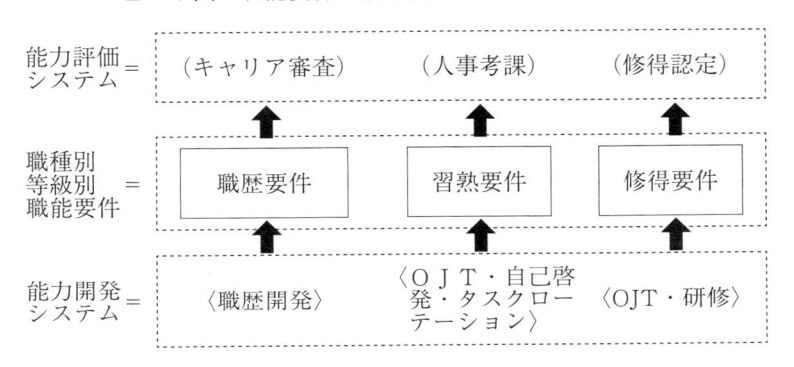

Ⅲ—5図　職能要件と能力開発・能力評価システム

能力評価システム ＝	（キャリア審査）	（人事考課）	（修得認定）
職種別等級別職能要件 ＝	職歴要件	習熟要件	修得要件
能力開発システム ＝	〈職歴開発〉	〈OJT・自己啓発・タスクローテーション〉	〈OJT・研修〉

　るのか（資格等級別の修得要件の抽出）
⑤　現に誰がどのようにそれらの仕事を分担しているのかの把握（課業分担表の作成）

①は、②〜⑤をやるためのいわば前段作業であり、したがってこれを別とすれば、②から⑤までの４つが職務調査の主体項目となる。これを作業の流れとして整理すると次のようになる。

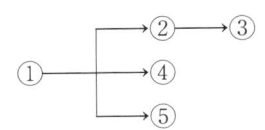

```
        ┌─→ ② ─→ ③
① ─────┼─→ ④
        └─→ ⑤
```

この流れを、フローチャートとして示したものが、Ⅲ—6図である。
職務調査において大事なことは、詳しければよいというのではない。どんなに詳細かつ膨大に実施しても、それが人事に実際に活用されなければ何にもならない。むしろ、簡単でもよいから実施し、それをフルに人事労務管理制度に結びつけていくことが必要である。
ところで職務調査の内容と手順であるが、それはⅢ—7図でみる①から⑥までである。ここで課業とは、各人の職務を構成する1つひとつの単位の業務をいう。つまり、各人の業務は複数の課業の集まりであるといってよい。それはⅢ—8図でみるようなものである。

第Ⅲ章　考課基準の設定

Ⅲ—6図　職務調査の流れ

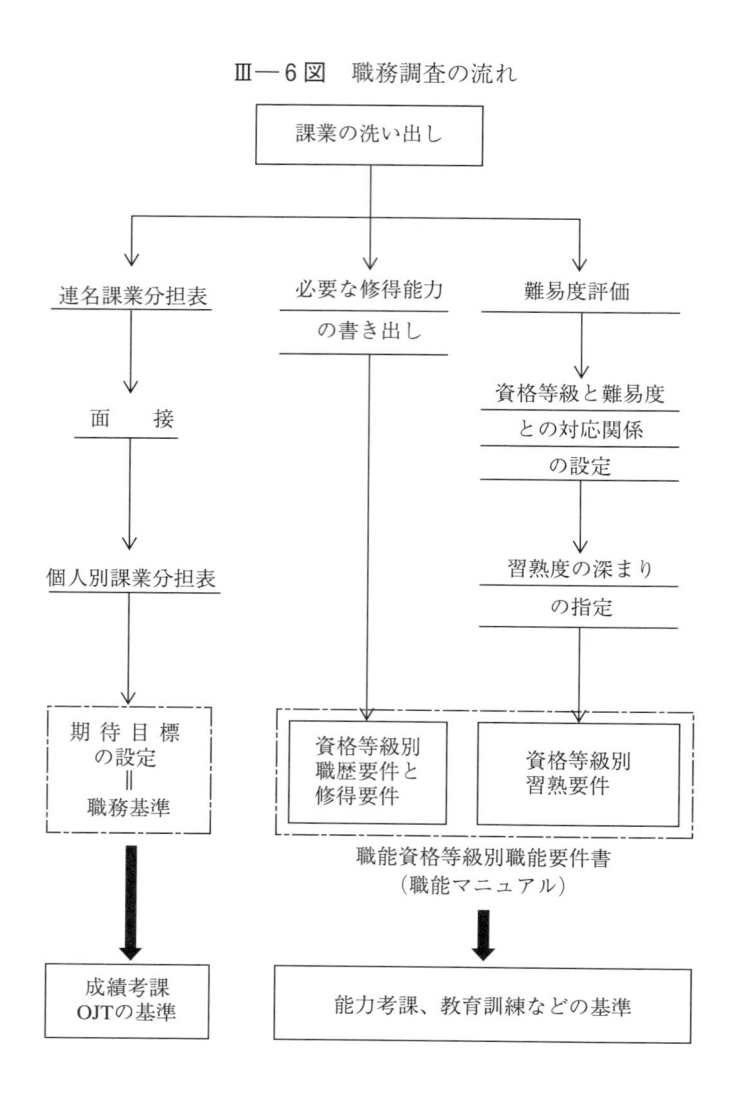

```
              課業の洗い出し
                   │
      ┌────────────┼────────────┐
      ↓            ↓            ↓
  連名課業分担表  必要な修得能力   難易度評価
                 の書き出し         │
      │                            ↓
   面　接                      資格等級と難易度
      │                       との対応関係
      ↓                         の設定
                                   │
  個人別課業分担表                   ↓
      │                        習熟度の深まり
      │                          の指定
      ↓                            │
  ┌─────────┐      ┌─────────┐  ┌─────────┐
  │期待目標  │      │資格等級別│  │資格等級別│
  │ の設定   │      │職歴要件と│  │習熟要件  │
  │   ‖     │      │修得要件  │  │          │
  │職務基準  │      └─────────┘  └─────────┘
  └─────────┘        職能資格等級別職能要件書
      ↓                    （職能マニュアル）
  ┌─────────┐              ↓
  │成績考課  │      ┌──────────────────┐
  │OJTの基準│      │能力考課、教育訓練などの基準│
  └─────────┘      └──────────────────┘
```

　ところで、このような職務を構成する課業は全体の職務の中に占める時間的ウエイトは同じではない。そこで、いま時間的ウエイトの高い方から番号を打つと、それがいわゆるウエイトナンバーということになる。ウエイトナンバーを1から順次足していけばやがて職務の

Ⅲ―7図　職務調査の内容と手順

レベル	課業	職務基準	等級基準
職　種	①	――	②
個　人		③	――
資　格 等　級	④	⑤	
課　業	――	⑥	

① 課業の洗い出し（ベテラン）
② 必要な知識・技能の書き出し（ベテラン）
③ 課業分担表（各人―上司）
④ 対応課業（事務局）
⑤ 職能マニュアル（事務局）
⑥ 課業マニュアル

70％のウエイトを超えるものとなる。そこまでがいわば主要課業である。

　さらに、時間的ウエイトは小さいが本人にとってはむずかしく、かつ企業にとって重要である課業がある。それが重要課業である。このように、各人の職務は課業、ウエイトナンバー、主要課業、重要課業といったもので、そのような内容を説明することができる。

　さて、そこでさきほどのⅢ―7図であるが、まず①は職種別課業一覧表である。たとえば、人事という職種にはどんな仕事があるのかを一覧表として書き出したものである。

　②は職種別等級別職能要件書とでもいうべきもので、たとえば経理という職種の課業を確実にこなすためにはどのような知識、技能、経験、資格免許等を必要とするのかをできるだけ具体的に説明したものである。

　③は個人別課業分担表で、いわば各人ごとにどんな課業をどのような時間的ウエイトで分担しているか、または当人にとってはどのよう

Ⅲ—8図　課　業

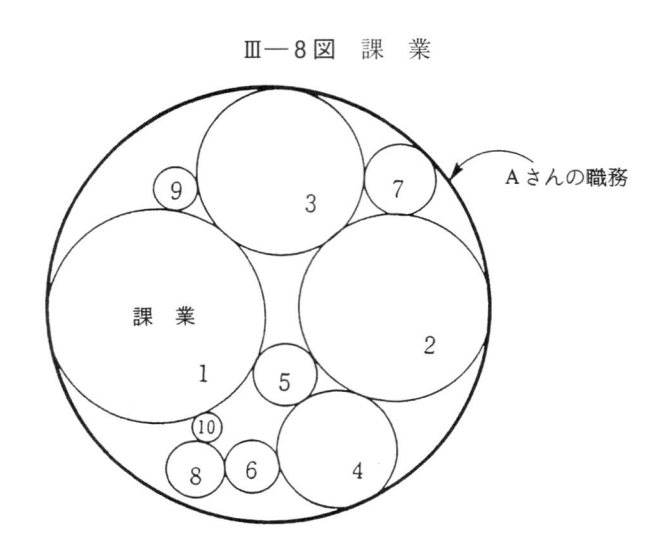

な課業が主要課業であり、重要課業であるのかを明らかにしたものである。これはミッションシートを用い、上司と部下との間の面接を通じて設定される。これを土台として、6カ月おきの目標面接で上司と部下との間でディスカッションし、修正したうえ、確認し合うというあり方がとられる。

　続いて、④はいわゆる対応課業といわれるもので、資格等級ごとに、対応する課業を一覧表として整理したものである。つまり、たとえば、営業の5級になればどのような仕事をするのがふさわしいのか、また、このような仕事はどの職種、どの等級に対応する課業なのかを明らかにしたものである。

　⑤は、いわばマニュアルであり、各資格等級ごとにその要求される能力のレベルの内容と、具体的な明細を記したものである。

　さらに、⑥は、いわゆる課業マニュアルといわれるもので、課業の内容、手順、要求される質と量を説明し、裏面に、必要な知識、技能、資格免許、および経験等を、できるだけ詳しく書き上げ整理したもの

である。このような課業マニュアルは、できれば金銭に関する課業、接客関連課業および安全衛生に関する課業については、ぜひとも整備されていることが必要であろう。金銭の出し入れを間違えたり、お客をおこらせたり、安全衛生においてミスをおかすことは、企業の存立にとって許せないものであるからである。

　以上、①から⑥までが職務調査の内容であり、かつ、それが具体的な手順でもある。これらを通じて、わが社にはどんな仕事があるのかが職種別に明らかにされる。さらに職能資格等級別にどのような知識・技能が要求されるかが明らかにされ、また各人ごとにどのような仕事をどのように分担しており、かつどのような能力を必要とするのかが明らかとなる。

　以上が、職務調査の内容であるが、職務調査を進めるうえでの留意点を説明しておこう。それは次の３つである。まず第１は、いきなり全社的に実施せずに、ある営業所とか、ある支店、ある部門を取り上げ、試験的に職務調査を実施してみることである。これをパイロットサーベイと呼ぶ。パイロットサーベイを行い、そのうえで調査方法なども修正し、本格的に全社的に職務調査を広げていくという慎重さが必要であろう。

　第２は、社内に職務調査を行うということに対して、十分な合意があるということである。全員が、職務調査が必要であるという積極的な認識がなければ、このような職務調査を進めることは、ほとんど不可能に近い。

　第３は、あまり調整ということを重視しないことである。従来は職務評価にしても、職務分析にしても部門間の調整とか、粗い、細かい、の調整などに多くの時間をかけ、無理に調整しようとしたところに、職務調査の困難性があったといえる。

　このような３つの点を留意しながら、今後は職務調査を実施し、考課基準を明らかにしていくことが人事考課の客観性と信頼性を高める

うえで不可欠である。何か手っ取り早い方法はないか、というように考えがちであるが、人事考課に近道はない。じっくりと腰を落着け時間をかけ、職務調査をベースとして考課基準を明らかにし、考課者訓練を実施し、部下の一人ひとりの能力を確実に観察していくということを通じてのみ、人事考課の信頼性は高まることとなる。

3 職務調査の具体的進め方

では、以上に述べた①から⑥までの職務調査の実際のあり方を、その手順にしたがって説明してみよう。

作業①　職種別課業の洗い出し（職種別課業一覧表または部門別課業一覧表）
　まず、職種の編成を行う。
　職種というのは、知識・技能からみて類似の職務系列をいうが、あわせて要求される知識・技能の段階的な違いも加味される。たとえば定型事務職、判断事務職、これらを1つひとつの職種とみなすことができる。職種のくくり方として、たとえば経理、労務、人事、厚生、組立、加工と成形までおりることも可能だが、考え方としては事務管理部門は大ぐくり、そして現場部門は細かいくくり方をした方がよいと思われる。
　今後、人事・労務や賃金制度を考えていくうえにおいて"職種"の意識は漸次重要性を増すものと予想される。ただしそれは決して最初から小刻みなものではなく、職掌とか職群などかなり大ぐくりなものから始まり、また企業を超えて産業レベル、社会レベルの形で編成されていくことになろう。職種別に人事考課をやろうというのではない。あくまでも職務基準、職能要件書を作成していくうえにおいては

様式例Ⅲ—1　職種別課業の書き出し

項　目		職種　難易度	No.12　人事				
			A	B	C	D	E
大項目	中項目	小項目	....	....	....	....	....
			....	....	....	....	....
		小項目	....	....	....	....	....
	中項目	小項目	....	....	....	....	....
		小項目	....	....	....	....	....

必要な区分条件だということである。したがって人事考課様式区分の場合の1つの判断ともなる。職種を係とか課としてとらえることも現実的であろう。

　さて、職種（または課）ごとにベテランを選び、当該職種に含まれるすべての課業を書き出してもらう。その際**様式例Ⅲ—1**のような形で、難易度A、B、C、D、E……の区分ごとに課業を整理しながら書き出していくのもよい。Aは判断を必要としない定型業務、Bは熟練業務、Cは判断、指導業務、Dは企画業務、そしてEは、全社に及ぶようなより高度な業務である。この難易度基準については、別個に、もちろん課業評価基準として詳細に設定しておくようにする。このようなあり方を、分類法による課業評価と呼ぶ。

　以上のように、やや簡略化した方法ではあるが、十分目的を果たし、かつ手軽に行えるという意味において、まず最初に課業を全部書き出すことからはじめたい。誰が洗い出すのか、できるだけ各職場からベテランを参加させて職務調査委員会をつくることである。要するに、各職種代表の委員で、会社の中に存在するすべての課業を書き出すこ

第Ⅲ章　考課基準の設定

とが条件である。企業のベテランともなると関連分野の課業を書き出すことが可能だし、従業員の納得も得られやすい。

なお、様式としては、**様式例Ⅲ—2**のような形も実際のやり方としてはなじみやすい。ここでは難易度はⅢ—9図のような5区分となっている。

〔課業のとらえ方〕

ところで課業を洗い出すにあたっていつも問題となるのは、課業の大きさのとらえ方である。課業とは、各人の職務を構成する単位業務である。したがって、いわば職務を構成する1つひとつの仕事だと考えればよい。しかしその1つひとつの仕事とは、一体どれくらいの大きさをいうのであろうか。基本的には2つの条件を満たすことが必要である。

1つはまず、その課業の難易度がはっきり評価できることである。つまり、この課業は難易度Aとか、難易度Cとかが判定できることである。課業のくくり方が大きいと、難易度AからBにまたがるとか、またはBからCに及ぶといったようにして、単一の難易度で評価できないことになる。

課業の単位のおさえ方のもう1つは、これ以上2人の人に分割、分担されないということである。1つの課業がさらに分担される場合には、課業としては分けておかないと、あとで個人別課業分担表を作るときに差し障りが出てくる。かといって、ある仕事をすれば必ず一連の連続した仕事として、そのあとの仕事が1人で行われるとするならば、そしてそれが途中で分割、分担されることがないとするならば、それらをまとめて、たとえそれがかなり大きな単位となったとしても、1つの課業としてとらえればよいことになる。

このように、課業のレベルとしては、1つは難易度の評価、1つはこれ以上分担されないという2つの点を考慮して設定しチェックすればよいことになる。その結果、部門間で課業のとらえ方のレベルが多

3　職務調査の具体的進め方

様式例Ⅲ—2　職務調査の基本様式

職種名：＿＿＿＿＿＿＿

業務	課業	内容	難　易　度					習　熟　度　指　定								
			A	B	C	D	E	1	2	3	4	5	6	7	8	9
1. ………	○○○○○○ ○○○○○○	1. ……… 2. ……… 3. ……… 4. ………														
	○○○○○○ ○○○○○○	1. ……… 2. ……… 3. ………														
	○○○○○○ ○○○○○○	1. ……… 2. ……… 3. ……… 4. ………														
2. ………	○○○○○○ ○○○○○○	1. ……… 2. ………														
	○○○○○○ ○○○○○○	1. ……… 2. ……… 3. ………														

第Ⅲ章　考課基準の設定

Ⅲ—9図　難易度区分基準

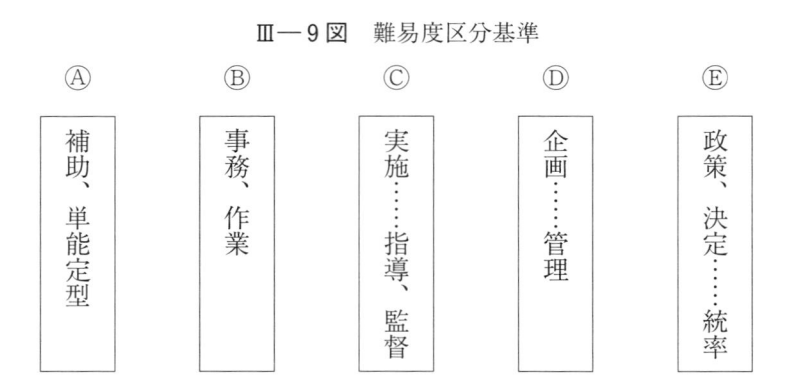

Ⓐ	Ⓑ	Ⓒ	Ⓓ	Ⓔ
補助、単能定型	事務、作業	実施……指導、監督	企画……管理	政策、決定……統率

少相違してもいたしかたないし、それはまたそれでよいしそれを気にする必要はない。したがって課業の単位は現場ほど、また下位等級の職務ほど、1つの課業はかなり小さいものとなり、上位等級および本社管理部門などでは、課業はかなり大きなまとまりのものとなる。このように、むしろ等級の相違、部門の相違によって課業の範囲は違うのが正当であり、統一すること自体がかえって誤りといえよう。

　次に課業の設定についてだが、たとえば店頭販売という課業があるとしよう。それもきわめて高価な商品もあれば、きわめて簡単な商品もある。その場合にいずれも店頭販売ということになると、難易度はAからDまで広がることにもなりかねない。これはさきほどの課業のとらえ方の原則に反する。したがって、店頭販売という課業にしても、「店頭販売A」とか「店頭販売C」というように、その業務のレベルによって、難易度A、B、C、Dとあわせて複合しながら設定していくことが望まれる。

　また業務の広がり、たとえば地域の広がりとか、取り扱う金額の大きさの違いなどによっても、課業を別建てとする。たとえば労務管理にしても、また企画などにしても、その広がりによって当然労務管理A、労務管理B、労務管理Cという違いがあるし、企画にしてもA、

B、C、Dそれぞれあるわけとなる。

このように同じ課業名ではあっても、広がりやレベルによって違った表示をしながら課業を設定することが望まれるし、それがまた適切でもある。1つの課業の中にさらに細切れの要素的仕事が継続的にある場合には、フォームの課業内容のところに詳しく書き記せばよい。しかし、あくまでも難易度評価は課業の内容別ではなく、課業ごとに1課業、1評価として行うことが適切である。

〔難易度の評価〕

課業には、必要な知識・技能の高さ、必要な責任の広がりの違いなど、当然難易度が存在する。

難易度を評価するには、あらかじめ難易度評価基準を設定しておき、これに基づいて行う。一般に難易度はA、B、C、またはA、B、C、D、または最高でもA、B、C、D、Eの5ランク程度で行われる。難易度を評価することによって、資格等級と課業難易度との対応関係を明らかにすることが可能となる。難易度設定にあたって、理解されやすいように、あらかじめ難易度Aの業務は1等級、2等級相当程度というような注記を入れることによって、評価を便ならしめることももちろんある。

難易度の評価において迷った場合においては、低いレベルを設定するのがよい。難易度評価において問題なのは、部門間の調整である。これは委員会において、十分細かい審議を重ね、部門間の調整を行ってもよいが、委員全員の合意を得たときには修正するとしても、委員の意見が大きく2つに分かれたような場合においては調整せず、もう一度難易度評価を行った当事者に再考を求める形をとるがよい。その結果、なお疑義が生じた場合においては、委員間で審議を重ね、しかもなお統一した見解が得られない場合には、そのままで、修正をしない。

本来、部門が違えば課業は異質であり、異質であるということは、共通の比較概念はないということにほかならない。したがって部門間

で難易度を完全に調整し、レベルを揃えることは、本来は不可能である。また確実に調整することが必ずしも適切であるとはいい難い。

なぜならば、たとえば生産部門などでは、比較的判断を必要としない業務が多く、したがって長い勤続、高い等級になっても、依然として低い業務を行わねばならず、その結果その部門では、比較的やさしい仕事でも難易度が高いと考えられがちな場合が出てくるからである。一方、本社管理部門などでは、判断業務が多い。そこで勤務が短く、したがって下位等級の者でも結構高い業務が要求され、したがって部門内では、どうしても難易度は低い方に評価されがちとなるからである。

この場合に、これをあえて統一すると、難易度の低い業務を主体とする部門では、それ以外に仕事がないのに、そのゆえをもって低い等級に格付けされることとなり、たとえ職務価値が等級格付けに直接関連はないとしても、やはり問題が出てくる。部門間の公平とは、職務レベルを完全に調整することではなく、むしろ機会の公平性の方がより重要であろう。生産部門に携わって10年目の人と、本社管理部門に携わって10年目の人が、たまたま得られる職務機会が同じならば、その仕事が、たとえ難易度レベルでは異なったとしても、それをむしろ同一とすることの方が公平であるといえはしないだろうか。

職務給の場合には、完全に職務価値を部門間で調整し、統一することが必要であるが、職能給は必ずしも職務の価値によって格付けするものではないから、ある程度の部門間での難易度のズレは、むしろ黙認すべきであるし、それが職能給の立場からしては、むしろふさわしいあり方であるということを考慮したい。

作業②　職種別職能要件書の作成

引き続いて、作業①の職種別等級別課業一覧表を作成したベテランに、研修当局や事務当局が加わって作業②をやってもらう。作業①で

は、職種別に課業をＡ、Ｂ、Ｃ……の区分ごとに書き出したのであるが、今度は、その課業を１つひとつみつめながら、職種ごとにかつＡ、Ｂ、Ｃ……の区分ごとに、職歴要件を書き出すこととする。職能要件とは、必要とする知識、技能、資格要件、経験などの具体的明細である。

　さて修得すべき知識・技能であるが、知識とはいわば受けるべき研修、通信講座、試験、読むべき本などをいい、技能とは必要とする資格、免許、経験などをいう。つまり、その課業群を行ううえで身につけねばならない条件を、できるだけ具体的な形で、研修とか読むべき本という形で表示していくことになる。抽象的に書いても判断がむずかしいし、また自己啓発とか研修プログラムの設定に役立たない。できるだけ具体的な形で表示するのが適切である。

　なお修得すべき知識・技能はすべての職種を超えて等級別に共通のものと、職種ごとに必要なものとの２つがある。必要な知識・技能を書き出す場合に、共通のものは共通として最初に整理しておき、あと職種ごとのものを書き出すという手順を踏めばよい。

　修得すべき知識・技能を書き出すにあたって重要なことは、できるだけ具体性をもって表示するということである。抽象的であっては、従来の等級基準と何ら変わりないものとなる。したがって、たとえば「中程度の英会話」というような表示ではなく、具体的に、「電話で商談できる程度の英会話能力」というような表示の仕方が、また、「労働基準法についての基本的理解」というのではなく、「○○書店発行『労働基準法入門』についての完全な理解」というように本のタイトルで表示することにより、必要な知識のレベルが具体的に把握できる。

　ところでどの部、どの課にいようと、同一等級ならすべての者にとって必要な知識・技能があるかと思うと、同一等級であっても、現についている仕事の違いで一人ひとりに要求されるものが異なる知識・技能もある。そこで、知識・技能を書き出すにあたっては、この点を整理して作業にかからないと混乱したり、無駄な労力を費やすこととなる。

Ⅲ—10図　知識・技能の広がり

(特)	特定知識（技能）		等級・係別ベース
(専)	専門知識（技能）		課・部門等級別ベース
(関)	関　連　知　識	関連知識	部門等級別ベース
(基)	基　礎　知　識（技能）		等級別ベース

特定知識……係または個人ごとに変化する
専門知識……課ごとに変化する
関連知識……部ごとに変化する
基礎知識……等級ごとに変化する（部・課・係共通）

Ⅲ—10図のように、基礎知識(基)、関連知識(関)、専門知識(専)、特定知識(特)の４段階に区分すると便利である。

(基)…基礎知識＝同一等級ならすべての部、課に共通な知識・技能（人事当局で書き出す）

(関)…関連知識＝同一等級、同一部門に共通の知識・技能（部門ごとに書き出す）

(専)…専門知識＝同一等級、同一部門、同一課に要求される知識・技能（課ごとに書き出す）

(特)…特定知識＝係または個人に特定に要求される知識・技能（係ごとに書き出す）

以上に照らし、書き出した知識・技能のそれぞれに、(必)・(選)・(任)・(基)・(関)・(専)・(特)の符号を指定しておけばよい。

作業③　個人別課業分担表の作成

各人ごとに、誰がどのような課業を、どのように分担しているかを

様式例Ⅲ—3　各人が分担している課業にチェック

項　　目	No.12　人　　事		
	A	B	C
	∨――5	――	――
	――	∨――7	――
	――	――	――
	∨――1 ㊟	∨――6	――
	――	――	――
	∨――2 ㊟	∨――3 ㊟	∨――8 ㊖
	∨――4 ㊟	――	――

明らかにするのが、この作業である。

　作業は、まず各人が記入し、ついで上司が点検し、相互に面接のうえ、意見を交換して修正し、最後に確認するという手順を経る。作業は3つの段階からなる。

　第1は、作業①の職種別課業一覧表のコピーを各人に渡し、**様式例Ⅲ—3**のように、該当する課業にチェックし、ウエイトナンバーを入れ、主要課業には㊟、重要課業には㊖の符号を入れる。2つ以上の職種にまたがって課業を分担して当人の職務が構成されている場合、2つ以上の職種の課業一覧表のコピーを渡し、同様にチェックしてもらう。

　続いて、第2段階は連名表の作成である。それは、Ⅲ—11図で例示するごとき様式からなる。これは係長または課長または支店長などが記入することになる。できれば約10人ないし20人ぐらいが1つの単位となるような形で、連名の職務分担表を作成することが望ましい。

　いまその単位が仮に課だとすると、課長がこれを記入する。わが課に一体どのような課業が存在するのか、その課業全部を書き出す。そ

第Ⅲ章　考課基準の設定

Ⅲ—11図　連名表による課業分担一覧

課業 (課に含まれるすべての課業)	大島	広田	奥野	小口
………………………	02			
………………………				
………………………	01	02	03	
………………………	04	01		
………………………	03	03	01	02
………………………			02	01

（番号はウエイトナンバー，時間的ウエイトの高い方からのナンバー）

の場合、課業はすでにあらかじめ用意された会社全部の課業一覧表に記載されているものから拾い出すものとする。つまり自分勝手に課業をつくらないことである。もしどうしてもこの会社全体の課業一覧の中に、該当すべき課業がない場合においては、あらかじめ委員会にこのような課業を新しく設定するよう委員会で記録したうえで、それを用いることとする。勝手に課で課業を設定し記入すると、それをあとで整理することがむずかしくなるおそれがあるからである。

　Ⅲ—11図のこの「連名課業分担一覧表」の表頭欄には、その課に含まれる全人員の名前を書き込む。表頭欄のメンバーについては、左側から先任者を書き込み、右にいくにしたがって新任者になるように記入したい。

　Ⅲ—12図は1つの例示である。当該課に含まれるすべての課業と、すべての人員が書き出されている。それぞれを交差関連づけながら、各人がどのような課業に関連しているかがわかる。この場合主たる仕事には◎、そうでない仕事は○、また臨時応援的な仕事は△というよ

3 職務調査の具体的進め方

Ⅲ—12図　営業店課業分担一覧表（例示）

課業	山田	田中	中村	村石	石井	井川	川上	上田	田口
預金融資相談勧誘	◎	◎	○		◎	◎		○	
預金取引先の紹介依頼	◎					◎			
苦情の処理	△	◎	○		○	◎			
情報の収集		◎	○		○	◎	○	◎	◎
窓口応対		○	◎	○				◎	◎
当座口取引支払			◎		◎	◎		◎	◎
預金の新規受付			◎		○	◎		◎	◎
預金束・大束封印			◎				○	○	○
代金取立扱	◎	◎							
小切手渡し関係						◎		◎	◎
不渡振込取扱業務								◎	
送金為替取扱業務									
不渡持返			○			△			
過振								◎	
オペレーター入金事務			◎			◎		◎	◎
残高照会事務			◎			◎		◎	◎
書替約定事務				◎	○		○		◎
解約計算事務				◎					◎
決算報告書作成税務				◎	◎	◎		○	
報告納税事務				△	◎				
満期解約手続作成		◎							
諸届受理									
融資先の開拓	◎	○	○					○	
融資の管理回収			○○○					◎	
融資事務の調書作成報告			○						
計算記帳					◎				
債権の保全手続					◎				
新種融資の事務									◎
動・不動産の担保設定	◎								
有価証券担保設定	◎								

第Ⅲ章　考課基準の設定

うに、一定の符号を用いて記入するか、または〇印をつけたうえで時間的ウエイトの高い方からウエイトナンバーを打つ。どれが主要課業かがわかるからである。

　課業の洗い出し、課業分担一覧表の作成が終ったならば、上司と部下との面接に移る。つまり作成された個人別または課単位の課業分担表を、従業員一人ひとりと上司が面接をしながら、それについて対話をし、修正をし、最終的に確認をし合う。

　つまり、上司が修正したものを従業員一人ひとりに見せ、意見を聞き、間違いないよう修正し、確認をする作業である。これはすでにこの段階で、人事考課の立場からすれば、考課者の部下に対する考課基準の確定と、従業員に対する考課基準の意識づけが行われることを意味する。したがって職務調査の過程中でも、この個別"面接"はたいへん重要な意義をもつものといえる。

　たとえば課長はAさんに"こういう仕事"をやってもらいたいと思っている。にもかかわらずAさんにしてみれば、課長からそんなことをやってもらいたいといわれた覚えはひとつもない、というケースもあるだろう。このような場合に、そのくい違いのままで日常の職務が遂行されているとすると、そこからいろいろの相互誤解や不信を生ずるおそれがある。課業分担一覧表の作成と、それをベースとした面接が、これらを未然に防止する。また、このような課業分担一覧表を通じて、職務の各人への配分とか、要員計画、定員化など、さまざまな雇用制度の確立をはかっていくことも可能である。

　さて、個人別課業分担表の第3段階の作業は、いよいよ個人表の作成である。これは、いわば目標カード、ミッションシートの母体ともなる。これは**様式例Ⅲ—4**で示すようなものからなる。1ページ目（表紙）は氏名、職位、資格等級そしてその人に与えられている役割である。2ページ目は、まず役割の①について、それを構成する主な課業を書く。3ページ目は役割の②につき、4ページ目は同じく役割

3　職務調査の具体的進め方

様式例Ⅲ—4　個人別課業分担表（ミッションシートまたは職能開発シート）

各ページ

```
役割1  ┄┄┄┄┄┄┄
       ┄┄┄┄┄┄┄
主要課業
         自己評価   上司評価
─── [     ]    [     ]
─── [     ]    [     ]
─── [     ]    [     ]
─── [     ]    [     ]
─── [     ]    [     ]
```

1つの役割ごとに1つのページ

表　紙

```
        マイ・ジヨブ

      氏　　　名

_____課 ____係

□年□月 ～ □年□月
```

最終ページの2

修得記録簿

　　　□年□月～□年□月

最終ページの1

能力開発プラン
今年の目標

| OJT | 自己啓発 |

の③についてである。役割ごとに評価欄が設けてあるが、評価欄の左側は自己評価の欄であり、右側は上司評価の欄である。

　これは職務調査の時ではなく、人事考課の段階で、いよいよ成績考課を行う場合のチェック欄となる。期待し、要求している以上にやりこなしたと思った場合にはプラス、足りなかったなと思う場合にはマイナス、ほぼ期待し、要求された程度であったと思われる場合には無印という形となり、まず本人が自己評価し、続いて上司が評価する。そして両者をつき合わす。上司と部下とでよく話し合う。そしてその結果、両者ともにマイナスということで合意が達せられたものについては、なぜそのように足りない結果が出たかについて話し合い、それを直すためになすべきこと、1つはOJTつまり上司が毎日の職場の中で直していくものと、他の1つは研修つまり集合教育にのせて、その不足している能力を補い、または高めていくものとを5ページめに整理をし、これにしたがって、その後のOJTや集合教育が行われていく。

作業④対応課業（職能資格等級ごとの課業一覧表）の設定

　職種別に整理された課業をさらに職能資格等級ごとにこれをくくって、整理し直す。これがないと職掌別、職能段階別の職能要件書つまり等級基準の作成ができないからである。

　さて、職能資格ということばが登場したが、考課基準を確実にし人事考課を的確に行っていくには、"職能資格等級"の導入が不可欠である。職能資格等級は、すでにふれたように要求される能力の系列と段階によるグレードである。

　このグレードつまり資格等級ベースとしながら、能力の把握や教育訓練や能力の活用および処遇を、より適切に展開していくことができる。職能資格等級がなくても、人事考課や教育訓練や賃金の決定はもちろんできるが、明確な基準をベースとして無駄なく雇用制度を進め

Ⅲ—13図　職能資格制度のしくみ

等級		定義	経験年数	昇格基準	初任格付	対応職位
管理職能	M—9級	統率業務	一年	（実績）	—	部長
	8	上級管理業務	⑥		—	次長
	7	管理業務	⑤		—	課長
				(登用試験)		
中間指導職能	S—6級	企画・監督業務	3〜⑤	（能力）	—	係長
	5	判断指導業務	3〜④〜10		—	班長・主任
	4	判断業務	2〜③〜8		—	上級係員
				(昇任試験)		
一般職能	J—3級	判断定型業務	2〜③〜5	（勤続）	大卒	中級係員
	2	熟練定型業務	2		短大卒	一般係員
	1	定型・補助業務	2		高卒	初級係員

ていくには、やはり職能資格等級の設定はいろいろのメリットが高いといえる。

　職能資格制度は、職能資格等級を軸とするが、いま、1つの職能資格等級の典型例を掲げるとⅢ—13図のごとくである。

　さて各資格等級にどの程度の難易度の課業を対応させるのか。現実の実態と政策によってその対応関係は設定される。各人を仮格付けし、各人の課業分担表を丹念に調べ、全社的に整理していくことにより、相互関連の実態を把握することができる。また、政策については、これからの部門ごとの等級別人員とか課業配分のあり方を展望して、どれくらいの等級でどれくらいの難易度の仕事を分担してもらうことになるのかを見通して設定することになる。たとえば、Ⅲ—14図のようである。

　Ⅲ—14図でみるように、等級が異なっても同じ仕事をする場合が多

Ⅲ—14図　難易度と資格等級との関連の設定

```
M—9級 ┊   ┊   ┊ E ┊   ┊
  8   ┊   ┊ D ┊   ┊   ┊
  7   ┊   ┊   ┊   ┊   ┊
S—6級 ┊   ┊   ┊   ┊ C ┊
  5   ┊   ┊   ┊   ┊   ┊
  4   ┊   ┊   ┊   ┊   ┊
J—3級 ┊   ┊ B ┊   ┊   ┊
  2   ┊   ┊   ┊   ┊   ┊
  1   ┊ A ┊   ┊   ┊   ┊
```

（凡例：■ 主たる関連　□ 副たる関連）

い。その場合、しかし、たとえ同じ仕事をしていても、2級の者には「少しくらい援助や指示を受ければできる程度」でよいが、3級の者には「援助や指示がなくても、しかもミスなくできることを期待し要求する」場合がある。つまり、等級によって対応する課業は同じ難易度のものであっても、要求される広がりや、できる度合いが異なる場合がある。何等級でどの程度できればよいか、これを習熟の深まりという。つまり等級が違った場合、同じ課業が対応していても、習熟の深まりや広がりが異なる場合があるのだ。等級が異なるのに習熟の深まりも課業の難易度もすべて同じであるならば、等級の違いは、残ったものは経験年数のみしかなくなる。

　実際問題としては、等級と等級の間で仕事は重なりながら進んでいく。そして漸次難易度が高まっていくが、すでに述べたように、同じ課業でも習熟の深まりの違いという形で等級と対応する。

　従来の多くの職務等級基準は、職務の難易度を評価し、等級と課業を対応させることによって行われた。これは本来、職務給の考え方にほかならない。職務給は、あくまでも職務を分析し、評価し、それを

もとにして等級を設定するのであるから、1課業1等級、つまり一定の難易度をもったある課業が、ある等級に対応するという形で、むしろ設定されていく。そして、あとは職務編成の中で、等級間の重複が行われていくことになる。

しかしながら、職能給はそうではない。同じ課業が対応しながら、しかし知識・技能・習熟度が高まるにつれて"できる度合い"つまり"期待し要求するレベル"や広がりが変化していくのだ。すなわち、そこに同じ仕事をしていても、能力の伸びというものを念頭に置き、期待し要求するものを変えていくからである。これが職能給の思想である。

したがって職務給、すなわち職務等級においては、仕事（職務の難易度）が高まらなければ、等級の上昇つまり昇格は行われないが、職能給すなわち職能資格等級においては、同一課業であっても、できる度合いが変化し、習熟が深まれば等級は上がることができる。いわば習熟によって等級が変化するのである。ここに、職務給と職能給の本質的な違いがある。

さて、習熟度であるが、それは一般的に次の3つの段階でとらえることができる。つまり、

(1) できる

これは援助や指示を受けながら一定の範囲の仕事ができればよい。ミスはもちろん許されない。

(2) 独力でできる

これは援助や指示がなく、少しは範囲も広げながら1人ででき、しかもミスがない状態をいう。

(3) 完全にできる

独力でできるのみでなく、かなり広い範囲について指導をすることもでき、さらに責任をもち、さらには応用、変化に対応することもできる。

このように、「できる」「独力でできる」「完全にできる」という3つの段階で習熟度はとらえることができる。

ところで習熟度の深まりが浅い仕事、習熟の深まりが深い仕事というように、課業によっては、すぐ完全にできるようになる、または完全にできることが期待され、要求される仕事と、かなりの年月を経てはじめて完全にできることが要求される課業の2通りがある。

前者は習熟の深まりが浅いと呼び、後者は習熟の深まりが深いということになる。

ところで課業を職能資格等級と対応させ、等級基準を細かく設定していくためには、課業の習熟の深まりを判定し、それによってある等級に達した場合、どの程度の難易度の仕事がどの程度できるか、という形で表示されねばならないことになる。その意味において、習熟度の判定が難易度の評価に続いて行われねばならない。

さて、習熟度の深まりの浅い、深いを表示するために、一般的には次の3つの段階をもって区切る。

タイプ……[a]
　　1～2年で「完全にできる」に到達する仕事
タイプ……[b]
　　1～2年で「独力でできる」に到達し、続く2～3年で「完全にできる」に到達する仕事
タイプ……[c]
　　1～2年で「できる」、続く2～3年で「独力でできる」、続く3～4年たってはじめて「完全にできる」に到達する仕事

つまり、たとえばほんの2、3カ月から1、2年で完全にできることが可能な課業は、習熟の深まりつまり習熟度評価はaということになる。また最初の1年くらいは援助、指導を受ければよいが、2、3年目からは独力でできることが必要であり、さらに4、5年たって完全にできることが要求されるような場合は、習熟度の深まりはたいへ

ん深いのであり、ここでは習熟度ｃというように評価される。さきに難易度が課業ごとに評価されたが、この作業が終ったならば、次にこのように課業ごとにその習熟の深まりを評価していかねばならない。

　難易度と等級の対応関係を前提とし、さらに習熟度の深まりをこれに加味して、課業と等級との対応関係を整理したものが、Ⅲ―15図である。

　またこのように評価した結果、職種別に課業を整理し、これを等級別に難易度、習熟度で整理するのがさきの**様式例Ⅲ―2**ということになる。

作業⑤　職種別等級別の職能要件書の設定（等級基準＝職能マニュアル）

　作業④ででき上がった職種別職能資格等級別の課業分類と②の職能要件書の2つをつき合わせながら、職種別等級別に、職能要件をまとめる。これによって各々の職種の、各々の資格等級にはどのような能力が要求されるかが、文書化され明らかにされるわけだ。

　以上に関してとくに注意すべき点は、課業、および職能要件はできるだけ具体的に書くこと。しかしながら反面、手順とか進め方についてはあまり詳細を極めないこと、要点主義で臨むことである。たえず変動に即応していくことが必要だし、またとくに各人の職務内容は、最低これだけはという形で書くようにすることが望まれる。あまりにも職務内容を細かく規定し制限してしまうと、「一定の仕事をやればそれで十分」ということとなり、発展が止まる。

　一方、職務給の精神は、一定の職務範囲を決め標準化してしまって、それを果たしさえすれば、あとはよいという責任権限をはっきりした考え方である。それはそれなりの合理性をもつが"創造性をもって仕事を広げていくという点は問題が残る。何の基準をも設定しないのも問題だが、細かく職務を区分してしまうのも問題が多い。必要なのは

Ⅲ—15図　等級別習熟度の指定

難易度Aの課業

J—1　完全にできる……　A-a

難易度Bの課業

級＼タイプ	B-a	B-b
J-3	完全にできる	完全にできる
J-2	完全にできる	独力でできる

難易度Cの課業

級＼タイプ	C-a	C-b	C-c
S-6	完全にできる	完全にできる	完全にできる
S-5	完全にできる	完全にできる	独力でできる
S-4	完全にできる	独力でできる	できる

難易度Dの課業

級＼タイプ	D-a	D-b
M-8	完全にできる	完全にできる
M-7	完全にできる	独力でできる

3 職務調査の具体的進め方

様式例Ⅲ—5　課業マニュアル

その1　表面
課業別業務基準書

課業名	No.
（課業内容）	
（作業手順）	（要求される質と量）

その2　裏面
課業別職能要件書

課業名	No.
（知識・技能）	
（必要な経験）	（資格免許）

要点をしぼった基準が文書化されており、それを共通のベースとしながら、それからさきは個人別に細かい職務基準、職能要件が、口頭で、上司と部下との間でたえず話合いと、確認が行われる状態である。

作業⑥　課業マニュアル

課業ごとに、業務基準と職能要件をまとめたものが課業マニュアルである。それは**様式例Ⅲ—5**にみるようなものとなる。

少なくとも金銭に関連する課業、接客に関連する課業、そして、安全衛生に関連する課業の3つについては、このような課業マニュアルをきちんと常日頃から整備しておくようにするのが望ましい。

（参考）職務記述書および職能要件書の作成——職務分析的アプローチ
なお、右の手順を経ないで、いきなり最初から個人別に職務記述書

や個人別の職能要件書の設定を行うことも考えられる。個人別の職務の内容、つまり課業の構成に準拠しながら、①職務に要求される上からの命令、指示の度合い、②責任権限の広がり、③部下に対する指導監督の有無、さらに課業別に、㋑課業のレベル、㋺その進め方の手順、㋩仕事の頻度、または時間的ウエイト、さらに、㋥その仕事を遂行するうえにおいて用いる機械等を記入する。これが職務記述書（**様式例Ⅲ—6のフレーム参考**）である。

さて課業のレベルであるが、これは定型業務、熟練を必要とする定型業務、判断業務、高度な知識を要求する判断業務、企画業務、管理業務、統率業務という段階的な表現で指示説明がなされる形となる。また、上からの命令指示は、"いちいち細かい指示を受ける""概括的な指示をまとめて受ける""一定の企業の行動方針にしたがって行動する"というような形で記入される。また部下に対する指導監督は「ごく狭い範囲での部下に対する指導監督が行われる」「広い範囲で指導監督および管理が行われる」「さらに広い範囲で統率が行われる」といった表現で記入すればよい。

さらに責任範囲については、自分の限定された職務に対する責任、自分の直接的な職務のみならず一定の範囲にかかわる業務責任、自分の直接的な業務、一定の範囲に対する責任とあわせて一定の部門における会社業務の全体的流れに対する機能的責任という形で記入されることとなろう。

さて、職務の手順だがこれは、あまりくどくどした文章での記述は、整理および利用の点からして決して得策ではない。どんどん生産方式や職務内容は変化していくからである。単位作業を矢印で結ぶようなごく簡単化された形で記入がなされればよい。その場合にも、とくに留意すべきポイントを取り上げ、そこで強調するような形であることが望まれる。これを基準にして指導や教育訓練や成績考課がなされることになるからである。

3　職務調査の具体的進め方

様式例Ⅲ—6　職務記述書（例示）

所　属　部　署	役　職　係　名	氏　　　　名

職　　務　　の　　基　　準		
上からの指示	指　導　監　督	責任の範囲

課　業	ウエイトナンバー	課業のレベル	仕事の手順・方法	時間的ウエイト					用いる機材資料・規程
				毎日	週毎	月毎	期毎	臨時	

様式例Ⅲ—7　職能要件書（例示）

1. 知　識

　担当業務を支障なく遂行するうえに必要な知識を一般基礎知識、専門実務知識別に記入する。

基　礎　知　識	
専 門 実 務 知 識	

2. 必要経験

　担当業務を支障なく遂行するうえにどの程度の経験が必要であるか、当該項目に〇印を付して下さい。

高卒程度の知識があれば		大卒程度の知識があれば	
1カ月程度でできる		1カ月程度でできる	
3カ月程度でできる		3カ月程度でできる	
6カ月程度でできる		6カ月程度でできる	
1年程度でできる		1年程度でできる	
3年程度でできる		3年程度でできる	
5年程度でできる		5年程度でできる	
10年程度でできる		10年程度でできる	

3. 習熟能力

　つぎに掲げる能力で担当業務を支障なく遂行するために必要と思われる能力度合いを該当項目に〇印をつけ、どういう場合に使われるかを代表的な例をあげて説明して下さい。

能　　　力		普通程度でよい	相当必要とする	どういう仕事の場合ですか
表現力	文　章			
	口　頭			
企　画　力				

折　衝　力			
統　率　力			
判　断　力			
計　数　力			

4．情　意

　つぎに掲げる情意で必要と思われる度合いに〇印をつけ、どういう場合にその情意が必要か、その代表的な例をあげて説明して下さい。

情　　　意	普通でよい	相当必要とする	どういう仕事の場合ですか
規　律　性			
積　極　性			
責　任　性			
協　調　性			

5．精神的、肉体的疲労

　1日の仕事をやったあとの疲れの程度等について、つぎにあげるもののうちどの項目に該当しますか、該当する項目に〇をつけて下さい。

イ　緊張感がそれほどないため、別に気分的に疲れるということはない。
ロ　軽微な緊張が持続的であったり、断続的にやや強度の緊張を必要とするため何となく疲れる程度。
ハ　しばしば強度の緊張を必要とするので、注意を怠り得ない、いわゆる心が疲れるといった程度。

最後の欄の「用いる機材」については、さきほども少しふれたように、いわゆる機械とか材料だけではなく、事務管理部門などにおいては帳簿、伝票、法律書、参考図書の種類などもこれに含めておく。この欄はその行っている職務のむずかしさを判定する材料にもなる。

　一方「職能要件書」（**様式例Ⅲ—7**）だが、これはその人がその職務基準を果たすうえにおいて、期待され要求される知識や技能の高さである。職能要件書は課業別でなく職務全体として記入する。つまり職務全般としてどのような能力が必要であるかを記入すればよい。これもできるだけ本人記入をたてまえとしたい。ただし、実際には上司の代理記入も、もちろん許される。

　なお、職能要件書は、「知識」、必要ならば「学歴」、続いて「技能」、同じく必要ならば「要求される社会的資格免許の質とレベル」、さらに「必要経験年数」、「特定の作業環境条件」、および「要求される情意」、「要求される責任的習熟度」といった内容からなる。

4　考課段階

　人事考課のひとつの重要な課題は、S、A、B、C、Dの考課段階の設定と把握である。これがあいまいだと人事考課の公平性が失われる。
　さて、S、A、B、C、Dの中で、中心となるのはあくまでBであるから、まずこれを明確にしてかからねばならない。
　ところで、Bとは、すでに述べてきたところから明らかなように、そしてⅢ—16図で示すように〝期待し要求するレベル〟である。
　つまり、Bこそがバーの高さにほかならない。
　ところで、しからば、〝期待し要求する程度〟とはどんなものであろうか。それは、等級基準や面接（職務基準）によって明らかにされねばならないものであるが、基本的には、Ⅲ—17図で示すようなレベル

が基準となる。つまり、決して"完全"ではない。もしBが完全ならば、AとかSとかは存在しないこととなる。

Bが明確となれば、おのずから、S、A、C、Dははっきりする。それはⅢ—18図で示す形となる。

Ⅲ—16図　「B」（標準）が大切

S　ずっと上回っている（上位等級でもA）
A　上回っている（申し分ない）

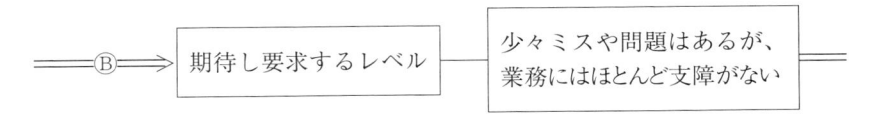

⇒ Ⓑ ⇒ | 期待し要求するレベル | 少々ミスや問題はあるが、業務にはほとんど支障がない |

C　及ばない（問題がある）
D　かなり及ばない（かなり問題がある）

Ⅲ—17図　期待し要求するレベルとは何か

| Ⓑ | ミスや問題点が少々あるが（あったが）、業務にはほとんど支障がない（なかった） |

Ⅲ—18図　5段階の考課基準

S	上位等級としてもⒶ
A	全くミスや問題点はない
Ⓑ	ミスや問題点は少々あるが、業務にはほとんど支障がない
C	ミスや問題点がかなりあるが、業務はかろうじて支障がない
D	ミスや問題点が目立ち、業務に支障がある

第Ⅳ章　人事考課制度の設計と運用

1　人事考課表の作り方と運用

　以上に基づき、具体的に人事考課表のあり方とその運用の仕方を考えてみることとしよう。

1　職能開発カードと成績考課表

　まず、成績考課であるが、それは、実際にはＡ表としての職能開発カードと、Ｂ表としての成績考課表の２つをもって構成される。**様式例Ⅳ—１、様式例Ⅳ—２**で示すごとくである。目標面接におけるミッションシートがこれらのベースとなっていることに注意したい。職能開発カードが、上司と部下が協力して運用していくのに対し、成績考課表は上司が行うものであり、これは原則として部下に対しては非公開、つまりマル秘となる。職能開発カードは、面接を中心として運用され、主として職務改善や育成に使われるが、成績考課表の方は、賞与、昇給の査定に使われることとなる。

　人事考課の公開といった場合に、やはり部下ともどもにつくる部分と、部下に対しては非公開部分を、はっきり整理区分することが必要であろう。

　(1)　職能開発カード（目標面接におけるミッションシートⅠ—７図がベースとなる）

　さて、そこでまずＡ表の職能開発カードからながめていくこととしよう。職能開発カードの中身は、３つの欄からなっている。

　第Ⅰ欄が、目標面接を通じて設定される職務基準欄と、６カ月たった期の終りに、本人と上司で評価する評価欄の２つから構成されている。

　第Ⅱ欄は、情意考課に関する具体的な短文が用意され、それをチェッ

クする形となっている。こういったものをプロブスト法と呼ぶが、情意考課の客観性を高めるうえにおいて、きわめて有効なものとなる。成績考課は、できるだけ課業別遂行度という形を取りたいし、情意考課は、できるだけプロブスト法という形を取りたい。そのことによって、成績考課、情意考課の客観性、具体性を高め、納得性を高めることとなる。

　第Ⅲ欄が、いわばフィードバック欄である。Ⅰ欄、Ⅱ欄について上司と部下とで十分討議し合ったのち、今後の職務改善や能力開発プランがここに記入され、これが次の目標面接の内容ともなっていく。なお、ここで書き込まれる職務改善や能力開発プランは、長期的なものではなく、あくまでも来たるべき6カ月間程度をめどとした当面のものである。

　〔職務基準の設定——課業の組合わせで行われる〕

　さて、まず第Ⅰ欄から考えてみよう。第Ⅰ欄のまず最初の3行は、期の初めの目標面接時において記入される。1行目の課業の欄であるが、ここでは15行用意してあるが、実際には10行程度でよいであろう。いわば、その人の受け持っている仕事を、多くても10程度の課業に分類して書くこととなる。「今期、君の受け持つ仕事はこれとこれとこれ」、「はい、私が受け持つ仕事はあれとこれとこれとあれ」といった、その1つひとつがいわば課業である。課業が集まって、各人の職務が随時編成されていくことになる。したがって向こう6カ月間受け持つ仕事を書き込むことによって、職務基準は設定される形となる。

　〔職務調査を事前にやっておくとよい〕

　あらかじめ職務調査をやって、課業を書き出しておき直属の上司と部下との間で、連名課業分担表、つまりわが係にはどんな課業があり、誰がどのようにそれぞれの課業を関連しながら分担しているのか、Ⅳ—1図でみるようなものがそれである。このようなものがあらかじめ作られているならば、この職務編成はより適切なものとなるであろう。

第Ⅳ章　人事考課制度の設計と運用

様式例Ⅳ—1

A 職能開発カード（ミッションシートがベース）

1　課業（職務基準）とその遂行度				
課　　業	等級レベル	期待目標	自己評価	上司評価
1.				
2.				
3.				
4.				
5.				
6.				
7.				
8.				
9.				
10.				
11.				
12.				
13.				
14.				
15.				

成績考課様式(1)

Ⅱ　組織の一員としての行動	Ⅲ　指　　導
情意に関する具体的短文 （20～25行）	職務の改善 能力の開発 O　J　T 研　　修 自　己　啓　発

第Ⅳ章　人事考課制度の設計と運用

様式例Ⅳ—2　成績考課様式(2)

B　成績考課表　　　　　　　　　　　　　　　　　　　　　年　　　期

	要　素	一　次	二　次	三　次	※ （総　合）
成績	仕事の質	S A B C D	S A B C D	S A B C D	S A B C D
	仕事の量	S A B C D	S A B C D	S A B C D	S A B C D
情	規律性	B　C　D	B　C　D	B　C　D	B　C　D
	協調性	A B C D	A B C D	A B C D	A B C D
意	積極性	A B C D	A B C D	A B C D	A B C D
	責任性	A B C D	A B C D	A B C D	A B C D

142

Ⅳ—1図　連名課業分担表

課業名 \ 氏名	係長 ○○○○ S—6級	○○○○ S—4級	○○○○ J—3級	○○○ J—
＿＿＿＿		◎	○	
＿＿＿＿			◎	○
＿＿＿＿		○		◎
＿＿＿＿	◎	○		
＿＿＿＿	◎		○	
＿＿＿＿		○	◎	○
＿＿＿＿		○	◎	
＿＿＿＿	◎		○	

（◎：メインの分担者　○：サブの分担者）

〔遂行度の評価〕

　以上をうけて、6カ月たった段階で職務基準の遂行度の評価が行われる。本人は自分が持っている表に、上司は上司保管用に、それぞれ分離独立して自己評価と上司評価を行い、その後お互いに記入し合う。評価は＋、±、－の3つでよい。少々ミスや問題はあったが、期待した程度に業務が遂行されたとするならば±、まったく申し分なく期待を上回っていたならば＋、不十分であったなということであるならば－、この3つが適切であろう。自己評価、上司評価を行う時、5段階評価は適切ではない。かえってくい違いを多くするのみであろう。＋、±、－の3つで十分である。

〔自己評価〕

　自己評価を適切にするためには、課業別遂行度といった具体性をもたせること、目標設定を明確にすること、そして評価は3段階程度の簡潔なものとすることが条件となろう。なお、このような成績考課においては、自己評価制度を取り入れるとしても、能力考課には、自己

評価制度はできれば取り入れることは避けた方がよいと思われる。能力は、自分ではそのレベルを確実に把握することはできないからである。

〔短文チェック法〕

さて、第Ⅰ欄が終れば、次の第Ⅱ欄に移る。第Ⅱ欄は、情意考課に関する短文チェック法の欄である。いわゆるプロブスト法である。これは情意考課の客観性を高めるうえにおいてきわめて有効であるので、ぜひ取り入れるようにしたい。では、プロブスト法とはどんなものであろうか。

プロブスト法というのは、たとえば規律性であるならば、規律性に関するきわめて具体的な短文を用意する。「しばしば注意したにもかかわらず無断離席することがあった」といったごとくである。そしてその文章のうしろに、「該当する・少し該当する・該当しない」というチェックボックスを設けておき、いずれかにチェックする形である。

規律性をあらわす短文を5つ用意すると同時に、ほかの各要素についても、5ないし6短文用意すれば、規律、協調、積極、責任といった4つの要素で、短文は20ないし25となる。これをアトランダムに並べ、あらかじめこの第Ⅱ欄に、期の初めに書き込んでおく。文章はきわめて具体的でなければならない。また、疑問文ではつけられない、あくまでも「であった」とか「なかった」という断定形をとる。さらに「該当する」といった時に、それがプラスを意味する文章を肯定文といい、該当するといった時に、それがマイナスを意味する文章を否定文と呼ぶ。メーキング、つまり意図的考課を避けるためにも、肯定文、否定文、できるだけおり混ぜて並べるようにしたい。要素も、肯定・否定文もすべてアトランダムに並べることによって、メーキングが困難となり、それだけ客観性は高まる。

なお、このような文章をあらかじめ明示しておけば、本人は留意点が明確となり、それを全部守れば、情意考課はマイナスとはならない。

およそ情意考課は減点はあっても、加点はあまりない性格のものであろう。したがってこのようにみんなに表示しておき、みんなが守ればそれでよいのであって、あらためて加点を設ける必要もない。みんなが守ればよいのが情意考課であるということを確認したい。したがってできるだけ各人がおかしやすい短文を多く用意することも適切である。しかし、現実問題として、個人ごとに短文を用意するのは困難であるから、一般職能か、中間指導職能か、管理専門職能か、生産か、営業か、事務か、技術かといったような部門別、職能階層別に文章を設定すればよいと思われる。

この短文については、人事当局が机上論で考えるのではなく、あくまでも現場の直属の上司やベテランにいくつか用意してもらい、それを全社的に集めたうえで、人事当局で編集する形をとることがよいと思われる。

このプロブスト法は、自己評価を取り入れてもよいし、上司評価のみでもよいであろう。いずれにしてもハロー効果、心情に流れやすい情意考課に歯止めをかける意味においても、適切であろう。

〔フィードバック〕

第Ⅲ欄は、いうまでもなくフィードバック欄である。Ⅰ欄とⅡ欄について話し合ったのち、育成面接の場を通じて、今後の職務改善なり能力開発プランを要約して書き込んでいけばよい。

(2) 成績考課表

さて、つぎのB表（**様式例Ⅳ—2**）としての成績考課表であるが、これはあくまでも賞与・昇給査定のために使われるという意味において、一方的に上司のみの評価で行われる。一方的といっても、A表の職能開発カードを十分論議したのちでの考課であるから、大きなエラーはすでに排除できると考えることができよう。

成績考課表は、一次、二次、三次考課者の評価からなっている。一次考課者は、職能開発カードを直接担当運用した者であるが、職能開

第Ⅳ章　人事考課制度の設計と運用

様式例Ⅳ—3

A　職能分析・開発カード

I　分　析　欄			Ⅱ　能力開発欄
要　素　別　考　課			今後の能力開発プラン
修得	知　　識	S　A　B　C　D	研　　修
	技　　能	S　A　B　C　D	
習熟	判　断　力	S　A　B　C　D	O J T
	企　画　力	S　A　B　C　D	
	折　衝　力	S　A　B　C　D	自己啓発
	指導・管理力	S　A　B　C　D	
※総　　合			

能力考課様式

B　能力考課表

Ⅰ　総合考課欄					Ⅱ　具体的事実欄	Ⅲ　総合所見欄
としては					考課にあたって考慮した具体的事実	総　合　所　見
一次	二次	三次	※ (分析欄) の総合	総括		
S	S	S	S	S		
A	A	A	A	A		
B	B	B	B	B		
C	C	C	C	C		
D	D	D	D	D		

発カードの課業別遂行度および情意考課に関する短文チェックを集約する形で、評価を行う。なお、規律性は守って当たり前であるから、S、Aはないし、その他の情意考課にもチャレンジという概念がないからSはない。ただし成績考課はSがあってもよい。なお、本来のレベルを超えたチャレンジ項目については、職能開発カードでプラスとなっているものについては、ここではSというとらえ方をしながら集約していく。

一次考課が終ったならば、職能開発カードおよび自分の評価結果と意見を添えて、上司に提出する。二次考課者は、それらを聞いたうえで、独自の判断で評価する。もし三次考課者も当人をある程度知っているならば、同じ形で三次考課を行う。一次、二次、三次がくい違っていても調整はいっさい行わず、そのまま人事当局に提出する、人事当局が一定のウエイトで一次、二次、三次を総合し、※印の欄に最終評価を入れて、これを賞与査定、昇給査定、昇格査定に用いていくこととなる。

なお、この最終的な※印の評価欄は、本人が聞きに来れば教えるようにする。聞きに来ない限りは本人にはフィードバックしない。

2　能力考課表

さて次に能力考課であるが、これも、A表とB表の2つに分かれる（様式例Ⅳ―3）。A表は部下にフィードバックし、育成に役立てるが、B表は、昇格査定または長期的な分析による昇進査定のために主として使われることとなり、したがって本人には、最終的な※印を聞きに来れば教えるという程度で、原則的には公開はしない形となる。公開する部分と、非公開部分を明確に区分する必要があろう。

A　〔職能分析・開発カード〕

さて、まずA表の職能分析・開発カードの項目から考えてみよう。

A表の職能分析・開発カードは、分析欄と能力開発欄の2つからな

る。分析欄は、いわば評価欄である。年2回の成績考課を材料として、上司が、本人がいま到達している能力の高さを、等級基準に照らして評価を行う。本人にフィードバックするのがねらいであるから、ここでは一次考課、二次考課、三次考課といった形はない。一次考課者、二次考課者、三次考課者の3者間であらかじめ十分討議し、合議をし、その結果を誰かが――一般的には二次考課者であるが――代表してここに記入をする。いわば事前評価調整方式である。部下にフィードバックするものには、一次、二次、三次といった形を取ることはできない。

　また能力考課は、直属の上司のみによる評価では無理である。やはり能力考課は、中間項による乱れを除去し、等級基準にふさわしい能力を分析的に評価するのであるから、直属の上司よりも1つおいてその上の二次考課者、三次考課者の意見の方が、より公正さをもつと考えることができる。そのような意味において、一次、二次、三次の事前調整評価による考課が行われる。評価は、要素別にS、A、B、C、Dで行われればよい。

　この要素については、Ⅳ―1表でみるように、判断力のファクターは理解力であり、判断力が広がり高まったものが決断力となる。次の企画力だが、そのファクターは工夫力であり、企画力が広がり高まったものが開発力となる。さらに折衝力については、そのファクターは口頭表現力とか文章表現力からなり、折衝力が広がり高まったものが渉外力となる。また指導力が広がり高まったものが管理統率力ということになる。したがってこの評価要素は、ジュニアクラスでは理解力、工夫力、表現力という形がとられ、中間指導職能クラスでは、判断力、企画力、折衝力、指導力という要素が並べられ、さらに管理・専門職能では決断力、開発力、渉外力、そして管理統率力といった評価要素が用いられる。したがってこの職能分析・開発カードは、少なくとも一般職能用、中間指導監督職能用、管理・専門職能用といった3種類

Ⅳ—1表　職能クラス別の能力考課要素のとり方

ジュニアクラス	シニアクラス	マネジメントクラス
理　解　力	判　断　力	決　断　力
工　夫　力	企　画　力	開　発　力
表　現　力	折　衝　力	渉　外　力
	指　導　力	管理統率力

が、用意されねばなるまい。

　さて様式例Ⅳ—3A表の第Ⅰ欄の一番下の総合欄は、人事当局が一定のウエイトをかけて要素別評価を総合する。したがって現場においては無記入のまま人事当局に提出をする。この第Ⅰ欄の評価が終ったならば、二次考課者が代表して部下にこの結果を伝え、反省すべきものは反省し、これからの職務改善なり職能開発の方向を話し合い、そのうえで第Ⅱ欄の能力開発欄に、今後の能力開発プランを記入する。成績考課の能力開発プランと異なって、これはやや中・長期的な形で検討され、設定される。

　B　〔能力考課表〕

　次に、B表の能力考課表であるが、総合考課欄、具体的事実欄、そして総合所見欄の3つの欄からなる。ただし具体的事実欄はB表ではなく、A表に含めてもよい。

　さて、総合考課欄は、まずたとえば、営業4級としては、といったように、職種、等級を記入し、等級基準を再確認したうえで考課に入る。一次考課、二次考課、三次考課、それぞれ独自の意見で評価すればよい。A表の要素別考課と違って、ここでは総合性能を考課する総合考課という形をとる。

　ところでこの総合考課と、A表の分析欄の各要素を集計した総合と

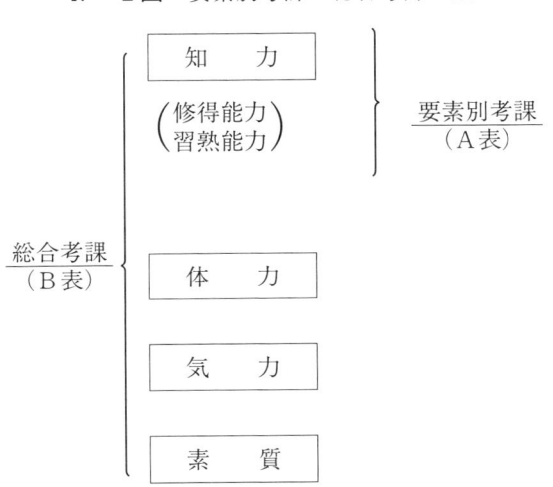

Ⅳ―2図　要素別考課と総合考課の違い

```
                    ┌ ┌ 知　　力 ┐
                    │ │(修得能力) │  要素別考課
                    │ │ 習熟能力 │   (A表)
          総合考課  │ └─────┘
          (B表)    │   体　　力
                    │   気　　力
                    └   素　　質
```

は、必ずしも一致する必要はない。なぜならば、Ⅳ―2図でみるように、総合考課は、要素別考課で取り上げた修得能力、習熟能力以外に、体力、気力、素質などが入ってくるからである。能力は知力、体力、気力からなるが、知力が衰えていても、体力、気力がこれを補うこともある。

　等級基準としては、知力、つまり修得能力と習熟能力のみしか設定できないので、要素別考課は、このような知力のみに限定せざるを得ない。そこで総合考課においては、体力、気力さらには素質までをも含めて、総合性能として、いまこの人物が営業5級として申し分ないか（A）、やや問題はあるがほぼ妥当か（B）、それとも不十分なのか（C）といった形で評価が行われる。このように分析考課と総合考課との範囲区分が違うから、両者は必ずしも一致する必要はないし、またそれでこそ総合考課を行う意味もあるといえよう。

　一次、二次、三次の考課が終ったならば、それぞれの考課者は、第Ⅱ欄の具体的事実欄に、考課にあたって考慮した具体的事実を、特徴

Ⅳ―3図　多面評価システム

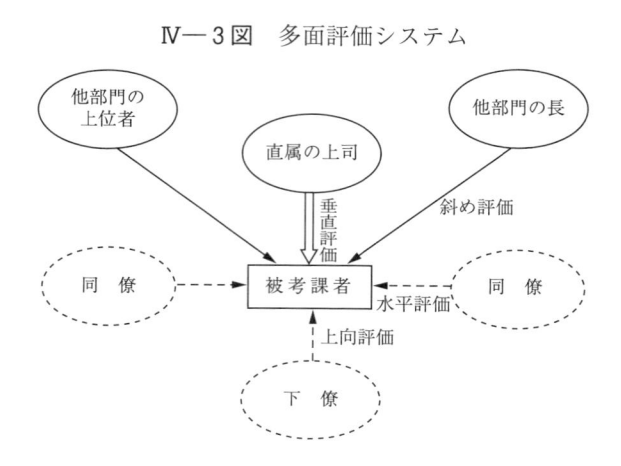

```
        他部門の              他部門の長
        上位者      直属の上司
                      ↓垂直評価    ↘斜め評価
   同僚 ┈┈→ 被考課者 ←┈┈ 同僚
                    水平評価
                ↑上向評価
               下　僚
```

（注）水平評価と上向評価は一般的ではない。
　　　実施するとしても限定し、参考程度とすること。

的なものを集約しながら記入していく。なお、この具体的事実欄をより正確、客観的に記録することをもし助けようとするならば、日常観察指導記録といった制度を取り入れて、部下1人について年間4ページのノートを、上司に渡しておくことも必要であろう。上司は、3カ月おきにふり返って、特徴的な指導事実などをあらかじめ記入しておく。年間4ページの記録ができ上がるから、これをふり返りながら、この具体的事実欄に記入する形を取れば、最近時点だけの行動で、人事考課を行うというエラーを排除することも可能となろう。日常観察記録だからといって、毎日、毎日つけるようなものでは問題が多い。

　なお、能力考課については、5年に1回程度は他部門、先輩、上司からの多面評価も組み込むようにしたい。（Ⅳ―3図参照）

2　設計上の留意点（その1）―能力の内容と考え方

　能力の内容は一体どんなものであろうか。Ⅳ―4図でみるように、能力は、発揮能力と保有能力の2つの側面で把握できる。発揮能力がいわば遂行度であり、保有能力は、知識・技能修得度と仕事への習熟度の2つからなる。

　つまり能力は、遂行度と技能度と習熟度であるが、その中味をもう少し詳しく考えてみることにしたい。Ⅳ―5図をみていただきたい。

　まず能力の中核は、知識と技能と体力である。体力は実力評価の中で行動力としても併せて評価される（第Ⅵ章参照）。

　1つの例として自動車の運転能力について考えてみよう。自動車をうまく運転するためには、エンジンや交通法規に関する知識などが、まず必要である。しかし、それだけではだめで、実際に自動車の運転席に座って、ハンドルを握って動かす技能を身につけなければ、ドライバーとはいえない。さらにもう1つ、そのような知識をもち、技能を身につけたとしても、たとえば30分も運転しているとからだが疲れ、目がかすむようでは自動車は運転できない。やはりそのような知識・技能を活かすだけの体力が要求されるだろう。

　以上にあげた知識・技能がいわば基本的能力（つまり技能修得度）であるが、それでは、これらが十分であるならば必ずよい成績（遂行度）をあげることができるであろうか。そうとはいえない。いかにこのような能力があっても、まだほかに必要なものがある。

　つまりやる気（気力）がなければだめである。つまり努力の精神である。具体的にはどんなものであろうか。それは規律性、協調性、積極性、責任性などである。規律を守る精神、みんなと協調的にやって

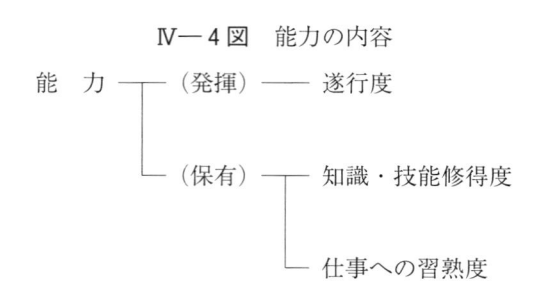

第Ⅳ章　人事考課制度の設計と運用

Ⅳ―4図　能力の内容

```
能　力 ┬ （発揮） ── 遂行度
       │
       └ （保有） ┬ 知識・技能修得度
                 │
                 └ 仕事への習熟度
```

Ⅳ―5図　能力の構成

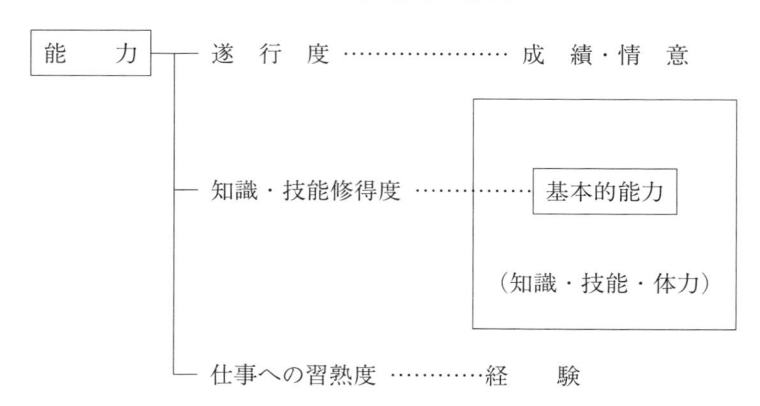

```
能　力 ┬ 遂　行　度 …………………… 成　績・情　意
       │
       ├ 知識・技能修得度 …………… 基本的能力
       │                             （知識・技能・体力）
       │
       └ 仕事への習熟度 …………経　　験
```

いこうという心構え、積極的にやろうという姿勢、責任はどこまでも守ろうという意思、こういうものがやはり必要である。これを、ここでは情意と名づけておこう。基本的能力が十分であり、しかも努力の精神が旺盛であるならば、遂行度（成績）も高くなるのではなかろうか。

　さて、以上ではまだ足りないものがある。それは経験（習熟）というものである。よく豊かな経験とかいうことをいうであろう。つまりいかに本を読み、高い知識を身につけ、また努力する精神が旺盛であったとしても、残念ながら経験が乏しいといい仕事はできない。その場

IV—6図　能力の中身

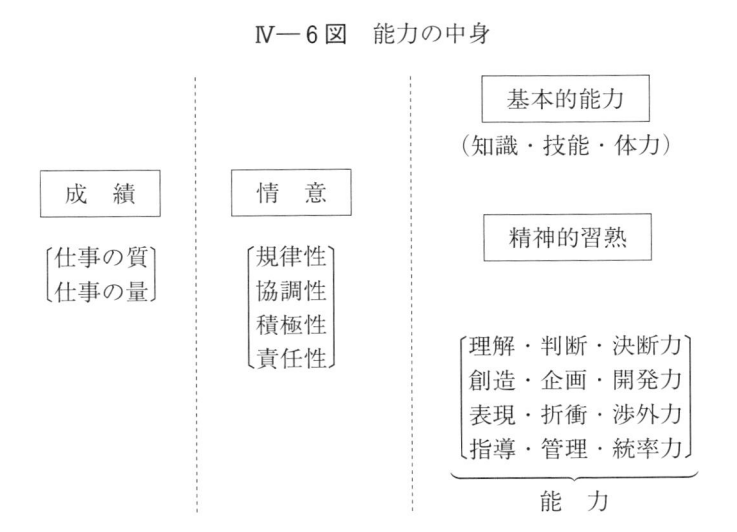

```
    成　績          情　意          基本的能力
                                  （知識・技能・体力）
  ⎡仕事の質⎤    ⎡規律性⎤
  ⎣仕事の量⎦    ⎢協調性⎥         精神的習熟
                ⎢積極性⎥
                ⎣責任性⎦
                               ⎡理解・判断・決断力⎤
                               ⎢創造・企画・開発力⎥
                               ⎢表現・折衝・渉外力⎥
                               ⎣指導・管理・統率力⎦
                                       能　力
```

合、技能的な習熟は技能修得度の高さ（知識、技能、経験の広がり）の中で考えることができるから、その習熟度の経験というものは、主として精神的習熟度であると考えることができよう。

　具体的には、たとえば判断力とか創造力とか折衝力とか管理力などである。判断力はそのレベルに応じて、理解力、決断力と展開することができるだろうし、創造力なども企画力、開発力などと展開させることができる。また折衝力なども、最初の段階は表現力という形でとらえることができるが、もっと進めば渉外力という形となろう。管理力も指導力、監督力、統率力という変化の仕方をすることができよう。

　つまり、精神的習熟度としてはIV—6図で整理したように、位置づけることができる。

　以上が能力の中身である。基本的能力が十分に身についており、豊かな経験があり、そして努力の精神が旺盛であるならば、むずかしい仕事を十分にこなすことができるのではなかろうか。

ただしこれについては、さきほども述べたように機会均等、適正配置、上からの命令指示の適切さを欠いているならば、いかに基本的能力があり、やる気十分であり、しかも経験が豊かであったとしても、よい成績をあげ得ない場合もあるであろう。

　われわれが能力を考える場合に、このような相互関連性というものをはっきり意識してとらえる必要がある。さて、あなたの周囲を見渡してみよう。能力はあるけれども、残念ながらやる気のない人が目につきはしないだろうか。またその逆として、能力はないけれども、とにかく一所懸命やっているという人も周囲にいるだろう。この場合に、やはりそれらをきちんと区別して観察することが大事なことである。

　能力の評価というものは、あくまでも事実の観察である。分析の精神なのである。能力はないけれども一所懸命努力している人と、能力はあるけれどもいいかげんな人と、どちらを高く考課するか。それはその企業の価値判断基準であるから、政策にしたがってはっきりとルールとして設定すればよい。企業によって判断基準が異なってもいたしかたあるまい。しかしそれが、その会社の中において上司の個人個人が、違った判断基準をもっては困る。あとで述べる考課者訓練とは、まさにこの判断基準を、社内では少なくとも統一していこうという考え方のものである。

　しかしそういった統一基準がなくて、ある人は能力はあるけれども、いいかげんな人はだめだとか、また、一所懸命やっていても、能力のない人はだめだとか、こういう基準というものが、個人によって異なっていては問題が多すぎる。

　さて、能力は以上のようであるが、このような能力という位置づけを明確にしておくならば、教育訓練を行うにしても、指導を行うにしても、またあなた自身が、自分を自己評価するにも便利ではなかろうか。

2　設計上の留意点（その1）—能力の内容と考え方

　この能力の一覧表をみてあなたは、この中で自分は何がいちばん劣っているか、何がいちばんすぐれているかを、自己診断することもできる。全部だめだという人はないであろう。せめて体力だけでもすぐれているということであるなら、それはそれでりっぱなものではないか。また全部りっぱだという人は、実際にはあるまい。もしあなたが、自分は全部すぐれていると思うなら、それはあなたの判断力が劣っている証拠だ。どんな悪い人にも、どこかすぐれているところがあるはずだし、どんなによい人でもどこか欠点があるはずだ。

　そのような分析の態度が、人事考課の真髄である。ちょっとよいと、すべてがよいように思ってしまったり、ちょっと悪いと、何かすべてが悪いように思ってしまう。それがイメージ考課なのである。したがって、われわれがまずイメージ考課から脱却していくためには、能力の相互関連性というものをはっきり意識し、それぞれ正しく観察、分析する精神がみなぎっていることが重要であるということがいえるわけだ。

　さて、能力は以上のように説明することができるが、じつはこのような能力は、その職掌とか、職能階層によっても要求される重点の置き方は違う。たとえばジュニアクラス、つまり仕事が標準的、定型的なクラスを考えてみよう。このクラスにおいては、大体はじめからそんなに高い知識をもっているとは限らないし、経験が乏しいのは当たりまえ、したがって仕事は、いわゆる定型化されている。定型化されているというのは、知識や技能、またさらに経験がなくても、決まった通りにやればいい仕事ができるようにしてあることをいう。

　したがってジュニアクラスにおいて、まず何よりも必要なことは情意の立場である。つまり規律性、協調性、積極性、責任性が要求されるのだ。ジュニアクラスにおける重点は、ここにまず置かれねばなるまい。というよりも、むしろこういった規律性、協調性、積極性、責任性は、ジュニアクラスで卒業してしまうことが必要なのである。

Ⅳ―7図　職能階層別の能力の重点の置き方

職　能　階　層	成　　績	情　意	基本的能力	習　熟　度
M（マネジメント）クラス	○		○	◎
S（シ ニ ア）クラス	○		◎	
J（ジュニア）クラス		◎		

（さらに、昇給、昇格、賞与など、その利用のあり方で、上の項目間のウエイトが少しずつ変わってくる）

　課長になって、いまさら規律性があるかとか、協調性がどうかとかなどを問うまでもあるまい。責任性は問うべきであろう。大体規律性もない協調性もない人が管理職になっていること自体がおかしいのである。また、課長ぐらいになれば若干その点で問題があっても、それはもっと大きな立場から観察するなら、いわゆるジュニアクラスで問うような形で、それは問わるべき問題ではなかろう。
　上述のように職能階層によっても、能力項目の把握の重点の置き方は、異なってくることになる。
　係長クラスともなれば、つまりシニアクラスだが、もはやや気だけではだめである。たとえば係長としてとにかく一所懸命やっているのだけれども、あまり能力がないという人がいる。このような係長だと、部下からの信頼はなくなる。いかに人間的にすぐれていても、やはり一定の知識、技能がないような係長では勤まらない。むしろきわめてすぐれた知識、技能をもっているなら部下は信頼するものだし、また部下から尊敬を受けるであろう。各会社においてシニアクラス、とくに係長クラスに多くの試験を行うのは、これはこのクラスで、もっ

とも高い知識や技能や体力が要求されるからである。

　ちなみに係長と課長とでどっちに知識、技能、体力は高いものが要求されるだろうか。私にいわしむるなら、それは同じか、もし一定の領域に限定するならば、むしろ係長の方が高くなければならないのではないかと思う。

　管理職クラスにはむしろ広い視野つまり経験が要求されよう。たしかな決断力、すぐれた企画・開発力、十分な渉外力、そしてすぐれた統率力、これらが乏しい管理職は役に立たない。いかに知識があっても、こういった側面に欠けている管理職は、やはり部下からの信頼は得られない。決断力も鈍い、渉外力もない、統率力もない、そしてただ規律性、協調性、積極性があるような課長が、一体十分な職責を果たすことができるだろうか。ただし、たとえば部下を使うことはへただけれども、きわめてある分野にすぐれているような人がいるなら、それはまさに専門職として育てていけばよい人なのである。

　このように、職能階層によっても、また専門職か、管理職かなどによっても、要求される能力の重点は異なることとなろう。したがって能力というものを、Ⅳ―6図でみたように整理し終わったならば、次にそれを職種別職能階層別に、さらに細かく展開し、それぞれの能力の具体的内容を、職務調査を通じて具体的にしていくことが、人事考課をより正確にする条件であるといってよい。

　さて、以上のような能力の考課の仕方であるが、知識、技能、体力というような基本的能力は、試験によるのがいちばんよい。知識はペーパーテスト、技能は技能検定、体力は体力検定、こういうものでとらえるのが適していよう。しかし試験で判断力はとらえられない。試験で情意をとらえることもできない。つまり試験は万能ではない。しかし基本的能力をとらえるには、試験はいたって便利である。要するに"試験は必要だ、しかし万能ではない"といえる。

　習熟度はどうであろうか。これはやはり経験という形で述べたよう

Ⅳ—8図　能力の考課の仕方

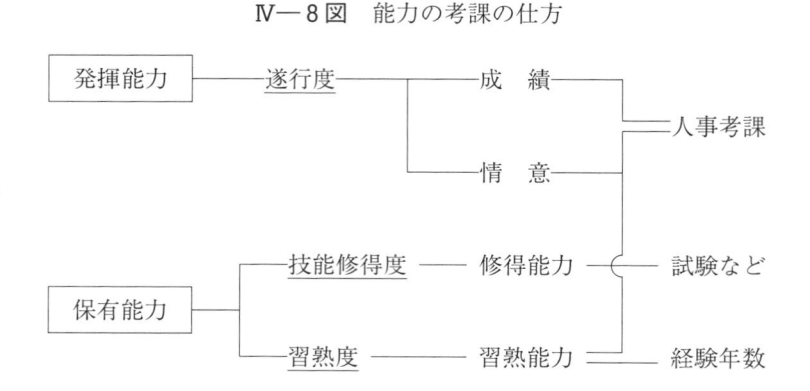

```
                                  ┌─ 成　績 ─┐
発揮能力 ── 遂行度 ──┤           ├── 人事考課
                                  └─ 情　意 ─┘

                ┌─ 技能修得度 ── 修得能力 ── 試験など
保有能力 ──┤
                └─ 習熟度 ──── 習熟能力 ── 経験年数
```

に、勤続年数とか、経験年数によってとらえることが適切であろう。しかしこれも、試験と同じように万能ではない。勤続が長いからといって知識が高いという保証はないし、勤続が長いからといって規律性が高いという保証もなかろう。むしろ長くなればなるほど横着になる場合もあるであろう。このように考えると、能力の分類の中で、やはり習熟度のみが、もっとも勤続によって説明しやすい分野であるといえるのではなかろうか。

　成績とか、情意については、もはや日常の職務を通じて観察する以外にはない。つまり事実の把握からする考課のみが唯一の手段である。人事考課を事実を通してとらえるというしくみや姿勢で臨むことが不可欠である。そしてそれを媒体として、基本的能力や習熟といった、いわゆる能力の評価を行うことになる。

　仕事をうまくやっているから知識は十分あるだろう、きっと理解力は高いのであろうと、これは推定することになる。ところがこの推定は、機会均等、適正配置、上からの命令指示、こういうものがうまくいっていない場合においては、結果と原因は一致する保証はないのであるから、現実の行動からの推定は誤りの多いものとなる。

　つまり、人事考課は当然、能力の全分野を対象とすべきではあるが、

とくに保有能力である基本的能力と、精神的習熟度については、これを試験と勤続によってカバーし、補塡していくことが要求される。

すでに述べたように、能力把握の３大指標（Ⅳ―8図）、それは試験と、経験と、人事考課である。われわれが能力をとらえる場合、これらの相互の関連性というものを、やはり十分理解しておくことが必要であると思われる。

ところで、このような能力のとらえ方であるが、ただ漠然と高いとか、低いとか、よいとか、悪いというのではあいまいになる。そこにものさしが用意されねばなるまい。それは、上司が、部下の従業員に対してどのようなことを期待し要求しているかのそのものであった。つまり期待し要求している程度、それがいうなれば考課の判断基準になるのだ。そのような期待し要求している程度を上回っているなら、それは人事考課ではよし（＋）となり、下回っているなら悪し（－）となる、というように、そのような期待し要求している程度を通じて、能力の把握は行われねばなるまい。

従来の日本のイメージ考課は、絶対基準がなかったから、人間比較の相対考課になってしまったのである。的がないのに矢を射ろといっても、一体どこを向いて射ていいのかわかるまい。第１、的がなければ、当たっているのか、当たっていないのかわからない。従来の日本の人事管理は、的がなくて矢を射らせておいて、きみの矢は当たっていないから、賃金をちょっと差し引いておいたよ、というやり方である。これでは従業員から信頼され、正しい人事管理が行われるはずがない。

これからの能力の考課においては、このような基準というものを明確にし、それをベースとしてとらえていくやり方が望まれるといえよう。

3 設計上の留意点（その2）——考課要素と層別区分

1 「成績」を通して「能力」を把握・評価する

　すでにながめたように、能力は、遂行度（成績と情意）と、知識・技能修得度（基本的能力）と、習熟度（精神的習熟度）の3つの角度からとらえることができる。したがって人事考課もこの3つの側面を意識分離して構成することが考えられる。つまりⅣ—9図でながめるように、人事考課は成績考課と情意考課と能力考課の3つによって構成することができよう。

　成績考課は成績が、情意考課は情意が対象となり、能力考課は、基本的能力と精神的習熟度がその対象となる。成績考課や情意考課は、あくまでも一定の期間における職務を通じての行動の結果（遂行度）であり、能力考課は、その成績考課を通して、ある一定時点における当人の能力の高さと内容をとらえることとなる。したがって成績考課は過去形で問われるべきであり、能力考課は現在形で問われるべきであろう。

　成績考課は、仕事の質はどうであったか、仕事の量はどうであったか、成果はどうであったかであり、情意考課は、規律を守ろうとしていたか、積極的であろうとしたか、という形で一定の期間についての行動の観察を、過去形でとらえることになる。

　これに対し能力考課は、たとえば2月末現在においてその人の知識はどうであるか、技能はどうであるか、判断力はどうであるか、というとらえ方となろう。

　このように、人事考課は、成績考課と能力考課に分けて構成すると

3 設計上の留意点（その2）―考課要素と層別区分

Ⅳ―9図　人事考課の構成

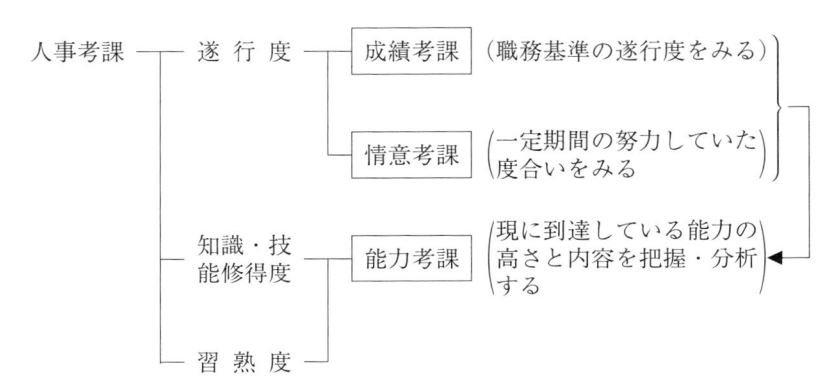

```
人事考課 ─┬─ 遂 行 度 ─┬─ 成績考課 （職務基準の遂行度をみる）
          │            │
          │            └─ 情意考課 （一定期間の努力していた
          │                         度合いをみる）
          │
          ├─ 知識・技 ──── 能力考課 （現に到達している能力の
          │  能修得度                 高さと内容を把握・分析
          │                          する）
          │
          └─ 習 熟 度
```

同時に、その実施頻度などについても、成績考課は一定の期間についての観察であるから、その期間があまり長すぎると、エラーを伴うおそれが生じてくる例がみうけられる。その意味において実施頻度は数多くすべきである。能力考課は、それほど数多く実施する必要はないのではなかろうか。また成績というものは、その置かれている諸条件によって、変化する可能性は強い。一方、保有能力はそう急激に変化するものではない。

以上の点から考えて、人事考課の実施頻度つまり回数は、成績考課は年数回、能力考課は年1回というふうに分けて考えることができるのではなかろうか。

では、どのくらいの期間が望ましいであろうか。その1つのケースとして示したものがⅣ―2表である。つまりいうなれば成績考課については年2回、情意考課についても年2回、能力考課については年1回程度の実施を考えてみてはどうだろうか。このようにするならば、成績考課と情意考課は過去6カ月間についての観察を行えばよいことになる。

成績考課の場合、前半がよくて後半が悪いような場合には、その総

Ⅳ—2表　人事考課の実施頻度

区　　分	2月	5月	11月
成　績　考　課	—	○	○
情　意　考　課	—	○	○
能　力　考　課	○	—	—

合した答が考課結果となる。これに対し能力考課はたとえ前半に能力が低くても、後半になってどんどん能力が伸びてきて、ちょうど考課時点において能力が高いところに到達しているとするならば、その到達した高さが、その人の能力考課の中身となる。

　要するに成績考課と情意考課は、一定の期間を明示したうえで、過去形でその考課が問われることとなる。

　さて成績考課、情意考課、能力考課はいずれも絶対考課で行われるべきで、成績考課は職務基準、能力考課は等級基準をそれぞれベースとすべきである。つまり成績考課は、期待され要求されている仕事の程度（職務基準）に比べて、遂行度はどうか、という形でとらえられねばならず、一方、能力考課は、期待される能力のレベルに比べて、現実の能力保有度はどの程度まで接近しているか、またはこれを上回っているか、という形でとらえられるべきである。

　情意考課についても、本来はこのような絶対考課がとられるべきであるが、ただし情意の問題については、具体的な形でなかなか職務基準というものを設定することがむずかしい場合が多い。またこのような情意については、それほど職能階層別に異なった形で要求されるものでもないから、これについてはある程度グループの中での相対考課で考課することも許される場合があると思われる。

　さて、このような考課をする場合の要素であるが、それはすでに前にながめた能力の中身との関連で整理することができる。それはⅣ—

3 設計上の留意点（その2）—考課要素と層別区分

Ⅳ—3表　考課要素

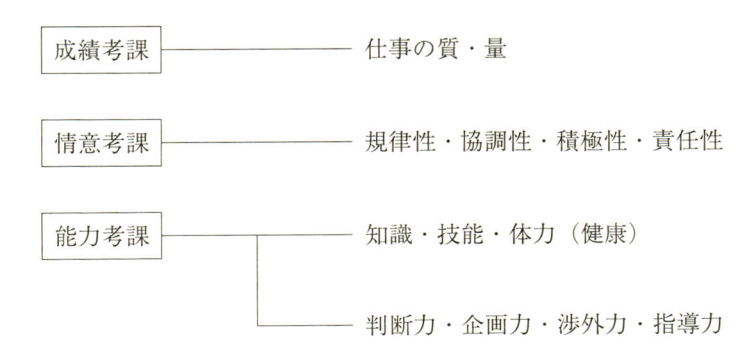

- 成績考課 ──── 仕事の質・量
- 情意考課 ──── 規律性・協調性・積極性・責任性
- 能力考課 ┬── 知識・技能・体力（健康）
　　　　　└── 判断力・企画力・渉外力・指導力

　3表のようになると思われる。もちろんこれは1つの典型例であって、たとえば情意のところに企業意識とか、原価意識という要素をつけ加えることも可能で、あくまでも各企業の置かれている諸条件によって、これらの要素を変化させてみてはどうであろうか。

　ところで、前にも述べたように、人事考課はそれ自体、万能ではない。人事考課にもエラーはある。とくに保有能力をとらえようとする能力考課は、誤りをおかす危険性は強い。したがってそれをカバーする意味で、やはり基本的能力については試験制度、そして精神的習熟度については経験年数などからも補ってみるというしくみが必要であろう。このように考えると、人事考課と試験制度と経験をかみ合わせて、能力の把握を構成することが要求されよう。

　さらにまた人事考課というものは、あくまでも日常の職務を通じての行動の観察であり分析である。職務以外の行動とか、一般的性格は対象から除外される。しかし、これらは、配置とか、職種の選択とか、能力の関係などにおいては考慮されねばならないから、人事考課のほかに性格検査または適性検査といったようなものが、たとえば5年に1回のような形で行われることが望ましいわけだ。人事考課、適性検査、試験制度、それと勤続、これらが関連をもって総括的に結びつけ

られていく有機的な能力考課システムの確定が必要だといえよう。

　さらに人事考課には、自己評価というしくみもおり込んでいきたい。ただ問題は、人事考課の結果が昇給査定とか、賞与査定にも利用されるのであるから、自己評価を導入する場合、何らかの配慮が必要であろう。賃金や将来の昇進にそれが影響するとなれば、自分をよくつけたいとする心理が一般的に働くのは当然だからである。もちろん自分を卑下して、より悪くつけようとする人もあるかもしれないが、それも１つのゆがみであることに違いない。意識的なゆがみが出ると、せっかくの自己評価も本来の意義を失うことになりかねない。

　このように考えると、自己評価は、教育訓練や能力の開発にねらいがあるのだから、できればそれだけを人事考課からは切り離して、自己評価と上司の能力チェックで１セットとし、これを別個に行い、これについては、すべてを部下に対しフィードバックすることとしたい。そのフィードバックを通じてもう一度職務基準、等級基準を確認すると同時に、短所については、いかにこれを修正するかについて将来の方向を上司と部下とで探りあう。このようなしくみが望ましいのではなかろうか。とするならば、人事考課自体を、いわゆる一般の成績考課、能力考課のほかに、自己評価とフィードバックをかみ合わせた、もうひとつの"能力診断"をかみ合わせてみることが考えられる。

　以上を要約すればⅣ―10図のようになる。

2　層別区分

　要求される能力は職掌系列によっても、また技能段階によっても、その内容は異なる。とするならば、前節で述べた人事考課の構成とか、または考課要素の選択においては、当然そういった職掌系列とか、技能段階別の層を区分し、層別で様式書を設定するなり、着眼点を変えるなり、要素の選択を行うことが必要である。つまり人事考課は、層別区分のしくみが要求される。

3 設計上の留意点（その2）—考課要素と層別区分

Ⅳ—10図　能力把握システム

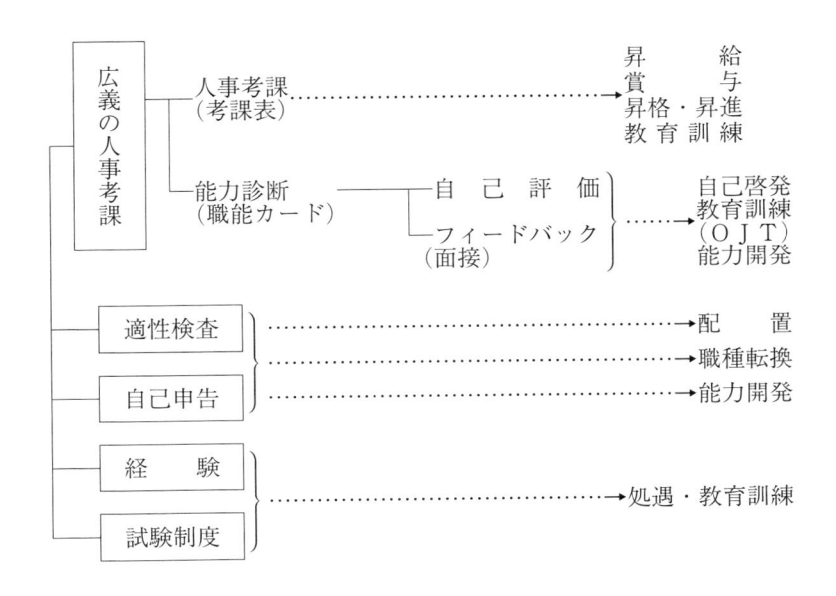

```
                  人事考課 ……………………→ 昇　　給
                 （考課表）                    賞　　与
広義                                          昇格・昇進
の                                            教 育 訓 練
人
事    能力診断 ──┬─ 自 己 評 価 ┐      自己啓発
考   （職能カード）└─ フィードバック ┘ …… 教育訓練
課                  （面接）                  （OJT）
                                              能力開発

  ┌ 適性検査 ┐ …………………………→ 配　　置
  │          │ …………………………→ 職種転換
  └ 自己申告 ┘ …………………………→ 能力開発

  ┌ 経　験　 ┐
  │          │ …………………………→ 処遇・教育訓練
  └ 試験制度 ┘
```

Ⅳ—11図　人事考課の層別区分

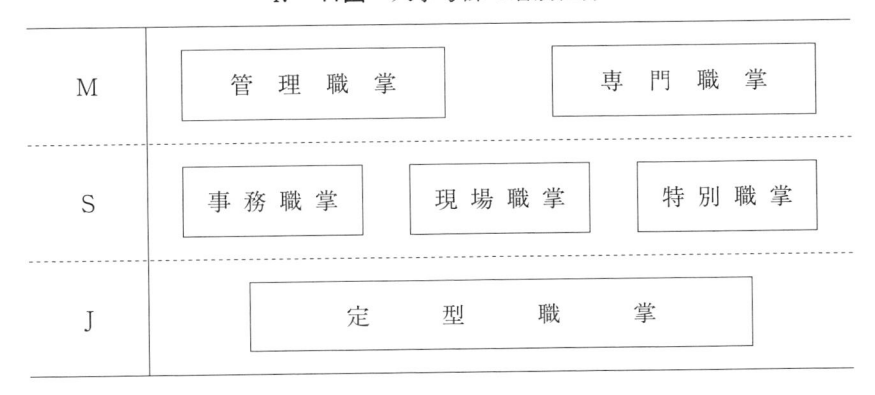

M	管理職掌		専門職掌
S	事務職掌	現場職掌	特別職掌
J	定型職掌		

人事考課は少なくともⅣ—11図程度の区分が望まれよう。つまり、職能階層としてはジュニアクラス（一般業務職）と、シニアクラス（中間指導層クラス）と、マネジメントクラス（管理職および専門職掌クラス）の３つ、一方、職掌系列としては、現場系列と、管理・事務系列、および特定の資格免許なり労働態様をもつ特別職掌の３区分である。これらをかみ合わせると、①管理職掌、②専門職掌、③管理・事務、④現場（生産とか販売）、⑤特別職掌および⑥ジュニアクラスの６つである。

このような層別の考課の要素の重点を一覧するとⅣ—４表のようなものになるであろう。

いずれにしても管理職もジュニアクラスも、現場も事務も、ただ１枚の考課様式で律してしまおうとすることは、誤りが多いし、それは漠然としたイメージ考課に陥ってしまうことを意味する。できるだけ層別区分を厳密に考えていきたい。

ただし、人数が少ない中小企業の場合、あまりこまごまとそのような様式書を作ることは逆に問題が多いかもしれない。そのような場合においては、様式書は１つでよいと思う。そのかわり、あくまでも部下をみる場合には一人ひとりの職務基準、等級基準を頭の中で確実に整理しまとめ、それをベースとしてみつめていく、というしくみが必要で、それがあるならば、必ずしも職掌別、技能段階別に違った様式書を使う必要はないと思われる。人事考課の要諦は、あくまでもその考課基準を個人別に意識し、確認するところにねらいが置かれていなければなるまい。

なお管理職については、一般職と違って、業績考課と試験と適性観察の３つをもって構成することも考えられる。業績が能力を表すと考えられるからである。

管理職の人事考課 ┬ ①業績考課（発揮能力）
　　　　　　　　├ ②試　　験（保有能力）
　　　　　　　　└ ③適性観察

3　設計上の留意点（その2）—考課要素と層別区分

Ⅳ—4表　層別にみた考課要素の重点の置き方

要素	M		S			J	
	管理	専門	事務	現場 生産	現場 販売	特別	定型
成　　績	○	○	○	○	○	○	○
規　律　性						○	○
協　調　性			○	○	○		○
積　極　性	○	○	○	○	○		
責　任　性	○					○	
知　　識		○	○				
技　　能				○	○		
体　　力				○	○	○	○
判　断　力	○		○			○	○
企　画　力	○	○	○		○		
折　衝　力	○		○		○		
指　導　力	○						

（昇給、昇格、賞与などに活用する場合は、それぞれウエイトは変化する）

3　実施時期

　さきほど人事考課の設計において、成績考課は年2回、情意考課も年2回、そして能力考課は年1回、適性観察は5年に1回程度、このような説明を行ったが、しかしこれは、あくまでも1つの考え方として示したものであって、各企業の置かれているいろいろな諸条件によって、この実施時期は増やしたり減らしたりすればよいと思われる。

　なお、これは必ずしも時期の問題とはいえないが、留意すべき点は、人事考課を実施する場合、やっつけ仕事とか、片手間で行うようなものであってはならないということである。十分に時間をかけ、じっくりと個人個人の職務基準、職能要件（等級基準）を念頭に置きながら、各人の行動を観察し、分析をしていくという態度で臨まねばなるまい。短時日のうちにぱっと人事考課様式を配って、ろくな説明も行わず、いついつまでに出していただきたいなどといって提出させ、それをあとで調整してしまう。このような人事考課は、あまりにも問題が多いし、そのような人事考課は、所詮実施しても従業員から信頼をもたれることはできないから、実際的に結果を活用することもできない。労多くして功少なしとは、まさにこのような人事考課をいうのではなかろうか。

　人事考課様式はなるべく簡単なのがよい。簡単でも、問題はそれをどう現実の問題の中で適切に運用するかである。私は、人事考課というのは、様式の精密さではないと思う。

　問題は、それを運用する側の精神、姿勢、態度、考え方、基準の確認、こういったところにすべてがあるといえるのではなかろうか。それはすでに第Ⅰ章の"問われる上司の姿勢"で述べたところである。じっくりと時間をかけ、人事考課を実施するように配慮することが望まれる。

3 設計上の留意点（その2）—考課要素と層別区分

Ⅳ—12図　用意さるべき様式の種類

```
                    ┌個人別の課業分担一覧表┐(ミッションシート)
                              ⇩
              ┌─────────────────────┐
              │         ┌成績考課┐       │
  ┌人事考課規定┐→│  考課表 │情意考課│       │←┌考課者訓練マニュアル┐
              │         └能力考課┘       │
  ┌解説パンフレット┐→│                           │→┌考課結果要約表┐
              │         ┌自己評価┐       │
  ┌手  引  書┐→│ 職能開発│指導計画│       │
              │  カード │自己啓発│       │
              │         └        ┘       │
              └─────────────────────┘
                              ⇧
                    ┌職種別等級別職能要件書┐
```

4　作成すべき様式書の種類

　さて、人事考課を実施するにあたって、どのような資料が作られねばならないか。

　周辺のものとして人事考課規定、人事考課を説明するためのPRのパンフレット類、人事考課の手引書、考課基準となる職種別等級別の職能要件書、さらに個人別の課業分担一覧表、考課者訓練マニュアルなどがある。

　直接的な考課表として、成績考課表（A表とB表）、能力考課表（A表とB表）、業績考課表、そして5年おきの人材評価表があげられる。

4 （参考）さまざまな考課方式

　人事考課には、考え方としていろいろな方式がある。
　例えば、考課される従業員本人と、それを考課する上司との関連からして、それぞれの段階で違ったものをとることもあり得る。
　すなわち、一次考課者たる係長または現場班長の場合、本人といちばん接触は深い。したがって細かい問題はよく観察することができる。しかし大きな立場から、この部下はどうだという、いわゆる位置づけ的な評価はできにくい。接している範囲も狭いからである。
　ところで部長クラスのような、いわゆる三次考課者となると、じつに多くの人に広く接触している。したがって、従業員の能力の総体的な位置づけということになると、より正しい考課の感覚を得ることができよう。しかし反面、細かい事実の確認ということになるとほとんど無理であろう。
　一方、二次考課者たる課長ということになると、まさに中間的であり、細かいこともわかるし、ある程度全体の中での評価や位置づけも可能である。したがって人事考課方式も、可能ならば一次考課、二次考課そして三次考課によって、違った様式がとられるならばなお望ましいであろう。
　たとえば一次考課は、あくまでも事実の観察ということを前提においた記録法とか、指導法とか、執務基準法とか、職能開発カードを通してのこのような方式が望ましい。続く二次考課者の考課方式としては、これはいろいろな要素別の分析的な方法がとられるべきであり、その方式としては、たとえば段階択一法とか、尺度法のような要素別分析方法がとられるべきではなかろうか。さらに三次考課者たる部長クラスの考課ともなれば、かなり概括的な判断が行われてもいたしか

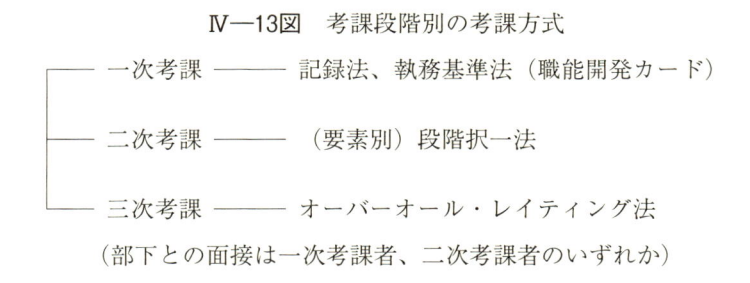

4 (参考)さまざまな考課方式

Ⅳ—13図　考課段階別の考課方式

```
├── 一次考課 ─── 記録法、執務基準法（職能開発カード）
├── 二次考課 ─── （要素別）段階択一法
└── 三次考課 ─── オーバーオール・レイティング法
```
（部下との面接は一次考課者、二次考課者のいずれか）

たあるまい。たとえばオーバーオール・レイティング法などのごとくである。

このように、人事考課を行う場合、一次、二次、三次によって、本人との関連も異なるのであるから、その関連性の特性を活かした形で人事考課は設計されることも考えられる。一次考課も、二次考課も、三次考課も同じ方法で、そして一次考課をつけたものを二次考課者が修正し、さらに三次考課者が修正しながらつけていく、というようなあり方では、せっかくの一次、二次、三次考課が、効果を発揮し得ない場合がある。

この3つの考課というものが相異なっている場合、それが著しく隔たっている場合には有意性なしと考えて却下してもよいが、ある程度類似しているならば、一定のルールで、これを総合考課すればよいのではなかろうか。総合評点する場合においては、たとえば二次考課者の考課にもっとも重点が置かれるとするならば、1つの例を示せば「三次考課、1」対「二次考課、2」対「一次考課、1」というようなウェイトとなる。

さて、では人事考課の方式として、一般にはどんなものがあるだろうか。ひと通りながめておくこととしよう。

1　人事考課の各種の方式

　各種の基本的な考課方式を参考までに述べると、記録法、絶対考課法、相対考課法の３つのタイプに分けて整理すると、Ⅳ—14図のようになる。

　記録法は、その性格からいって、さらに３つのタイプからなり、絶対考課法、相対考課法も、それぞれ４つのタイプからなる。つまり全体として、およそ11のタイプからなるといってよい。

　第１のタイプから、第11のタイプに近づくにつれて、精密かつ客観的なものから、漸次、概括かつ主観的判断的なものとなる。第１のタイプは、事実の細かい記録にすぎないが、第11のタイプともなると、まったく概括的な考課格付法である。他の第２から第10に至る９つのタイプの方法は、まさにこれらの２つの中間にあり、少しずつ性格を変化させている。客観性からすれば、もちろん、第１、第２、第３のグループがもっとも高く、第８、第９、第10、第11のグループが客観性は低い。

　人事考課の方法を選ぶには、まず、これら全体の内容と性格をよく研究し、その上に立って各段階や目的にもっとも適した方法を選び、さらにそれを独自に開発工夫していくようにすべきだろう。

　そこで、以上の各グループごとに、１つひとつの方法の内容と特質を簡単に説明しておくことにしよう。

　　(1)　第１グループ……長所と短所の記録法、定期的記録法、勤怠記録法

　このグループは、日常の行動の事実についての完全なる記録である。
　①　長所と短所の記録法……主として現場向きであるが、日常の生産や加工や販売や輸送やサービスの、なし遂げた量や、質としてのできばえを、長所と短所に区分し一定の様式にしたがい従業員ごとに記

Ⅳ—14図　人事考課の諸方式

```
┌ A 記　録　法 ┬ 1 長所と短所の記録法　定期的記録法　勤怠記録法
│              ├ 2 業績報告法
│              └ 3 指導記録法
├ B 絶対考課法 ┬ 4 減点法　執務基準法
│              ├ 5 成績評語法　人物評語法
│              ├ 6 プロブスト法　強制択一法
│              └ 7 図式尺度法　段階択一法　評語考課法
└ C 相対考課法 ┬ 8 相対比較法　人物比較法
               ├ 9 分布制限法
               ├ 10 成績順位法
               └ 11 オーバーオール・レイティング法
```

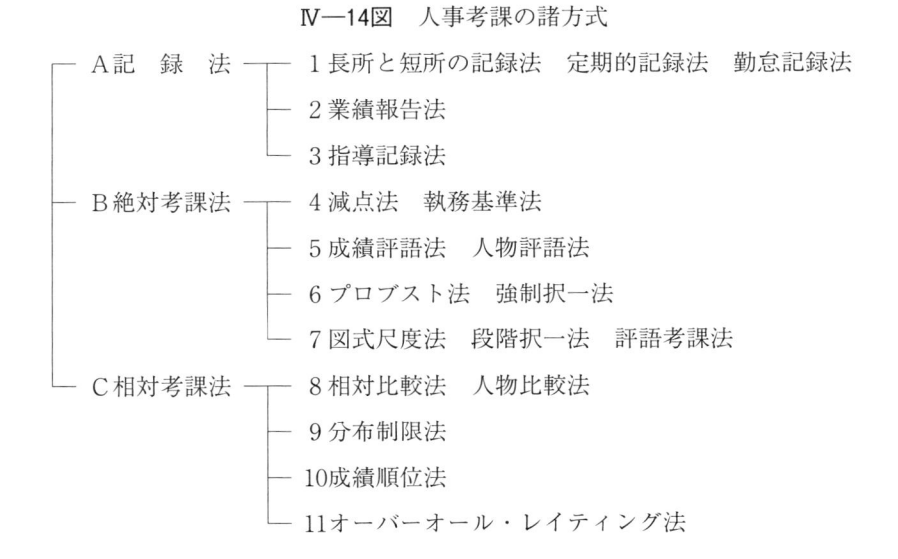

録していく。そして、その結果を一定の基準で整理し、各人の能力を考課するという方法である。

②　定期的記録法……行動記録法が面倒であったり、まいろいろの都合で実施しにくい場合、この定期的記録法がとられる。つまり、定期的記録法は、文字通り定期的に特定の期間を設け、その期間における業務のできばえを綿密に記録し、それをもって、全期間の業績の考課を行うものである。

行動記録法に比べ確かに実施しやすい面をもってはいるが、期間の設定を上手にやらないと問題があるといえる。

③　勤怠記録法……これは、もうどこでもやっているのであらためて説明するまでもないが、出欠勤、遅刻早退の記録をもとにして、執務態度の考課を実施するものである。単に、出勤率のみでなく、その理由もあわせ記録することにより、指導訓練や能力考課に役立つ。

以上3つの方法は、主として業務結果から発揮能力を考課すること

をねらいとしているが、もちろん、これを細かく分析することにより、潜在能力を推してはかることもできる。

(2) 第2グループ……業績報告法

各人の業績が細かい記録に基づく考課であることについては、第1グループと変わりない。しかし、第2グループよりも一層整理された形で記録が行われる。つまり、単なる事実の記録にとどまらず、それが、長所とか短所とかに整理されてまとめられ、しかも、むしろある考課の裏付け証拠という形で事実が例証されるわけで、挙証考課法（オッドウェー方式）と呼ぶこともできる。たとえば"きわめて協調的であった"という考課が報告される場合、その具体的事実が、細大もらさず、あわせて記録されるといったしくみである。

業績報告法は、第1グループの方法に、若干の考課が加えられている点で特徴的であり、わかりやすさをもっている。従来の人事考課が、ともすれば、恣意的になりがちであったことの欠点を補う意味において、ぜひ取り入れたい方法であるといえる。

(3) 第3グループ……指導記録法

前記の業績報告法に、さらに考課者の指導事実をも追加記入させることにより、より一層の客観性と、能力の開発という積極性を加味させることをねらいとしたのが、この指導記録法である。つまり、指導記録法においては、一定の評価がまずなされ、ついでその考課を裏付ける数々の具体的事実が記入される。ついで、それらの短所や長所に、考課者自身たる指導者ないし監督者は、どのように対処し、指導訓練を実施したか、その事実の記入をあわせて行う。のみならず、その指導訓練の結果の如何が、数カ月経ったのちに再び記入されるべく、アフターケアつきとなっている。

このように、指導記録法は、業績考課――具体的事実による裏付け

——指導——指導後の観察というステップを踏んでいる点で、他の人事考課とはかなり違った、高度の性格と内容をもっているということができる。

　以上、記録考課法の5つのタイプについてみたが、これらを実施するうえで、とくに問題となるのは、それが、いわゆるえんま帳的性格にならないよう配慮すべき点である。えんま帳となるかならないかは、一にかかって、考課記録者の態度と考え方如何にかかっている。一定の基準を設け、その基準にのっとって客観的に事実を記録する。欠点はただちに修正し訓練しその人の能力を引き上げてゆくという考え方と態度を前提とする、たえず考課者と被考課者との間に意思の交流が円滑に行われていく状態を保っておく、考課者が独善的に陥らないよう決意する、といったことが記録考課法の条件となる。これらの条件が満たされない場合の記録考課法は、いたずらに職場内にとげとげしい、萎縮した空気を募らせるのみで、マイナス効果しか発揮し得ないこととなろう。

　こういった意味では、記録法は、考課者自身に、高い職能意識を要求することとなり、むしろそういった意味で、この記録法は、高い価値をもつといえよう。とくに指導記録法の場合、指導実績と指導後の観察をも要求するゆえに、職能意識の高揚はもちろん、あわせて、中間指導者の指導能力考課や職能知識考課を可能にする点において、すぐれた効果をもっている点が指摘できる。

　一次考課としては、この記録考課法をとることが望ましいといえるが、記録法の中でも、指導記録法が、上にあげた理由からして、とくにすぐれていると考えられる。

(4)　第4グループ……減点法、執務基準法

　これらの方法は、さきの記録法を、もっと一定の基準で、コンパクトなものに整理したもので、記録法と絶対考課法の中間に位置する。

Ⅳ—5表　減点法のしくみ

課　業　項　目	減点基準	減　点	備　考
新しい資料の整理はたえず十分に行われているか	5		
計算は正しく行われているか	5		
グラフの類型は適切に選ばれているか	3		
他部課からの連絡事項の伝達は十分行われているか	2		
考　課　項　目	100	減点計 …点	

①　減点法……職務ごとに、標準的な職務遂行基準が、具体性をもったいくつかの内容項目で設定され、その標準的な執務基準に照らして、執務行動がずれた場合、一定の減点基準で減点されていき、その減点の総合計をもって考課が行われるというしくみをもつのが、この減点法である。したがって、減点法を取り入れるには、職務分析、職務標準化が必要であり、さらにそれに基づき、いくつかの点検項目ごとの減点基準が、具体的に設定されねばならない。

現行の自動車運転免許試験（実技試験）が、この減点法を採用しており、客観的に、運転技能の考課が行われるよう配慮されている。

減点法の考課表の一部を例示してみよう。Ⅳ—5表がそれであるが、このように項目ごとに、その重要度にしたがって、減点基準が設定されており、その範囲内において、考課者の判断により、減点が行われる。この方法は考課者の判断が入り込む余地があり、この点において、記録法とは区別される性格をもっている。ただし、具体的事実において、その判断の指摘がなされる点において記録法と本質的に類似しており、絶対考課法としての特徴がある。

② 執務基準法……1つの職務は、いくつかの課業からなる。その課業ごとに、細かい執務基準を決めておき、この基準に照らして、プラス（基準以上の成績）、マイナス（基準以下の成績）、フラット（基準通り）の符号をチェックしていき、その総合により、考課する。これが執務基準法（課業別遂行度）である。執務基準法の骨子は、まさに、細かく具体的に設定された職務基準にあり、それは、職務分析に基づき、課業ごとに設定されている点で特質がある。

減点法と近似しているが、減点法が、考課しやすいいくつかの考課項目ごとに若干の範囲をもった価値判断が行われるに比し、執務基準法は、必ず課業項目ごとの執務基準が考課基準となり、プラスかマイナスかフラットかのいずれかが判断される点において、性格的には記録法の原型に近く、それだけ素朴であるといえよう。

以上でわかるように、この2つの方法は、課業ごとに執務基準が得られるような部門において、しかも職務分析と職務標準化が十分なし得ている場合、きわめて有効な能力考課の方法であるといえる。

(5) 第5グループ……成績評語法、人物評語法

成績、または人物を考課する評語をたっぷり用意しておき、これらの評語を用いて、被考課者の能力を考課させる方法である。また、評語をいくつかのグループに整理して並べておき、これらの中の該当評語にチェックさせることもある。ともかく、あらかじめ用意された成績評語、人物評語を用いて、発揮能力や執務態度を考課することとなる。考課者が被考課者の能力を記述する場合、記述用語の発見に苦慮する場合が多く、これが、考課を狂わせることがあるが、これを避け、考課をスムーズにさせる効果をもつ。

評語には、あらかじめ評語ごとに、プラス、マイナス、または評点が用意されており、これは、考課者には知らされていないが、事務当局（総務課）で考課結果がこれにより計量され、能力レベルが把握さ

れるしくみをとる場合もある。

　この方法は合理的な面をもっているが、評語を用意する場合、職務ごとに、職務基準なり職務能力要件が、第4グループと同じく明確になっていなければならず、それが重要な前提条件となる。

(6)　第6グループ……プロブスト法、強制択一法

　一定の評語群が用意され、そのいずれかにチェックされることによって、考課が行われる点においては、前者の評語法と同じであるが、評語群が一定の秩序なり、一定の段階をもって準備される点において、特徴がある。

①　プロブスト法（アメリカのプロブスト委員会のチェックリスト法）……成績や執務態度や能力や性格に関するきわめて具体的な、かつわかりやすい多くの短文（評語）があらかじめ用意される。これらの評語は、長所をあらわすもの、短所をあらわすものによって構成され、それらがまぜこぜになって並べられる。考課者は、被考課者にこれらの多くの短文の中から、とくに確信のもてるもののみチェックしていく。チェックされたものを総合し、能力考課がなされる。

　これがプロブスト法の輪郭だが、短文がアトランダム（任意）に並べられること、確信のもてるもののみチェックすること、この2つがこの方法の特徴であり、これによって、人事考課のもつ、論理誤謬やハロー効果を防止する役割を果たそうとしている。

　論理誤謬とは、たとえば、判断力が高ければ当然企画力も高いはずだというように、理屈をつけて考課を進めていく誤りであり、ハロー効果とは、1つの項目がよいとあとの項目もみんなよいと考えてしまう誤りである。

　プロブスト法は多くの長所をもっているが、一面、通常この考課短文が非常に多く用意されねばならず、適切な考課短文を用意するわずらわしさのために、中小企業では、現実的にはなかなか実施されにく

い性格をもっている。

② 強制択一法……プロブスト法が、確信のもてる評語にのみ任意にチェックする方法をとっているのに対し、強制択一法においては、いくつかの評価を1セットとし、いく組ものセットに分類整理して用意されその1つのセットの中から、必ず1つの評語にチェックがなされるというやり方をとる。この際、1セットの中には、同等の価値をあらわすが、内容はまったく無関係のものが組み合わされて並べられるという周到さが要求されている。これはプロブスト法と同じく、ハロー効果や論理誤謬を排除することをねらいとしている。

この方法も、実務的には、評語のセットを用意することのむずかしさがあるため、中小企業ではとられにくい。

(7) 第7グループ……図式尺度法、段階択一法、評語考課法

能力の高さを段階的にとらえる方法で、絶対考課法の中では、もっともわかりやすく、実施しやすい。従来、日本における各社の人事考課は、この方法のいずれかによっている場合が圧倒的に多い。

① 図式尺度法……要素ごとに、その段階の程度を示す目盛をもった直線的な尺度を用意し、該当する箇所にチェックすることによって考課が行われる。視覚に訴える点で直観的であり、理解しやすいが、反面、具体性がかなり薄らぎ、観念的に陥りやすい。また微妙な変化まで正しく考課できるかどうかが疑問で、このチェックされた位置で考課を下す場合、ある範囲をくくって結局は判断することとなる。

② 段階択一法……図式尺度法の場合、考課基準がややあいまいとなるので、尺度のかわりに段階的能力基準を示す短文を作り、これのいずれか1つにチェックすることにより考課をしていく。本質的には図式尺度法と何ら変わりない。

《段階択一法における考課基準》
　仕事の成果——よい業績をあげたか

Ⅳ—15図　図式尺度法における考課尺度

```
仕事の正確性 10      8      6      4      2      0
             ├──────┼──────┼──────┼──────┼──────┤
             非常に正確 正　確  普　通  不正確 非常に不正確

仕事の速度   10      8      6      4      2      0
             ├──────┼──────┼──────┼──────┼──────┤

協　調　性   10      8      6      4      2      0
             ├──────┼──────┼──────┼──────┼──────┤

判　断　力   10      8      6      4      2      0
             ├──────┼──────┼──────┼──────┼──────┤
```

　　○非常に優秀な業績をあげた
　　○優秀な業績をあげた
　　○大体良好な業績をあげた
　　○業績をあげたというほどでもなかった
　　○仕事の成果は不十分であった
　規律性——規律正しく職務を遂行したか
　　○規律正しく職務にきわめて熱心で他の模範となった
　　○規律正しく職務に精励した
　　○大体誠実に勤務した
　　○忠実に勤務したというほどではなかった
　　○勤務態度によくないところがあった

③　評語考課法……甲、乙、丙、丁、戊とか、秀、優、良、可、不可とか、5、4、3、2、1など、段階を示す符号（評語）を決めておき、要素ごとに、該当する符号（評語）を用いて能力を考課するというやり方である。これも、前二者と本質的には何ら変わりない。

(8)　第8グループ……相対比較法、人物比較法

　小人数の場合、このいずれかの方法も有用であるが、多人数となる

と、とってもおっつかない。相対比較法は、被考課者を２人（または数人）ずつを組とし、その組ごとに、いずれがすぐれているかを比較していき、これを順次繰り返すことによって、全体の能力の順位を求めていくというものである。

また人物比較法は、要素ごとにないしは要素の段階ごとに、標準的人物を選定しておき、この人物を基準として各人の考課を行っていくやり方で、考課基準を具体的な人物で表現している点で特徴がある。

(9)　第９グループ……分布制限法

ある１つの考課集団ごとに、Ａは全体の５％、Ｂは15％、Ｃは60％、Ｄは15％、Ｅは５％というように、あらかじめ考課分布を限定しておくやり方で、絶対的価値判断でなく、あくまで相対的価値判断で相対考課のもっとも典型的なものといえよう。甘辛誤謬や対比誤謬を避ける点で効果はあるが、実際の集団間の能力格差をも消してしまう点で問題が多すぎる。

(10)　第10グループ……成績順位法

考課要素ごとに、被考課者の順位を決めるやり方である、無理やりに順位を決めさせる点において難点があり、考課集団のとり方如何によっては、意味がなくなる。つまり同一職務、同一職能を前提とした考課集団を設けなければ、意味がない。

(11)　第11グループ……オーバーオール・レイティング法

総合的に全体をみて、概括的に、従業員の能力や、成績の位置づけを行うもので、高い位置からの概括的な考課である。

ともあれ、第８グループから第11グループまでの相対考課法は、記録法や絶対考課法の分析的具体的考課結果を、高い次元から概括的に判断し直し、記録法や絶対考課法ではとらえ得なかった間隙を穴埋め

し、直観的常識的納得性を付与する点において効果があるといってよい。

2 考課表と職能開発カード

一次考課が、前述の「執務基準法」(職務基準や職能要件に基づいた項目別のプラス、マイナスのチェックつまり課業別遂行度)をとるならば、これを、二次考課以下の考課基礎とするとともに、職能開発カード(能力診断表―能力カルテ)としてまとめ、本人へのフィードバックと、教育訓練(職場内訓練)と能力開発に役立たせることが可能となる。

しかし、一次考課が、二次考課と同じ方式つまり段階択一法をとるならば、この人事考課とは別個に、職務基準や職能要件をベースとした職能開発カードを作成し、これを用いて能力診断を実施し添付すると同時に、本人へのフィードバックのための資料としなければならない。

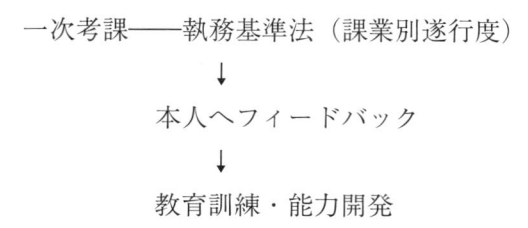

　　　一次考課――執務基準法(課業別遂行度)
　　　　　　　　↓
　　　　　本人へフィードバック
　　　　　　　　↓
　　　　　教育訓練・能力開発
または
　　　人事考課(従来のものをそのまま用いる。ただし、できるだけ簡潔にする)
　　　別個に職能開発カード(課業別遂行度)を添付し、
　　　　　　　　↓
　　　　　本人へフィードバック

いずれをとってもよいが、できれば、前者をとりたい。

ともあれ、従来の人事考課はそのままにしておくとしても、別個に

4　（参考）さまざまな考課方式

職能開発カードをきちんと設定し、客観化をはかるとともに、育成に役立つ人事考課に転換をはかりたい。

職務調査を実施し、職務基準、職能要件を明らかにし、これをベースとして、項目ごとの評価を実施し、これを各人へフィードバックすることが、従来の人事考課の改善の基本的方向であるといえよう。職能開発カードは、職務調査や面接制度があってこそ有効となる。

以上とも関連して成績考課と能力考課については、つぎの形を考慮することが必要であろう。

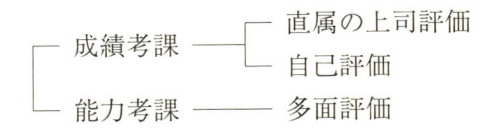

```
┌ 成績考課 ─┬ 直属の上司評価
│           └ 自己評価
└ 能力考課 ── 多面評価
```

(1) フィードバックと人事情報システム

人事考課の結果はフィードバックされる必要がある。しかしここで留意したいのは、フィードバックといっても、従来のような人事考課をそのままフィードバックしてもあまり有意義ではあるまい。フィードバックするからには、もっとキメの細かい職能開発カード（課業別遂行度や能力別分析書）を設定し、これを活用する必要があると思われる。そのためには、人事考課の全体を次のようなA表、B表およびC表の3つをもって構成する必要があるように思われる（Ⅳ—16図参照）。

A表……職能開発カード（本人へフィードバック）
　　　┌ 課業別遂行度、能力項目別修得度（上司評価）
　　　│ 自己評価、上司所見（情意、精神的習熟能力）
　　　│ 教育訓練コース指示
　　　│ 　　　（階層別教育、専門教育、OJT、自己啓発）
　　　└ 自己啓発、一定期間後の確認

B表……人事考課（できるだけ簡単に）

第Ⅳ章　人事考課制度の設計と運用

Ⅳ—16図　人材評価システム

```
       B表              A表              C表
    （人事考課表）  （職能開発カード）  （アセスメント）
  ┌─────────┐  ┌─────────┐    ┌─────────┐
  │ 成績考課 │  │ 課業別遂行度 │    │ 性　　格 │
（│         │←│ 項目別修得度 │    │ 健　　康 │
人│ 情意考課 │  │ 自 己 評 価 │    │ 適　　性 │
事│         │  │ 上 司 所 見 │    │ 特　　技 │
当│ 能力考課 │  │ 自己啓発プラン│    │ 容　　姿 │
局│         │  │ チャレンジ  │    │ 自己申告 │
へ└─────────┘  └─────────┘    └─────────┘
提   （できるだ       ⇓              ⇓
出    け簡潔に）  フィードバック    ５年に１回
）              （面接をベース）    程度実施
                  とする          し、継続的
                   ⇓             に保管する
              ┌─────────────────────┐
              │ 能力育成、自己啓発、適正配置 │
              └─────────────────────┘
```

（一定のルールで計量化）
（昇進・昇格、昇給・賞与）

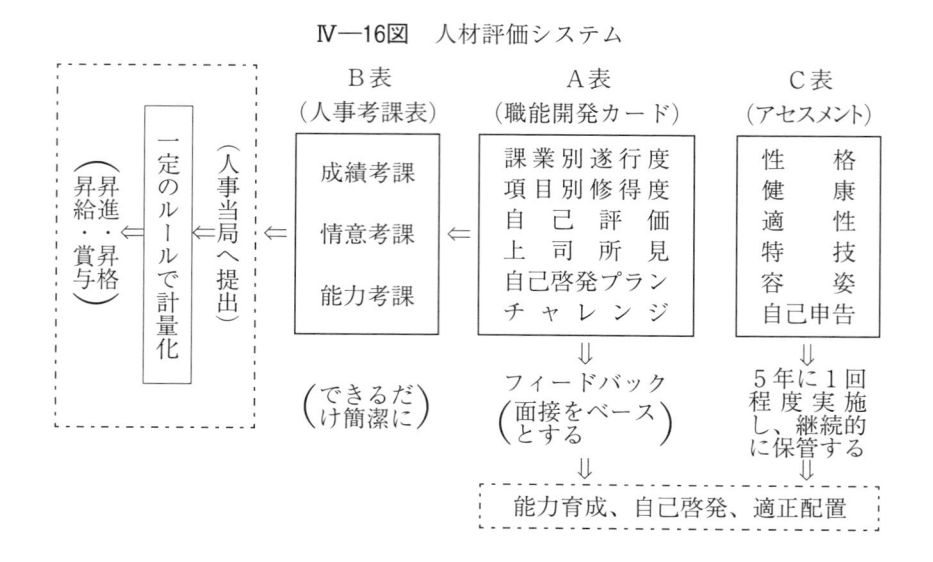

　　　　（成績考課、情意考課、能力考課）
　Ｃ表……アセスメント（５年に１回）
　　　　（健康、性格、適不適、自己申告）

　人材を開発し、活用し、公正な処遇を行っていくために、これからは人事に関する多面的な情報がより有効、適切に利用されていかねばなるまい。このような多くの情報を、よりすばやく、かつ正しく、かつ有効に活用していくためには、人事情報管理システムを確立、整備していく努力が望まれる。最近においては、すでに多くの企業ではコンピュータを用いての人事情報管理システムの検討が進んでいる。たいへんよいことだと思う。しかし、あくまでも最後は人間の判断をまつ以外にはない。

(2)　その設計と運用

　Ｂ表は、従来の人事考課であり、これは、できるだけ簡潔にやることが望まれる。Ｂ表は人事当局へ提出され、然るのち、一定のルール

4　（参考）さまざまな考課方式

様式例Ⅳ—4　職能開発カードのサンプル

あなたの能力を伸ばすカード

| 所属＿＿＿＿ | 資格＿＿＿＿ | 氏名＿＿＿＿ | 記入者　印 | 課長　印 |

課業	レベル	遂行度	教育計画	
			ＯＪＴ	
			専門別	
			階層別	
			自己啓発	
			上司の意見	よい点　改善すべき点
			情意　規律性	
			協調性	
			責任性	
			積極性	
			習熟度　段取り	
			理解力	
			表現力	
			知能・技能	

で計量化される。そして、それが昇進、昇格、昇給、賞与へ適用されていく。

A表は、B表の内容明細であると同時に、フィードバックされ職能育成に直接つながっていく。A表（**様式例Ⅳ—4**）は、きわめて具体的な項目をもって構成される。

課業別遂行度……成績がよいとか悪いとか単にいうのでなく、職務を構成する課業別に、その遂行の度合いを、＋（期待し要求するレベルを上回った）、±（若干問題はあるが業務に支障がなかった、つまり期待し要求する程度であった）、－（期待し要求するレベルを下回った、つまり業務に支障が生じた）という形で考課する。これによってどの業務がまだだめで、どの業務が十分であるかがはっきりする。納得性もあるし、努力目標も立てやすい。

項目別修得度……知識、技能の詳細な項目ごとに、＋、±、－をもって考課する。

自己評価……自身でまず、課業別遂行度、項目別修得度を、＋、±、－の3つをもって評価する。

上司が評価したのち、両者を対比しながらフィードバックが行われる。自己評価で必要なのは、①具体的な評価方式であること、②まずシニアクラスからはじめること、の2点である。

上司意見……人事考課は、過去と現在の評価で終っている。将来についてはふれていない。しかし、能力開発となれば、将来に対する展望が必要である。それは、動機づけともなる。

自己啓発プラン・チャレンジ……A表は、上から下だけにでなく、下から上に対しても能力開発のための意見や希望や決意が述べられ、上司と部下との間のパイプの役割をもなす。

C表は、人事考課には入れずアセスメントとして行なわれる。

5 運用上の要件

(i) 職務調査――「等級基準」と目標面接――「職務基準（役割）」の明確化

　まず何よりも等級基準と職務基準を明らかにすることだ。すでに述べたように職務基準とは、各人に対して、どのような仕事が期待され、要求されているかであり、等級基準とは、各職種、各等級の人がどのような能力が要求されているかである。人事考課を実施する手順のスタートは、まずこの職務基準と等級基準を明らかにすることである。

　等級基準は、一定の簡潔な職務調査に目的をしぼってシャープに行い、職種別、等級別に整理し文書化する。職務基準は、上司と部下のねんごろな面接・対話を通して確認していくという形が望ましい。

　すなわち職務調査を実施し、等級基準が職種別、等級別に整理され、文書化されたならば、それをベースとしながら上司は部下の一人ひとりについて、課業分担表を作りながら目標、面接をし、職務基準を明らかにしていかなければならない。

　"あなたはこのような仕事を、このような手順で、いつごろまでにどれだけのことをやらなければならないことになっている"と。そしてさらに"これをやり遂げるためには、あなたは能力については、具体的にこういうものが、要求されている"と。

　このような形で、部下と上司の間で確認がなされていなければなるまい。これが、面接、対話、修正、確認のステップである。これをいかに今後、企業の中に浸透させていくかが課題であろう。これはいっせいに制度化し、義務として行うのではなく、むしろ随時職場指導者がこれを実施するような、そういうムードなり、考え方を、企業の中にいかにつくりあげていくかが大切であるといえる。面接は技術では

ない。あくまでも精神の問題である。
　(ⅱ)　考課者訓練
　さて、人事考課を実施していくためには、考課者の考課能力を引き上げると同時に、各考課者の価値基準を、できるだけ統一調整していく必要がある。これがいうなれば考課者訓練である。
　考課者訓練を行わない人事考課の結果は、ほとんどまったく使いものにならないことを、肝に銘じておきたい。それは、考課者訓練を実際に実施すれば、おのずから明らかなところであろう。考課者訓練を進めることは、人事考課の社内における信頼性を高めるひとつの要因ともなる。これについてはあらためて詳説したい。
　(ⅲ)　フィードバック
　職能開発カード（課業別遂行度や能力診断表）は、一部は人事担当部門へ、一部は現場に置かれ、各人へフィードバックされることとなる。
　フィードバックは、職能開発カードをベースとして、育成面接という形をとって行われる。そして、十分相互に、ひざを交えて、心ゆくまで話合いがなされ、疑義について納得が得られるよう努力がなされる。職務基準、等級基準の再確認も必要だし、さらに、マイナスについては、これをどう修正していくかに関して、自己啓発、教育訓練、能力開発プランが設定される必要がある。
　フィードバックがなされることにより、人事考課の信頼性を高め、教育訓練の効果を一層高いものとすることが可能となる。
　(ⅳ)　メンテナンス
　人事考課は、一度設計したら、そのままでよいというものではない。企業の業務の内容も、職種構成も、いろいろの条件は変わっていく。人事考課の設計は、ある一定の条件のもとで作られてはいるが、その後におけるそのような変化に、たえず即応していくような形で見直され、修正されていかなければならない。

期の途中でも、各人の職務の大幅な変更があった場合においては、すかさず中間面接を行って課業分担一覧表を修正し、考課基準を再編、確認し合うことが必要である。

さらに必要なことは、このような人事考課が実際に行われていく過程で、当然考課者や被考課者からいろいろの不満や疑問が出てくることとなる。そのような不満や疑問をたえず人事当局は吸い上げて、それを人事考課に反映させ、改善していく努力がなされなければならない。

たとえば、"今回の人事考課を行うにあたって、あなたはどういう点で疑問を感じましたか""どういう点でとくにやりにくいと思いましたか""どういう点をもっと改善した方がよいと思いましたか"というような形でのアンケートを求めながら、人事考課改善をたえず考え続けていくことが、メンテナンス上、重要であるといえよう。

また、たとえば、考課者訓練などもしっかりやらなければならないが、考課者訓練というのはあくまでも考課者の価値基準の統一であるから、できるだけ具体的な日常の職場に起こりがちないろいろの問題をベースとして、研究事例が作られ、それをベースとして行われねばならない。

そのような事例の作成は、できれば中間管理者にいろいろと宿題として与え、そのようなケースを作ってもらう。それを考課者訓練に用いるというようなことにするならば、人事考課自体が非常に各管理者の身近なものに密着した形で、企業の中に定着していくこととなるのではあるまいか。

人事当局だけで人事考課を企画し、実施し、維持していこうとしても無理である。できるだけ総意を結集していくように考えたいものである。

(v)　自己評価制度と適性観察

以上が人事考課実施の手順であるが、この人事考課をより有効なら

しめるには、自己評価と適性観察をかみ合わせることが望ましい。

・日常の職務に関する行動についての観察──⎰ 自　己　評　価
　　　　　　　　　　　　　　　　　　　　　⎱ ↓
　　　　　　　　　　　　　　　　　　　　　　 上　司　評　価
　　　　　　　　　　　　　　　　　　　　　　 ↓
　　　　　　　　　　　　　　　　　　　　　　 話　　合　　い

・一般的な性格や能力についての分析──⎰ 自　己　申　告
　　　　　　　　　　　　　　　　　　　⎱ 適　性　観　察

　自己評価を実施することにより、職能開発カードのフィードバックはより高い効果をあげることとなろう。職務基準や等級基準に基づき、項目別にプラス、マイナスの形で自己評価がなされることが望ましい。

　人事考課はあくまで日常の職務行動に限定さるべきで、それ以外は、一切、人事考課はかかわり合いのないものとなる。しかし配置や能力開発をより的確に進めるには、現実の職務にこだわらず広い立場から、能力の把握と分析が必要となろう。それが、自己評価や適性観察の役割の分野である。

　自己評価については年1回、適性観察および自己申告については5年に1回の頻度で実施されるのが適切だと思われる。

6　配転と人事考課

　多能化、役職交代、構造変化などとの関連で、今後、職場移動、職種転換など各種の異動が当然活発になってくる。高齢化の中で企業の活性化をはかっていくには、人事異動は不可欠だとみなされる。ところでこのような人事異動つまり配転が、人事考課にどのような影響を与えるのかについて、従業員間で関心が高まっている。ともすると、

Ⅳ—17図　配転と人事考課

成績考課　　　　　　　　能力考課

Ⅳ—18図　配転と職歴開発

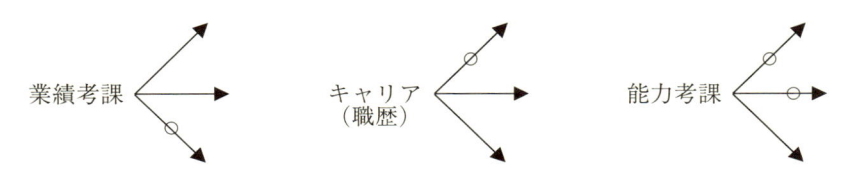

業績考課　　　キャリア　　　能力考課
　　　　　　（職歴）

不利益になりがちだからである。今後は、配転に伴う人事考課のあり方についての、明確な考え方とルールが必要となってくる。そこで原則的に、配転と人事考課の関係はどうあるべきかについて考えておくことにしよう。

① 配転時の人事考課

配転後のしばらくの間は、配転前に比べて評価は通常次のようになる性格をもつ。

(a) 成績考課は落ちない
(b) 情意考課も落ちない
(c) 能力考課は落ちる

成績考課は、職務の遂行度そのものであり、上司が賢明であれば、配転後は不慣れな部下に対し、職務基準のレベルも広がりもずっと落として設定するはずである。つまりやれる程度からスタートして、慣れるにしたがってバーの高さを少しずつ高めていく。バーは低くても低いなりにクリアすれば成績考課はよくつくのであるから、配転前に比べて評価は落ちない。もし、人員の都合などがあって、異動してき

た者に対し職務を落としたり狭めることができないなら、上司や同僚が援助する体制をしかなければならない。成績考課は、能力考課と違って、援助を受けても職務の遂行度が高ければそのままよいと評価されるわけであるから、やはりこの場合でも評価は落ちないはずである。情意考課については、納得のいく配転でさえあるならば、落ちることはない。

　問題は、能力考課である。新しい部門なり職種の職能要件を身につけているわけではないから、配転後は、通常は能力考課の評価は落ちる。一定期間の経過後、新しい部門の能力を身につけることによって、再び能力考課はもとのレベルに復元することになる。

　上述のような事情から、配転時の人事考課は、職務基準の与え方、能力考課の処遇への結びつけ方、の２つについてとくに配慮する必要があるわけである。

　②　能力考課と処遇

　職能資格制度には、通常、２ないし３年間の昇格のための最低必要年数が定められている。これは、能力を評価するには少なくとも２〜３年間は必要だということと、配転された者が、新しい部門で能力が元のレベルに復元するには２〜３年はかかる、ということの２つを意味している。つまり、配転された者が不利益をこうむらないよう、配転されない者も、２〜３年間は昇格できないようにしてあるわけである。そこで、この最低必要年数を十分に活用するには、配転異動は、できるだけ昇格直後に行うことが望ましい。

　また、配転後の能力考課は、能力開発のための資料という意味から実施はするが、処遇に対しては、猶予期間を設けて、一定期間は処遇には一切結びつけないようにするのが合理的である。この期間は昇格のための最低必要滞留期間に合致するようにしておけば問題はないし、もし処遇上必要ならば、配転前の考課の中で本人にとってもっとも有利なものを適用するといったルールを設けておけばよいことにな

る。

　なお、配転によって能力考課は一時期落ちるが、キャリアを広げたことにより、職歴要件の面では、昇格にとって有利となる。つまり、配転と人事考課については、とくに次の点が重要だということになる。

(イ)　配転後の職務基準はレベルを落とすか、落とせないならば援助を行う

(ロ)　配転は、昇格のあと実施する

(ハ)　職能資格等級には2ないし3年の昇格のための最低必要年数を設定しておく

(ニ)　配転後一定期間（猶予期間）は、能力考課は処遇に結びつけない。必要な場合は、配転前の考課を適用する

(ホ)　配転は、納得のいく形で計画的に実施する

　このようなしくみを設定しておけば、配転は当事者に不利益を与えないことになる。従来、こういった配慮が欠けている企業が多かったのが実情である。

第Ⅴ章　人事考課の活用

1　事態改善へのフィードバック

1　よりよき明日を求めて

　人事考課の結果は、どういう点で「期待し要求しているレベル」を満たしていたか、またはどういう点については満たしていなかったかという形で、できるだけ具体的かつ詳細に従業員各人にフィードバックされる必要がある。

　そして要求されている程度に到達していない点、つまりマイナスの符号がついた能力項目や課業については、今後の一定期間に是が非でもプラスに転化してしまう努力が開始されねばなるまい。

　その努力は本人と上司の、つまり本人と会社の両者が共同で負担すべき性格のものである。

　考課結果について、部下の一人ひとりと面接、対話を進め、単に問題点を指摘するにとどまらず、それを直すために、今後どういう行動を具体的に起こしたらいいかについて、十分部下と語り合う。つまり事態の改善について語り合い、プランを立て、行動を起こすことが必要である。人事考課は事態の改善に用いられてこそ、真の意味がある。

　ところで事態の改善には3つの側面がある。

　　事態の改善 ｛ ① 職務のレベルの変更（バーの修正）
　　　　　　　　② 仕事のやり方の改善ないし変更
　　　　　　　　③ 能力開発（再教育・再訓練）

　クリヤすべきバーをとび越えることができなかった場合、打つべき手は3つある。バーの高さを変えるか、走り方、踏み切り方を変えるか、足腰をきたえ直すかである。業務についても同じである。できる

限りのことをつくして、二度とバーを落とさないように上司と部下の努力が展開されるべきである。

　もちろん本人にもそれを直すためのチャレンジ、つまりどういう行動を行ってこれを直していくのかについての、できれば自己啓発プランを提出させる。しかしそれはあまり細かいものでなく、当初は概括的なものであってもよいが、この点と、この点について、自分はこのような方法でこれを直していきたいと思う。また、それを直すためには自分にはこういう機会が与えられることが望まれる。このような、自己申告、自己評価、自己啓発の内容を含むことが望ましい。

　さて、上司はそのような自己啓発プランをも踏まえながら、部下に対する教育訓練指導のプランを作成する。これからの教育は、階層別教育、専門教育、そして日常のOJT（職場内訓練）の3つで進められるのが望ましいが、この最後のOJTはあくまでも右のような人事考課のフィードバックをベースとして作り上げられていくところの教育訓練プランによって裏付けされることが望ましい。本人の意思とプラン、および会社側の教育訓練プログラムをもって能力開発がなされていくという形で、マイナスをプラスに変えるための努力が展開される。

　人事当局は、上述のような指導計画書を全社的に調整し、セミナーなり、内部研修会なり、専門勉強会を編成していく。ある事項は社内研修、あるグループは社外から講師を招き、ある者は社外における一般セミナーへの参加を勧める。また、ある者については技能研修、技能検定を行う。このような形で、全体的な教育プランができ上がっていく。

　一方、すでにプラスとなった項目や、きわめて優れた長所については、これをさらにいかに伸ばしていくかについても検討がなされていくべきで、これがまさに能力の開発プログラムである。これについてはジョブローテーション・システムなど仕事の機会付与も必要だ。

　上述のように、フィードバックと、自己啓発プランの作成と、上司

の指導計画、人事当局におけるその総合調整としての研修計画、社内外のセミナーへの参加計画、さらに長期・中期の人材育成計画など、これらを通じて、人事考課は能力開発に役立たされていくことが重要である。

　人事考課が決して単に賃金を査定するためのものではなく、あくまでも基準の明確化、職務意識、能力意識の高揚、そして能力の開発、そして人間関係の是正、さらにそれらを通じて企業全体の生産性の向上というところにねらいが置かれることが理解されねばなるまい。

2　分析シートの活用

　フィードバックにあたっては、まずポイントを整理し、十分人事考課の結果を分析して、部下に臨む必要があるだろう。つまり事前分析シートを用意したうえで、育成面接シートを作成し、そのうえで部下にフィードバックするあり方が適切であると思われる。

　まず分析シートであるが、たとえば成績考課が悪かったとしよう。その悪い成績をもたらした原因は一体何であったのか。「中間項」に問題があったのか。中間項というのは、外部条件、内部条件、本人の健康精神状態など、いわば偶然的な要素である。これによって成績が災いされたのか、それとも「意欲」（つまり情意考課）の面、規律、協調、積極、責任などで不十分さがあったために、成績が悪くなったのか、さらには、「能力」そのものに問題があり、成績が悪くなったのか。その場合にも、能力のうち、知識、技術、技能、判断力、企画力、折衝力、指導力、などの中で、どれが問題であったのか。このように成績考課の原因をさぐる形で、本人の特性を十分分析シートで検討したうえで臨むようにしたい。

　分析シートを用意することによって大筋を理解し、確実な形で説得力をもって、部下に人事考課の結果をフィードバックすることが可能となろう。成績がよかった場合についてもそうである。そしてそれら

1　事態改善へのフィードバック

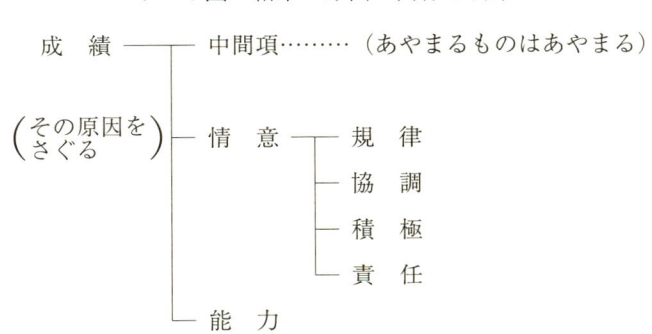

Ｖ―１図　結果と原因の関係を明確に

```
成　績 ────┬─ 中間項………（あやまるものはあやまる）
          │
(その原因を)─┼─ 情　意 ─┬─ 規　律
 さぐる    │          ├─ 協　調
          │          ├─ 積　極
          │          └─ 責　任
          │
          └─ 能　力
```

の分析シートをもとにして、ほめる点、注意する点、そして今後育成する点の３点を、きちっと整理して臨みたい。そして全体的に、何が大切で譲れないか、何が大切でなく、本人の意見に従ってもよいか、こういった点をあらかじめきちっと見定めてフィードバックに臨む必要があろう。

3　異動と人事考課

(1)　不利益を与えない

　今後は経済構造の変化の中で、企業は人事異動を頻繁に行わざるを得ないであろう。池の水はかき回せばいつも澄んでおり、お湯はかき回せばよく沸く。これと同じように、組織を絶えずフレッシュにして、エネルギーを組織内部で生み出させていくためには、適切なローテーションやキャリア開発のための人事異動が必要である。人事異動が十分でないと組織は硬直化し、人材の育成も不十分になる。

　人事異動を円満に進め、社員から嫌がられないためにも、今後は異動の際の人事考課のあり方について明確にしておくことが必要であり、それに加えて異動が本人に不利益を与えないことが何よりも大切である。それでは異動が不利益にならないためには、異動の際の人事

V―2図　復元期間の認知

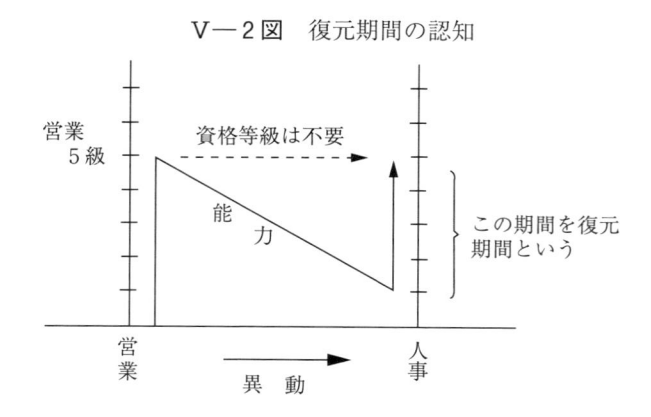

（図：営業5級から人事への異動に伴う能力の変化を示す。「資格等級は不要」「能力」「この期間を復元期間という」「営業」「人事」「異動」のラベルあり）

考課は一体どうあるべきであろうか。この問題を考えてみることにしよう。

(2)　異動7ヵ条

異動第1条は成績考課についてであるが、配転・異動後はレベルを下げて職務基準を設定するということである。

馴れていた場所から不馴れな場所へ異動した場合には、いきなり高水準の仕事はできない。したがって、初めから難しい仕事を与えれば、成績考課では悪くならざるを得ない。このようなやり方では、誰もが異動しようという勇気を失うのではないだろうか。そこで大切なことは、異動後に本人の成績が落ちないように、職務基準のレベルを当初は下げることが必要である。その上で徐々に、レベルを上げていけばよい。最初から高いレベルで仕事を与えても、成績は悪くなるばかりである。

このようにして成績考課については、異動後の復元期間においては職務基準を下げて、成績考課を行うというあり方が望まれる（V―2図）。復元期間というのは、例えば5級の人が営業から人事に異動した場合、いきなり人事5級の能力があるわけではなく、新たに異動教育を受けて営業と同じ5級の能力に戻るまでの期間をいう。いち早く

5級の能力に復元するためには、復元期間に異動教育を徹底し、等級にふさわしい能力に戻るように積極的な能力開発を促すことが必要である。そして最初に、思い切って下げたレベルでの職務基準で仕事を与えるようにすれば、成績考課は悪くはならない。

次の第2条は能力考課についてであるが、成績考課と同じように異動後の能力考課は復元期間については、猶予すべきということである。能力考課の考課基準は等級基準であるから、例えば営業5級から人事5級に異動した当初では、能力が人事5級に追いついていないために、いきなり能力考課をやってもその結果は悪いに決まっている。そこで復元期間中は能力考課を猶予し実施しないことにして、復元期間が終わってから再開するようにしてはどうだろうか。通常、復元期間については、全く異なった職種への転換であるならば、少なくとも1年半ぐらいを能力考課の猶予期間とせざるを得まい。復元するまでに、最低それだけの期間が必要であろう。

さて、第3条も能力考課に関してであり、異動後の異動教育を徹底せよということである。以上のように、復元期間については能力考課を猶予するが、復元期間終了後には再び能力考課が実施されるので、異動後の復元期間には評価よりも異動教育に重点を置き、それを徹底しなければならないということである。

第4条は能力考課と異動との関連についてである。復元期間は通常1年半だが、それが経過しても復元しないと本人にとっても不利、企業にとっても人材のムダ使いとなる。そこで、復元期間内に復元できるような配転・異動が望まれる。復元期間内で復元できないような異動は避けるというのが、第4条である。

第5条は業績考課に関してであり、業績考課は異動当初には中止すべしということである。業績考課には職務基準マイナス等級基準が加味されることになるから、異動後に職務基準のレベルを下げて職務を設定すれば、業績考課は当然悪くなる。そこで、業績考課については、

能力考課と同じように復元期間となる1年半ぐらいは中止しなければならない。

　第6条はキャリアに関してであり、異動するたびに職歴点を1点加点すべしということである。キャリアとは、その人の内部に蓄積された能力の総量を意味する。異動当初は能力考課では評価が下がるけれども、キャリアは高まる。例えば、営業のベテランが新たに人事セクションに来れば、従来の営業での能力に、さらに人事での能力がつけ加わることになるからである。そこで異動のたびに、職歴点にキャリア・プラス1として、1点を加点するようにしたい。いわば、これが加点主義人事の1つの役割を果たすことになる。したがって異動するほど本人にとっては職歴点が有利になり、それが将来の昇進に有利に働くことになる。

　さて、第7条は情意考課に関してである。人事異動でやる気を失うようなことがあっては困る。むしろ異動後には、情意考課が高まることが適切であろう。しかしそのためには、異動が計画的で本人の意思を尊重しながら、キャリア開発の方向で行われることが条件となろう。思いつきで、キャリア開発と無関係に本人の意思を全く無視して、一方的に異動が行われるのでは、本人のやる気を失わしめることになり、情意考課は本人にとってマイナスとなりかねない。したがって異動にあたっては、本人の意思を尊重し計画的に行うということで、これが第7条となる。計画的にというのは、短くて3年、長くて7年は同じ部署にとどまることを意味する。

　以上のような異動7ヵ条を守れば、異動が本人に不利益を与えないばかりか、むしろプラスになるのであるから、今後とも企業環境の変化に対応した人事異動を確実に進めることが可能となるのではあるまいか。

2　賞与・昇給・昇格への結びつけ

1　公平処遇への反映

　人事考課は、能力の開発および活用に用いられることを主たる目的とするが、もちろん公平処遇の面にも反映されることも重要である。つまり昇格や昇給や賞与の査定に対し、人事考課は公正に活用される。つまり、
　　昇格（グレードが上がって、高い賃率が適用される）
　　昇給（査定）
　　賞与（査定）
の３つである。

　職能資格制度がなく、したがって職能別の賃金テーブルがなく、賃金がもっぱら昇給テーブルによって操作される場合（つまり相対額管理の際）は、能力に応じて賃金を決めるには、昇給査定しかない。したがって従来の人事考課は、もっぱら昇給査定をねらいとして実施された。

　しかし、これからは昇給査定は漸次、その意義は乏しくなる。賃金が人を動機づけることには限界があるし、また一面、賃金の明確性と社会性が必要となり、企業内での貢献度によって小刻みな格差を設けられる許容範囲は狭まってくる。少しばかりの格差をつけるためのややこしい賃金体系は、漸次意義を失っていくであろう。むしろ簡潔明瞭な賃金体系がこれからの方向である。

　とくに、管理職など上位職能の賃金は格差が明確であることが必要で、したがって管理職層などは賃金の支払い能力や各人の貢献度によって厳しく賃金は決まるべきで、その意味において管理職層、監督

V—3図　公正な個別賃金決定基準

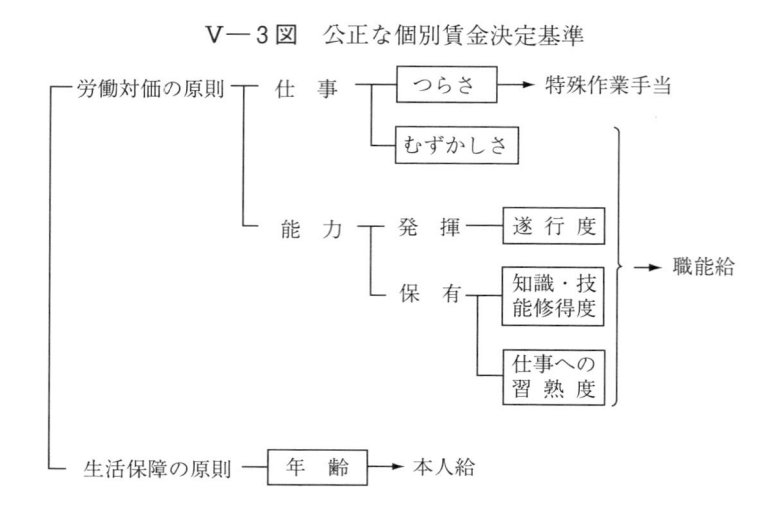

```
                           ┌─ つらさ ──→ 特殊作業手当
            ┌─ 仕 事 ─┤
            │          └─ むずかしさ ─┐
            │                          │
 ┌─労働対価の原則─┤         ┌─ 発 揮 ─ 遂行度      │
 │          │          │                    ├→ 職能給
 │          └─ 能 力 ─┤         ┌ 知識・技能修得度
 │                     └─ 保 有 ┤
 │                                └ 仕事への習熟度
 │
 └─生活保障の原則── 年 齢 ──→ 本人給
```

者層に対しては、厳しい昇格査定もやむを得ない。

　以上のように、人事考課の賃金への反映は、今後は昇給査定よりむしろ昇格に正しく結びつけていくべきである。等級別に賃率を設定し、能力に応じて格付けし賃率を適用する。そしてベアに際しては、等級別配分を考慮した形で賃金表の改定を行う。このようにすれば、昇給査定はやめても能力に応じた賃金の決定は可能である。

　ところで、月例賃金には、査定はできるだけ避けるとしても、臨時給与とくにその中の業績賞与部分には、査定を反映させることが望ましい。成績（考行度）は、やはりこの場合、わずかでも何らかの形で賃金に反映させることが、賃金の刺激性という観点から必要であるからである。

　以上が、個別賃金の決定に向けての人事考課を活用する基本的方向だが、これについて、少しばかり説明を加えておこう。

　さて公正な個別賃金の決定基準は、仕事のつらさとむずかしさ、遂行度、技能修得度、習熟度、それに年齢の６つである。年齢を除く要素は、労働対価の原則、つまり個別賃金は働きに応じて決められねば

ならないという原則に見合うものであり、年齢は生活保障の原則、つまり一定の生活が誰でも保障されねばならない、ということに対する要素である。

このように、公正な個別賃金はこれらの条件をベースとして考えていかねばならない、できれば技能修得度、習熟度の高い人がむずかしい仕事についているのが望ましい。そのような配置状況にあるならば、「仕事のむずかしさ」で処遇してもよいし、「知識・技能修得度と習熟度」で処遇してもよいことになる。前者が職務給構想であり、後者が職能給構想の方向である。

最近のように、技術の変化や仕事の変化が激しい場合、また各人に能力があればどんどん仕事を広げていってもらわなければならないような状態の下では、さらにまたポスト不足などが生じてきたり、日本のように人をまず採用し、企業の中で育て、適宜仕事を与えていくというような、こういうしくみの特徴というものを考えるならば、わが国の賃金はむしろ職能給的方向が一般的には望ましいと思われる。学歴・性別といった属性的な年功賃金はやめるとしても、努力すればいつでも報われるところの能力をベースとした人間基準賃金は今後も続けることが望ましい。

職能給とは何か。それは人を採用し、企業の中で勤続に応じて能力を開発、伸ばしていく。その能力の伸びを正しく判定しその能力に応じて適切な仕事を付与する。仮にその能力に見合った仕事がない場合においては能力に応じた賃金を払うが、できるだけ能力に応じた仕事を与えるよう努力する。このようなしくみが職能給構想である。

アメリカの職務給は、まず仕事があり、それに人がつき、賃金が払われる。ヨーロッパの賃金は、職種別熟練度別賃金だが、それは社会的に職種別労働市場が存在し、それで賃金が決まっていく。わが国はそうではない。勤続を通じて能力が伸ばされ、仕事が引き上げられていく。人が仕事を創るといった人間基準人事がベースをなす。

公正な個別賃金を決定する場合においては、遂行度と知識・技能修得度、習熟度という能力の側面を考慮することがどうしても必要になってくる。現実問題として、このような賃金決定においては、知識・技能修得度と習熟度は職能資格制度という形でグレード化し、その等級ごとに一定の幅をもった賃率を該当させ、これによって賃金を決めるようにすることが望ましいであろう。
　その場合、能力の上昇は昇格（等級の高まり）に反映させ、習熟の深まりは、等級内での習熟昇給に反映させる。
　そしてその際、個人別によって日常の遂行度が異なるのであれば、若干の昇給差を設けることが望ましいといえよう。これが昇給査定の考え方である。
　しかし、本来、遂行度については偶然的な側面もあり、上からの命令指示によって変化することもありうる。一方賃金は、本来、技能習熟度に対応して一定の賃率を対応するという考え方が望ましい。すでにいままで述べたように遂行度が悪い場合においては、それは教え方に問題があり、教育訓練がまだ十分進んでいないことをうけたものであるということをむしろ認識し、人事考課の結果を参考にして、職務基準に到達できるよう指導訓練が行われるべきである。遂行度はむしろ短期的には臨時給与に結びつけることとしたい。臨時給与は月例賃金で果たし得ない役割を果たすというところに、ひとつの性格があるからである。
　以上を要するに、月例賃金は主として知識・技能修得度と仕事への習熟度でこれを決め、若干の遂行度を反映させるとしても、遂行度はむしろ教育訓練を通じてレベル統一をはかることとし、しかしそれでもなおかつ差があるものは賞与や昇格で格差をつけるというシステムが望ましい。

2　計量化と総合

　人事考課そのものは、定性的なものである。「申し分なかった」「やや問題はあるが職務基準は達成された」といった形である。このような定性分析のままで賞与、昇給、昇格など処遇に結びつけることは、処理上むずかしい。そこで人事当局では、この定性的な人事考課を点数に置き換えることとなる。それを計量化と呼ぶ。

　点数に置き換える、つまり計量化の仕事は、現場ではなく、あくまでも人事当局で行うようにしたい。メーキング（意図的作為的考課）が行われたり、点数とか序列といったことに気を奪われて、事実の確認とか公正な評価といったことがおろそかになったりするおそれがあるからである。考課表の中からは、点数を一切排除してしまいたいものである。運動会には記録係と賞品係があるが、現場はいわば記録係であり、人事当局はいわば賞品係であるといえよう。賞品を渡すためには、いろいろの操作を行わねばなるまい。なぜならば、いかに公平に賞品を渡すかが最大の眼目となるからである。

　では一体、どのような形で、定性的な人事考課が量的に置き換えられ、賞与、昇給、昇格へ結びついていくのであろうか。

（1）　計量化

　まず、S、A、B、C、Dを点数に置き換えるもっとも標準的なものは、Bがプラスマイナスゼロ、Aプラス1点、Sプラス2点、Cマイナス1点、Dマイナス2点といった形である。もちろんこれはルールであるから、どのような形にしてもよい。できるだけシンプルなものとしたい。

　さて計量化はまず、S、A、B、C、Dを点数に置き換えることから始まる。点数に置き換える方法としては、V—1表のように、大きく分けて、等差点（または等比）と異差点の2つがある。そして、さらに異差方式には、どこに重点を置くかによって、表で見るようにさ

V―1表　点数への置き換え方

方式		S	A	B	C	D
等差点法	①	＋4	＋2	±0	－2	－4
	②	10	8	6	4	2
	③	16	13	10	7	4
異差点法	①	＋6	＋2	±0	－2	－6
	②	＋6	＋4	±0	－4	－6
	③	＋6	＋2	±0	－2	－4
	④	＋4	＋2	±0	－2	－6
	⑤	＋6	＋4	±0	－2	－4
	⑥	＋4	＋2	±0	－4	－6

まざまの設置の仕方がある。状況に応じていずれかを選べばよいであろう。

　一般には、等差方式がわかりやすく、便利であるが、政策的には異差方式をとることにも意義がある。

　(2)　総合のためのウエイトづけ

　さて、計量化にあたって必要なのは、考課要素間のウエイトをどうするかである。ウエイトは、次の諸側面で考慮され設定されることとなる。

　イ　一次、二次、三次別ウエイト
　ロ　目的別ウエイト
　ハ　職能階層別ウエイト
　ニ　職種（部門）別ウエイト

　つまり、考課要素、その目的、職能階層、職種の違いによって異なった比重をとることとなる。

　1つひとつ項目について考えてみよう。

　(i)　一次、二次、三次別ウエイト

　成績は事実の確認であるから、直属の上司がもっとも考課しやすい

V—2表　一次、二次、三次別ウエイト

レベル	成績考課	情意考課	能力考課
一　次	2	1	1
二　次	1	2	1
三　次	1	1	2

位置づけにある。二次、三次と遠ざかるほど、事実の確認はむずかしい。また、成績考課は職務基準に照らして、その遂行度がどうであるかをみるのであるから、職務基準に直接関連ある直属の上司が、成績考課においてはもっとも重要な判断を下さざるを得ない。

一方、能力考課については、直属の上司よりも少し距離をおいた位置からの観察、判断が重要な意味をもつであろう。そこで、V—2表でみるようなウエイトが、1つのあり方として、合理的であると思われる。

いずれにしても、一次、二次、三次考課は、調整されるのでなく、一定のウエイトで総合されるべきものであることをはっきりしておきたい。

(ⅱ)　目的別ウエイト

人事考課を何に用いるかによって、考課要素の比重の置き方が変わってくる。

基本的には能力のある人にはむずかしい仕事を与え、一所懸命やっている人には高い賃金を与え、そしていい成績をあげた人には、高いボーナスを支給する、このような整理された考え方が必要だ。

成績が悪いと昇給も悪い、ボーナスも低い、昇格も悪いのではたまったものではない。一所懸命やっているにもかかわらず、成績が悪ければすべてがだめというのでは困る。かといって、一所懸命やっていればただそれだけでボーナスもよい、昇給も多い、そしてむずかしい仕

第Ⅴ章　人事考課の活用

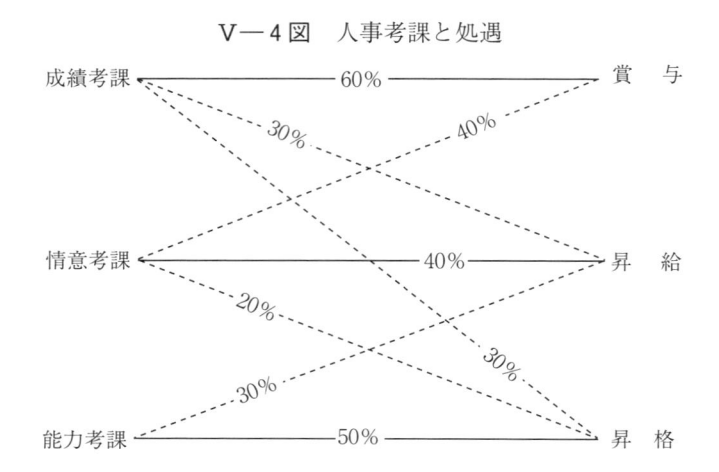

V—4図　人事考課と処遇

```
成績考課 ●————————60%————————● 賞　　与
        ＼＿30%＿＿＿＿＿＿＿40%＿＼
                ╳
情意考課 ●————————40%————————● 昇　　給
        ＼＿20%＿＿＿＿＿＿＿30%＿＼
                ╳
        ＿＿30%＿＿＿＿＿＿＿
能力考課 ●————————50%————————● 昇　　格
```

事も与えられるというわけにはいかない。

　昇進、昇格、昇給、賞与それぞれ人事考課を反映させる場合には、情意考課と能力考課と成績考課をウエイトづけしながら、異なった用い方をすることが合理的な活用の仕方であるといえる。

　たとえば、賞与においては成績考課60、情意考課40のウエイト、昇給においては情意考課40、成績考課30そして能力考課30のウエイト、そして昇格においては能力考課50、成績考課30、そして情意考課20といった程度で反映させることが考えられる。

　人事考課は、その使い方によって、目的に応じて、変わる。かといって、目的別に人事考課をする必要はないと思う。賞与のための人事考課、教育訓練のための人事考課というのではおかしい。あくまでも考課の段階では、日常の行動がどのように行われ、期待し要求するものに対しどの程度接近しているかの、事実をまず確認することである。それがすべてでなければなるまい。

　その確認した結果を、さてどう使うか、その段階において使い分ければよい。したがって人事考課は目的別に実施すべきではない。あくまでもその結果を利用する段階で、その使い分けをしていくことが適

切ではなかろうか。第一、考課者に「これは賞与のための人事考課だから、そのつもりでやれよ」とか、「これは昇給のための人事考課だから、そのつもりでやれよ」といえば、もはやそこには絶対考課の基準はすべて崩れて、再びもとのイメージ考課に立ち戻ってしまうおそれがある。人事考課は、あくまでも人事考課を実施する当事者には「事実を観察せよ」といえばよい。それをどのように利用するかは、人事当局の1つの判断の基準である。

なお、職能給は職能資格制度をベースとする。しからば職能資格制度とは何かというと、各人に"期待し要求するもの"の質的（職種）、量的（等級）グルーピングであるといえる。つまり日本の採用慣行、生涯雇用といった特性を活かすには、従業員に対する期待と要求するものを明らかにし、経験の延びに応じてこれを引き上げていくというしくみが必要となる。職能資格制度はまさに、このような期待し要求するレベルの質的、量的の類似的なグルーピングであり、これをベースとして、教育訓練、人事考課、自己啓発、配置、そして処遇を行うことができる。

このように職能給は、人間尊重、能力開発をねらいとするもので、職務給や職種給などと、その点においてはかなり異質である

そこで、人事考課を適切かつ効果的に展開しようとするならば、職能資格制度を設定することが望ましいということになる。

考課基準の確認、考課基準の調整、そしてフィードバックと訓練指導、さらに目標管理などを的確に実施するうえで、職能資格制度はいずれも明確な基準を与えてくれよう。

職能給を導入した企業では、人事考課を抜本的に改正しており、従来の昇給査定、賞与査定のみのものから、むしろ能力開発に重点を置く方向を指向しているが、これは以上の性格を反映しているものであり、これからの人事考課を考えるうえで重要である。

ところで、職能資格等級の昇格はⅤ―5図のように現等級の職能要

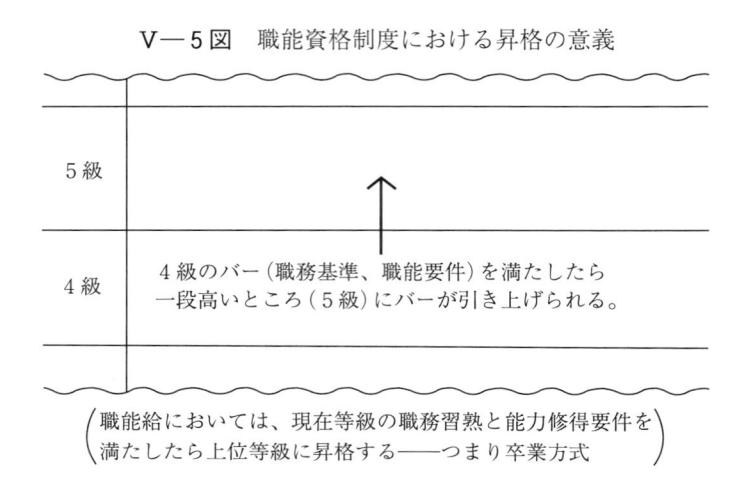

V―5図　職能資格制度における昇格の意義

```
〜〜〜〜〜〜〜〜〜〜〜〜〜〜〜〜〜〜〜〜〜〜〜〜〜

 5級
                      ↑
―――――――――――――――――――――――――――――――
              4級のバー（職務基準、職能要件）を満たしたら
 4級          一段高いところ（5級）にバーが引き上げられる。

〜〜〜〜〜〜〜〜〜〜〜〜〜〜〜〜〜〜〜〜〜〜〜〜〜
```

（職能給においては、現在等級の職務習熟と能力修得要件を
満たしたら上位等級に昇格する――つまり卒業方式）

件を満たし終わったら、上位等級に上がるというしくみであり、したがって、昇格においては、能力考課がもっとも重視されねばならない。

　(iii)　職能階層別ウェイト

　能力考課と成績考課の相互関連を考えてみよう。能力をとらえるには媒体がいる。つまり、職務行動およびそれにあらわれた結果を通じて、能力は考課できる。職務にあらわれた事実それが成績考課であり、それが実は、能力を考課する媒体にほかならない。

　しかしながら、成績は能力を確実に反映するものとは限らない。すでに述べたところではあるがV―6図でみるように、両者の間には、中間項があるからである。この中間項のあり方が不都合だと、成績は能力とは別個のものとなり、成績考課が意味をもたないものとなるのみならず、能力考課も不可能となる。

　そこで、人事考課を納得あらしめるには、次の3つのことが不可欠である。

　イ　自己申告

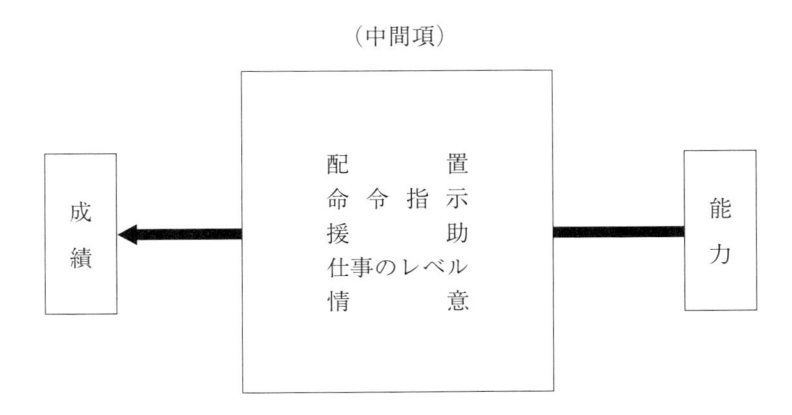

V—6図　能力と成績の間にある中間項

（中間項）

```
成績 ← [ 配　　　置
        命令　指示
        援　　　助
        仕事のレベル
        情　　　意 ] ← 能力
```

ロ　ジョブローテーション
ハ　リーダーシップの育成

　これらを通じて、中間項を中立化していくことが肝要である。

　ところで、下位職能ほど中間項は他律的であり、したがって、下位職能では成績考課も、能力考課も、処遇基準としてはあまり使えない。ただし、中間項の中でも情意考課のみは、本人のせいであるから、これは処遇基準として有意義である。

　一方、管理職能では、中間項はほとんど自律的であり、したがって業績は能力をそのままあらわしたものであるとみてよい。このため、管理職能では業績が重んじられねばならない。ところで、中間職能では、中間項は適当に自律的でもあり、他律的でもある。したがって、このシニアクラスでは能力考課が意味をもつ。以上からして、職能制における昇格基準は、V—3表のようなものとなろう。

　以上をまとめると考課要素のウエイトは、たとえば賞与、昇格、昇給についてみるとV—4表、V—5表、V—6表のごときものとなる。

V—3表　昇格基準

管理職能（M）	業　績（能　力）
中間職能（S）	能　力（成績，経験）
一般職能（J）	勤続、情意

V—4表　賞与の場合のウエイト（参考例）

ランク	成績考課	情意考課	能力考課
M	80	20	—
S	60	40	—
J	40	60	—

V—5表　昇格の場合のウエイト（参考例）

ランク	成績考課	情意考課	能力考課
M	50	10	40
S	30	20	50
J	20	60	20

V—6表　昇給の場合のウエイト（参考例）

ランク	成績考課	情意考課	能力考課
M	60	20	20
S	30	40	30
J	10	80	10

V—7表　職掌別にみた考課要素の重点（参考例）

管理職掌	業績、責任性、決断力、渉外力、管理力
専門職掌	業績、積極性、知識、企画力
事務職掌	成績、規律性、積極性、知識、判断力
生産職掌	成績、規律性、責任性、技能
営業職掌	業績、積極性、判断力、折衝力
特別職掌	規律性、責任性、技能
一般職掌	成績、規律性、責任性、知識

(iv)　職種（部門）別ウエイト

職種や部門によっても、要素の重要性は異なる。つまり、職種や部門によっても、総合する際の要素間ウエイドは変化させることが望ましい。

例えば、生産部門では情意、事務・技術部門では能力、そして営業部門では成績（や業績）がそれぞれ重要であろう。

(v)　ウエイト総括表

以上からして、計量化のためには、職能階層・目的・部門などをかみ合わせたウエイト総括表をあらかじめ用意しておくことが必要である。

そのフレームは例えば、V—8表のようなものである。具体的なウエイトのあり方を参考例として示せば、V—9表とごとくである。

(vi)　部門間の調整

成績考課については、生産部門では、ほとんどがよい点がつき、個人差はない。また営業部門では、個人差がかなり大きくつき、悪いところからよいところまでばらつくこととなる。さらに事務・技術部門は、よくやって当たり前ということになるから、そんなに良い点はな

第Ⅴ章 人事考課の活用

Ⅴ－8表　ウエイト総括表

考課要素		J			S								M					
		賞与	昇給	昇格	事務・管理			生産			営業			管理職			専門職		
					賞与	昇給	昇格	賞与	昇給	昇格	賞与	昇給	昇格	賞与	昇給	昇格	賞与	昇給	昇格
成績考課	仕事の質																		
	仕事の量																		
	小　計																		
業　績　考　課																			
情意考課	規律性																		
	協調性																		
	積極性																		
	責任性																		
	小　計																		
能力考課	知識・技能																		
	判断力																		
	企画力																		
	折衝力																		
	指導力																		
	小　計																		
総　　計																			

V－9表　ウエイト総括表（参考例）

考課要素		J			S 管理部門			S 事務部門			S 営業部門			M 管理職			M 専門職		
		賞与	昇給	昇格	賞与	昇給	昇格	賞与	昇給	昇格	賞与	昇給	昇格	賞与	昇給	昇格	賞与	昇給	昇格
成績考課	仕事の質	5	5	10	40	20	20	40	25	20	30	20	20	40	35	25	60	30	25
	仕事の量	25	5	10	20	10	10	30	15	10	50	30	20	40	25	25	20	20	15
	小計	40	10	20	60	30	30	70	40	30	80	50	40	80	60	50	80	50	40
情意考課	規律性	20	25	20	10	10	5	6	4	3	5	4	3	7	8	3	10	8	5
	協調性	20	25	20	10	10	5	8	4	3	5	4	3	3	2	2	2	2	2
	積極性	10	10	10	10	10	5	8	6	7	5	6	7	4	2	2	4	2	2
	責任性	10	20	10	10	10	5	8	6	7	5	6	7	6	8	3	4	8	3
	小計	60	80	60	40	40	20	30	20	20	20	20	20	20	20	10	20	20	10
能力考課	知識・技能		10	14		5	10		10	15		8	10		2	6		5	10
	判断力			2		10	10		8	10		6	8		5	10		6	10
	企画力			2		5	10		7	8		5	7		4	7		15	20
	折衝力			2		5	10		7	7		5	7		4	7		2	5
	指導力					5	10		8	10		6	8		5	10		2	5
	小計	0	10	20	0	30	50	0	40	50	0	30	40	0	20	40	0	30	50
総計		100	100	100	100	100	100	100	100	100	100	100	100	100	100	100	100	100	100

2　賞与・昇給・昇格への結びつけ

く、しかし個人によるばらつきは結構出る。このような違いをそのままにして賞与査定などを行うことは、やはり不公平であろう。処遇にあたっては、いかに公平にするかを最優先すべきである。そこで、このような部門特性は、やはり修正して処遇に結びつけることが適切となる。したがって、たとえばまず部門ごとに平均点数を合わせ、ついで非常にばらつきの多い部門は、ある程度範囲を狭めたばらつきに修正したうえで、点数を出し、処遇に結びつけるあり方が望まれる。

　部門特性の違いだけではなく、部門間に著しい甘辛がある場合においては、平均点を合わせるといった、数学的な処理方法を取ることが成績考課については望まれる。しかしながら、能力考課については、このような平均点を合わせるといった数学的な方法で調整することは適切ではない。やはり多面評価などを十分行うとか、試験制度で補うとか、または部門間の人物比較を行うとかして、あくまでも部門間の調整を行うべきで、数学的な一括した処理は期待すべきではないであろう。そのような意味においても、能力考課は単年度主義ではなく、これを5年おきに集約した人材評価制度に反映させながら、公平処遇に結びつけていく努力もあわせて必要ではあるまいか。

3　相対区分と絶対区分

　賞品係が賞品を渡す時には、賞品の数が決まっている場合と、決まっていない場合がある。たとえば金メダル1個、銀メダル1個、銅メダル1個と決まっている場合には、世界最高記録でも4着ならメダルは渡らない。逆に最低記録でも、1着なら1等賞として金メダルが渡される。つまり点数とか序列のいい方から賞品が渡されることとなる。こういったあり方を相対区分と呼ぶ。それは相対考課とは異なる。あくまでも処遇に結びつける際の数学的な分布方式の1つにしかすぎない。

　一方、たとえば2分以内にゴールインすれば、入賞とみなすといっ

2 賞与・昇給・昇格への結びつけ

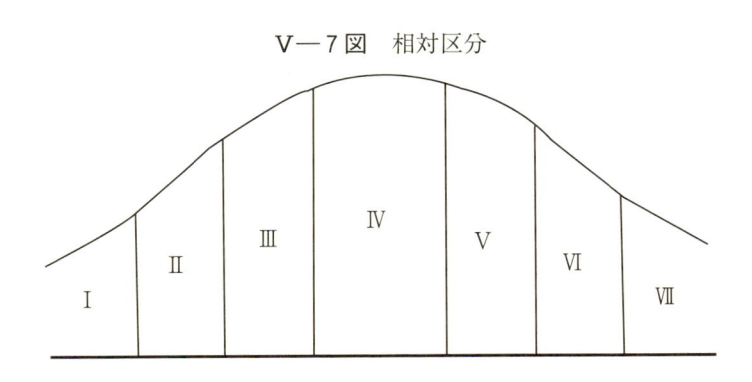

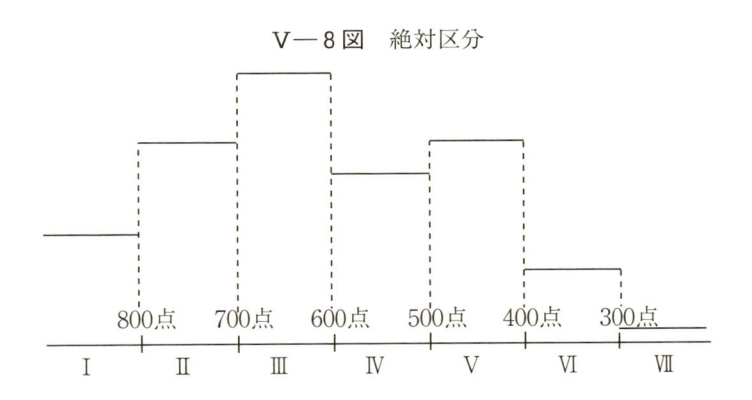

V―7図　相対区分

V―8図　絶対区分

800点　700点　600点　500点　400点　300点
Ⅰ　　Ⅱ　　Ⅲ　　Ⅳ　　Ⅴ　　Ⅵ　　Ⅶ

V―9図　相対区分と絶対区分の使い分け

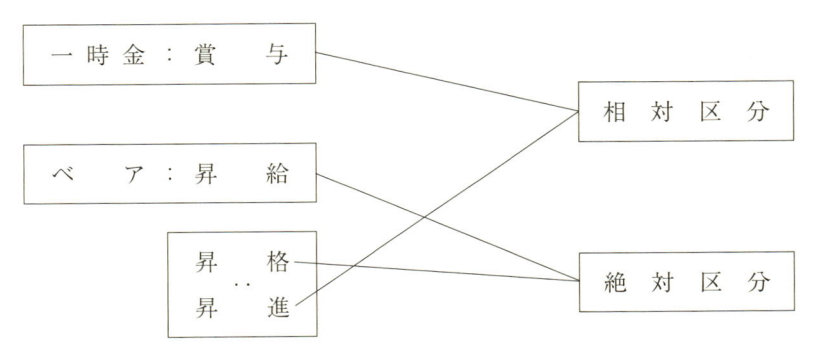

一時金：賞与 ─── 相対区分
ベア：昇給 ───
昇格・昇進 ─── 絶対区分

221

たルールがあるとしよう。この場合には、全員が2分以内にゴールインすれば、全員に賞品が渡り、もし誰も2分以内にゴールインしなければ、該当者なしということで賞品は渡らない。こういった方法を絶対区分と呼ぶ。

　つまり人事考課は絶対考課であるが、これを処遇に結びつける時には、相対区分と絶対区分という形に使い分けられる。枠がある場合には相対区分、枠がない場合には絶対区分で処理される。臨時給与のうち、生活一時金を超える部分は業績賞与であるが、これは配分概念であるから、相対区分で処理される。昇給は、賃金表に従って計算し積み上げるものであって、配分概念ではない。ベアは配分概念である。そこで昇給は、絶対区分で処理される。昇格は、職能資格制度には定員がなく、現等級の能力を満たせば昇格させねばならないから、絶対区分で行われる。しかし役職が上に上がる昇進は、役職の数が組織のうえで整然と限定されているから、あくまでも相対区分で処理されざるを得ない。

　このように、処遇の枠の有無によって、絶対考課は、相対区分または絶対区分に処理されて使われることなる。昇給と昇格の2つは処遇の本質であるから、絶対考課、絶対区分で処理されることになる。

　これからの人事・賃金管理を行っていくうえにおいては、生活一時金と業績賞与を区分する、ベアと昇給を区分する、また昇格と昇進を区分するといった仕分けが大切であろう。このような仕分けを明確にすることによって、上述のように、人事考課の結びつけに、相対区分、絶対区分の明確な理論を適用することが可能となる。

第Ⅵ章　アセスメント並びにコンピテンシー評価の設計と活用

第Ⅵ章　アセスメント並びにコンピテンシー評価の設計と活用

1　アセスメントの設計と活用

1　アセスメントの設計

　一般的に企業の中で人材評価はつぎの4つからなることが望ましい。

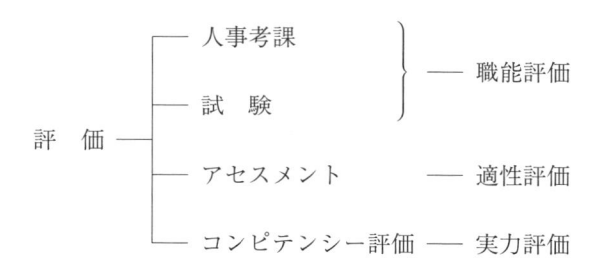

```
            ┌── 人事考課     ┐
            ├── 試　験       ┘── 職能評価
評　価 ──┤
            ├── アセスメント　── 適性評価
            └── コンピテンシー評価 ── 実力評価
```

　知識や実技などは、人事考課、アセスメント、コンピテンシー評価などではとらえられない面があるから、別個に試験制度を実施することがのぞまれる。試験は例えば職能資格の4級の者が、人事考課でAをとり5級に昇格することが認められた時、実施するようにしたい。この試験に合格した時、昇格が確定する。（Ⅵ―1図参照）
　さてそのアセスメントだがそれは、Ⅵ―2図のような内容からなる。いわば、多面的、総合的、動態的人材評価だということになる。
　つまり、人事考課は、上司からの一方的な評価だが、アセスメントは、指導力は部下から、協調性や責任性などは同僚から、そして営業力などは得意先から、さらに高度な知識・技術は大先輩の高経験者からというように360度評価の多面的な形で行なわれる。
　また、人事考課が毎年実施されるのに対し、アセスメントは、過ぎさった5年間を対象にして、5年に1回、行なわれる。

1 アセスメントの設計と活用

Ⅵ─1図　評価領域

領　　　　域		評価システム	
社員として期待される職能像 （職務遂行能力）	日常の職務活動で発揮され把握される能力	人事考課	職能評価
	日常の職務活動では発揮、把握されない能力	試　験	
社員ないし職群ごとに期待される特性や適性 （人材要件）		アセスメント	適性評価

Ⅵ─2図　アセスメントの内容

システム	評価者	対　象	期　間
人事考課	上　司	能　力 成　績 情　意	単年度
アセスメント	部　下 同　僚 得意先 先　輩 （多面的）	意　思 適　性 キャリア コンピテンシー （総合的）	5年間の分析 （動態的）

　このアセスメントと人事考課と、つぎに述べるコンピテンシー評価（実力評価）を併せて、Ⅵ─3図のように人事情報システム（パーソナル・インフォメーション・システム）が構成される。
　具体的には、アセスメントはⅥ─4図のように、各面からするキメ細かい分析を内容とする。すなわち、「人事記録」「人事考課」「適性検査」「多面評価」「自己申告」「コンピテンシー評価」の6つのツールを基盤にⅥ─5図のように分析評価が行なわれる。

第Ⅵ章　アセスメント並びにコンピテンシー評価の設計と活用

Ⅵ―3図　人事情報システム（P.I.S）

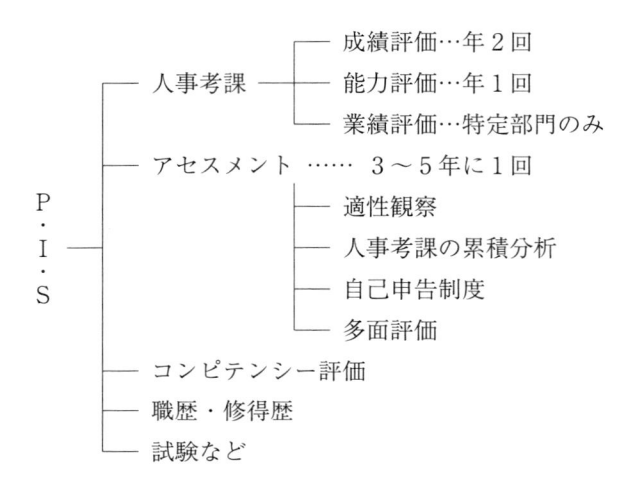

```
              ┌── 人事考課 ──┬── 成績評価…年2回
              │              ├── 能力評価…年1回
              │              └── 業績評価…特定部門のみ
              ├── アセスメント …… 3～5年に1回
P             │              ┌── 適性観察
・             │              ├── 人事考課の累積分析
I             │              ├── 自己申告制度
・             │              └── 多面評価
S             │
              ├── コンピテンシー評価
              ├── 職歴・修得歴
              └── 試験など
```

Ⅵ―4図　アセスメントを構成する分析

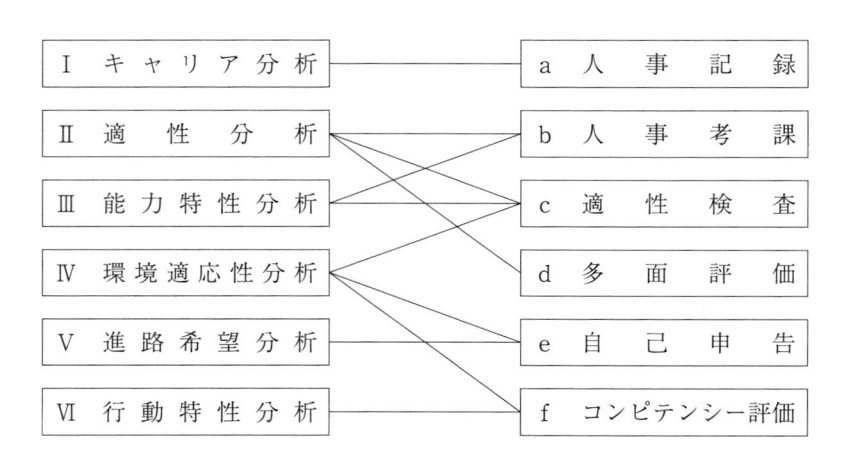

Ⅰ　キャリア分析	──	a　人事記録
Ⅱ　適　性　分　析	──	b　人事考課
Ⅲ　能力特性分析	──	c　適性検査
Ⅳ　環境適応性分析	──	d　多面評価
Ⅴ　進路希望分析	──	e　自己申告
Ⅵ　行動特性分析	──	f　コンピテンシー評価

Ⅵ―5図　各分析の内容

> ⅰ）キャリア分析
>   各人の内部に蓄積されている能力の総量
> ⅱ）適性分析
>   どんな職種（部門）、どのような職群（人材群）に適しているか
> ⅲ）能力特性分析
>   とくにどのような能力がすぐれているか
> ⅳ）環境適応性分析
>   その人の性格や持ち味の傾向について把握
> ⅴ）進路希望分析
>   能力開発および仕事の配置、職務昇進について、今後どのような方向に進んでいきたいか

2　アセスメントの活用

　上述のアセスメントは、生涯ベースでの人材の育成と活用を最大限にすることをねらいとし、職能像評価と人材像評価をトータルとして把握しようとする人材の成長の視点に立った総合評価システムということになる。すなわちそれはⅥ―4図のように、極めて多面的なものであるだけに、人材の育成・活用には極めて有効なものとなる。

　Ⅵ―6図、Ⅵ―7図でみるように、分析され、フィードバックされ、人材の育成・活用に有力に位置づけられる。

第Ⅵ章　アセスメント並びにコンピテンシー評価の設計と活用

Ⅵ―6図　アセスメントの構成

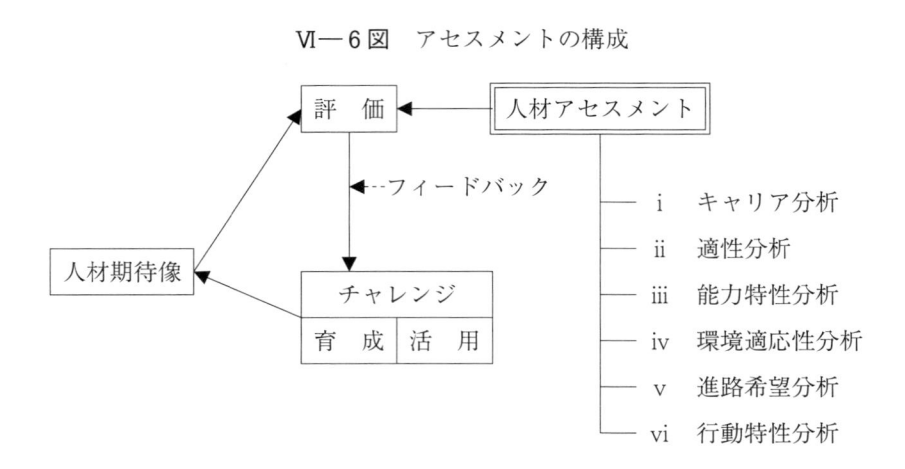

```
                 評　価  ←――― 人材アセスメント
                ↗    ↓                  ├― ⅰ　キャリア分析
               /  フィードバック          ├― ⅱ　適性分析
              /     ↓                   ├― ⅲ　能力特性分析
        人材期待像 ← チャレンジ          ├― ⅳ　環境適応性分析
                   育成│活用            ├― ⅴ　進路希望分析
                                        └― ⅵ　行動特性分析
```

Ⅵ―7図　アセスメントの位置づけ―企業と個々人とのつながり

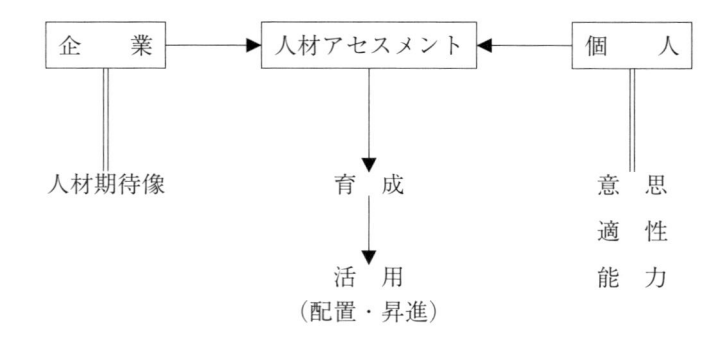

```
   企　業 ――→ 人材アセスメント ←―― 個　人
     ‖              ↓               ‖
   人材期待像       育　成           意　思
                    ↓               適　性
                   活　用            能　力
                  （配置・昇進）
```

2　コンピテンシー評価の設計と職責決定への活用

1　コンピテンシー評価の設計

　コンピテンシーとは、実力つまり高成果実現行動力をいうもので、いかに能力があっても体力・気力が衰えれば、実力は落ちることになる。いかに能力があっても、体力・気力が低下し行動力が鈍れば実力は低いものとなる。

$$能力 \xrightarrow{} \begin{pmatrix} 体　力 \\ 気　力 \\ 陳腐化 \end{pmatrix} \searrow 実力$$

　また、身につけた能力が技術の進歩の中で陳腐化すれば実力は低いものとなる。

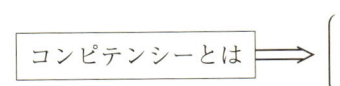

$$\boxed{コンピテンシーとは} \Longrightarrow \begin{cases} \bullet 恒常的に高い業績を上げる者の行動態様 \\ \quad (または) \\ \bullet 全社員が共有すべき価値観や行動基準 \end{cases}$$

　今日、高齢化が進む中で能力と実力のズレが拡がり進んでいる。とくに成果主義ともなれば実力が無ければどうにもならない。そこで、能力評価と併せて実力評価と実力育成が課題となり、コンピテンシー評価の導入整備が強く求められつつある。
　では具体的にどのようにコンピテンシー評価を進めていけばよいのか、考えてみることとしよう。
　コンピテンシー評価を行なうには、まずコンピテンシーモデル（期待される実力像）を明確にしなければならない。
　(1)　コンピテンシーモデルの設計

コンピテンシーモデルは、つぎのように、クラスターとディクショナリーの2つからなる。

```
・コンピテンシーモデル ─┬─ 評価要素（群）…クラスター
 （期待する実力像）    └─ 要素別行動短文（書）…ディクショナリー
```

従ってコンピテンシーモデルを作ることが必要だが、そのモデルはつぎのⅥ─8図のような方式がとられる。

Ⅵ─8図　モデリングの方式

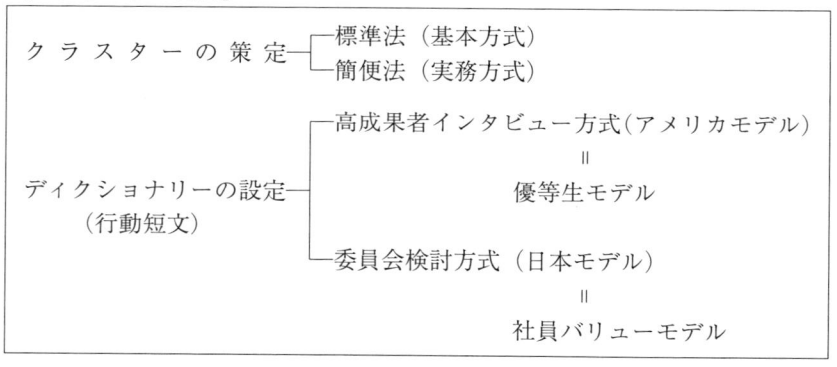

【モデリングの方式】

```
クラスターの策定 ─┬─ 標準法（基本方式）
                  └─ 簡便法（実務方式）

ディクショナリーの設定 ─┬─ 高成果者インタビュー方式（アメリカモデル）
  （行動短文）          │              ‖
                        │           優等生モデル
                        │
                        └─ 委員会検討方式（日本モデル）
                                       ‖
                                    社員バリューモデル
```

いまコンピテンシーの実際として、「日本賃金研究センター」のコンピテンシーモデルを紹介すると、次のようになる。

```
・日本賃金研究センターのコンピテンシーモデル
    ├─ 根コンピテンシー（ベーシック～社会人として必要なもの）
    ├─ 幹コンピテンシー（コア～社員共通に求められるもの）
    └─ 枝コンピテンシー（ファンクショナル～専門性の高いもの）
```

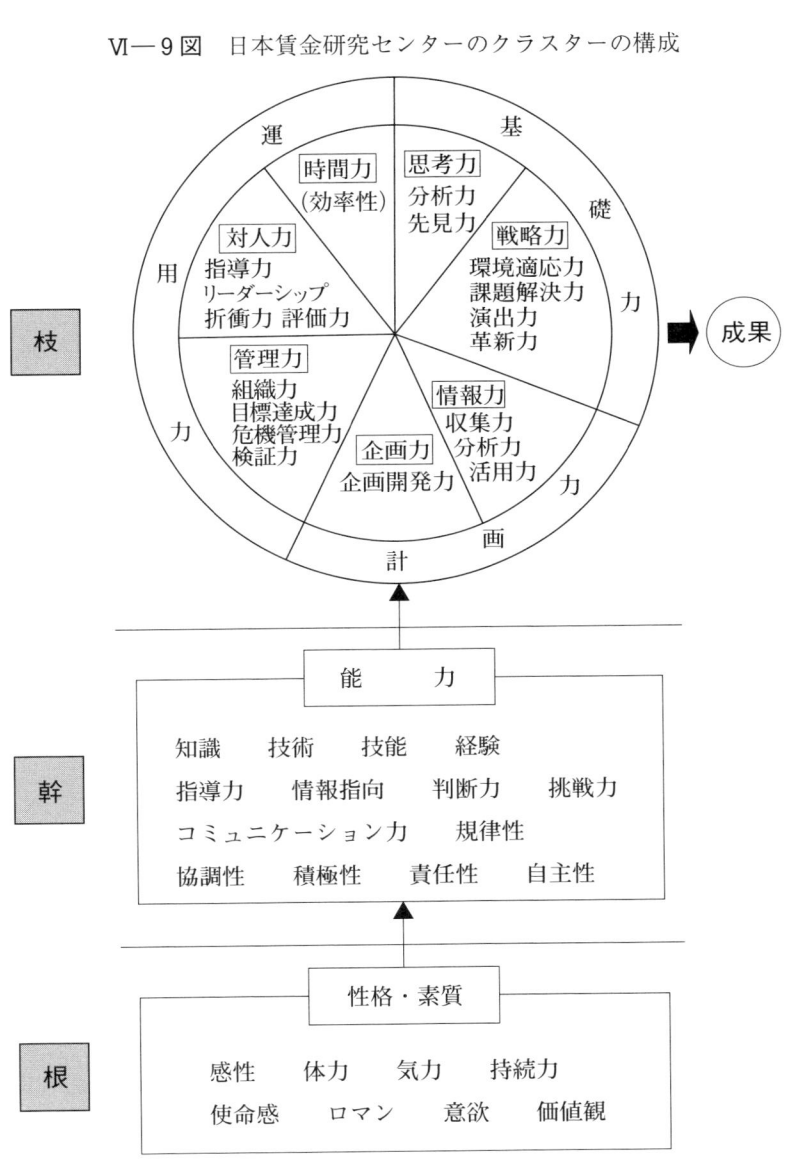

2 コンピテンシー評価の設計と職責決定への活用

Ⅵ―9図　日本賃金研究センターのクラスターの構成

枝

運用力
　対人力
　　指導力
　　リーダーシップ
　　折衝力　評価力
　時間力
　（効率性）

基礎力
　思考力
　　分析力
　　先見力
　戦略力
　　環境適応力
　　課題解決力
　　演出力
　　革新力

→ 成果

管理力
　組織力
　目標達成力
　危機管理力
　検証力

情報力
　収集力
　分析力
　活用力

企画力
　企画開発力

計画力

幹

能　　　力

知識　技術　技能　経験
指導力　情報指向　判断力　挑戦力
コミュニケーション力　規律性
協調性　積極性　責任性　自主性

根

性格・素質

感性　体力　気力　持続力
使命感　ロマン　意欲　価値観

資料出所：日本賃金研究センター編
　　　　　『日本型人事の革新とその設計』（経営書院刊）

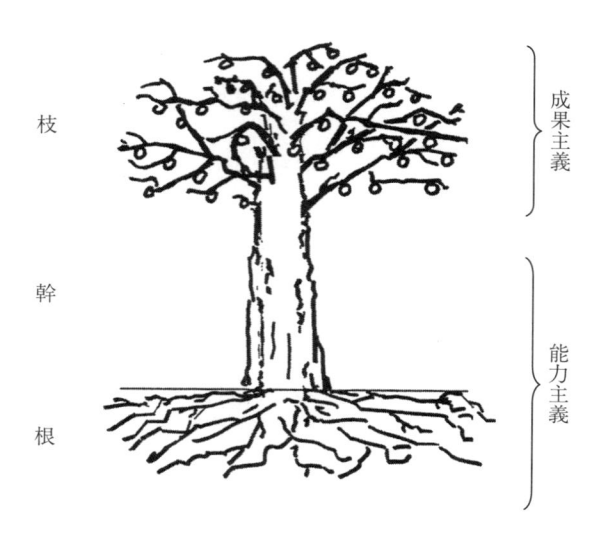

第Ⅵ章　アセスメント並びにコンピテンシー評価の設計と活用

Ⅵ—10図　樹木モデル

枝　　　　　　　　　　　　　　　　成果主義

幹

根　　　　　　　　　　　　　　　　能力主義

　この日本賃金研究センターのクラスターは、同センターの樹木モデルをベースとしている。
　たしかに、根や幹（能力主義）が育たなければ、枝は伸びないし、技がなければ花や実（つまり成果）は実らない。

　　⎰人材育成（能力主義）あってこそ→成果（成果主義）が⎱
　　⎱あることを忘れてはならない。　　　　　　　　　　　⎰

　また、参考までに「社会経済生産性本部」の「日本型コンピテンシーモデルの提案」（日本型コンピテンシー研究会報告書）によると、コンピテンシーの選択項目で最も重要度の高いものは以下のような15項目であったことが、調査の結果としてあげられている。

2 コンピテンシー評価の設計と職責決定への活用

職務遂行コンピテンシー （8項目）	リーダーシップ
	部下育成力
	コミュニケーション力
	交渉力
	戦略・課題設定力
	意思決定力
	革新力
	社員活性化志向
パーソナルコンピテンシー （7項目）	公平無私
	誠実さ
	柔軟性
	ストレス耐性
	粘り強さ
	内省力
	倫理・社会性

◆最も一般的な12のコンピテンシー
  1．コミュニケーション（Communication）
  2．達成・成果志向（Achievement / result orientation）
  3．顧客中心（Customer focus）
  4．チームワーク（Teamwork）
  5．リーダーシップ（Leadership）
  6．計画と組織化（Planning and organizing）
  7．商業・事業意識（Commercial / business awareness）
  8．柔軟性・順応性（Flexibility / adaptability）
  9．部下の育成（Developing others）
  10．問題解決（Problem solving）
  11．分析的思考（Analytical thinking）
  12．関係構築（Building relatiohships）

  出所："Competency Based Recruitment and Selection"
      Wood & Payne, Wiley,1998より作成

(2) クラスターの設計

クラスターの設計作業を進める場合、外部利用と内部抽出の2つのケースがある。

次の通りである。

ケース1：自社において独自に作成する場合（基本的な教育や進め方はコンサルタントに依頼）。

このケースでは、自社のスタッフが中心となって委員会を設置し、教育・実施・作成を行いながら作業を進めていく場合、社内の事情に精通したスタッフが作業を進めるので、企業のニーズにあった進め方やまとめ方ができるというメリットがある。

さらに、
- コンピテンシー作成、運用の浸透が全社に徹底できる
- メンテナンスが確実に行える
- スケジュールや予算が自由に設定できる

等の利点が考えられる一方、作業経験のない社内のスタッフが短期間で勉強し試行錯誤を繰り返しながら実施するので、作成のノウハウやプロダクツに問題が残ることもある、といったデメリットも心配される。

ケース2：外部委託（コンサルタントなど）の場合。

このケースでは、経験の豊かなコンサルクントが主要な作業を社内スタッフに代わって行うので、形や内容の整ったプロダクツが期待される。

ただし、次のような問題点も指摘される。
- 予算やスケジュールに問題がある
- 社内の浸透が薄れる等の課題が心配される
- メンテナンスにも外部に委託しなければならないことが多い

クラスターの設定に当っては、委員会を設けることが適切だが、その委員会についてはつぎのことを考慮して欲しい。
　A〔委員会の構成〕
　　　①人事担当者のみで
　　　②人事担当者＋部門代表者
　　　③社内スタッフ＋外部専門家
　　　委員会メンバーの数
　　　　・トップまたは役員　　　　　　１人
　　　　・スタッフ　実務担当者　　　２〜４人
　　　　　　　　　　書記など　　　　１〜２人程度
　　　　・部門代表者　　　　　　　　主要部門で１人（副もしくは補助者を別においておくことも必要）
　B〔委員会の打ち合わせ〕
　　　委員会の作業は、
　　　　・スケジュールの決定
　　　　・作業の準備
　　　　・勉強会の実施
　　　　・社内説明会の実施
　　　　・役割分担の決定
　　　　・中間のチェックや相談、修正
　　　　・印刷・資料の配布　　　　　等が中心となる。
（3）ディクショナリーの設定
　評価要素群（クラスター）が設定されたら、つぎに、要素ごとに５つの行動態様短文（ディクショナリー）を設定することとなる。
　「コンピテンシー」の作成は、単にクラスターやコンピテンシー項目を職種や役割別に決めるだけでなく、コンピテンシーの内容を明確にし、その内容を基にして社員の行動のチェックや教育や配置のポイ

ントを把握していくことができるような、実務的なものにしていかなければならない。

コンピテンシーの内容を実務的に明確にしたものが「ディクショナリー」。

コンピテンシー・ディクショナリーの作成は、以下のような手順に沿って、効率的かつ適正に実施していきたい。

なお、ベーシックコンピテンシー（根コン）については、事務局スタッフが中心となって、トップや委員会スタッフの意見を集約しながら素案を作成し、委員会において決定することがよいであろう。

【作業手順】
① スケジュールの設定
② 調査方法の決定
③ 勉強会の実施
④ クラスターやコンピテンシー要素情報の整理
⑤ 説明会・社内PR
⑥ インタビュー・自己評価（情報収集）
⑦ コンピテンシーの選定・分類
⑧ 重要度ランクの設定
⑨ 絞り込み（クラスターごと3～6程度）
⑩ ディクショナリーの作成
⑪ シミュレーションの実施
⑫ ディクショナリーの確定
⑬ 印刷、社内PR

ディクショナリーの数は、1つのクラスターに概ね3～5程度にまとめる。

1つのディクショナリーの文字数は少ないと抽象的となったり適切に内容を表現できないケースも出てくる。多すぎるとまとまりがなくなったり焦点がぼけてしまうケースがある。

少なからず多からず、文字数では20～30程度を目安にまとめるとよい。

ところで、ディクショナリー（短文集）の設定に当っては厳密法と簡便法の2つがある。

【厳密法の場合】
インタビューにおいて収集した具体的な行動特性や事実を基に、下記のようにクラスターごとに3～5程度の短文にまとめる。

情報収集力	1．常に新聞、雑誌、業界紙などから情報を的確に入手・分析し、ビジネスチャンスに結びつけている 2．業務に必要な統計や情報を入手、定期的に整理し、動向・原因・問題点を分析し業務遂行に役立てている 3．業界の集会や打ち合わせ・会議などに積極的に参加し、業務に必要なヒントをつかみ取っている 4．パソコンやインターネットなど、新たな情報源を模索し有効な情報収集を実行している 5．有効な情報をメモしたり記録し、常に保管・整理している

ディクショナリーは具体的な行動を基にまとめられることが必要だが、その他にも以下のような諸点に注意してまとめる。
　①　行動そのものではなく、発揮された卓越した行動のみ
　②　動機そのものではなく、その行動に駆り立てた動機のみ
　③　高業績につながったスキルと知識のみ
　④　短文は名詞止めでなく動詞止め（実行している、図っている）
　⑤　「できる」ではなく「やっている」というように、行動の表現にする

⑥　過去形ではなく、現在形でまとめる
⑦　情実的な表現ではなく、日常語で要点を簡潔にまとめる

【簡便法の場合】
　すでに紹介されたコンピテンシーごとのディクショナリーや他社の事例や研修会などで紹介された内容などをもとに、まとめる。その簡便法の場合でも、内容をチェックし自社のニーズや実態に即して、修正すべき点は委員会において検討しながら修正することが必要。

〔作業手順⑪〕：シミュレーションの実施

　シミュレーションを実施するにあたっては、職責等級別、職群別に３～５人程度を選定し、上司評価および自己評価を実施してもらう。シミュレーションのメンバーにはインタビューした高業績者やその他の社員なども交えて行うとよい。

　評価は、コンピテンシーとディクショナリーごとに

```
A　常に見られる
B　時々見られる
C　ほとんど見られない
```

というように評価し、その結果が目的どおりに現れるかどうかを判定する。とくに高業績者との整合度・相関度がどの程度あるかをチェックすることが重要。

(4) ディクショナリーの例示

　協調性【定義：組織の一員として他人の守備範囲を援助する行動】
　　１．組織人としての自覚を持ち、自分の職務・職場を超え、他の職務・職場に対しても進んで協力、応援している。
　　２．他部署や他グループと関連する仕事について、業務のつなが

りを意識しながら連携し、全社的な視野から必要な協力関係を築いている。
3．組織の一員であることを常に意識し、連携・応援・協力のニーズをすばやく発見して行動し、組織全体の能率向上、業績向上に貢献している。
4．自分の考えや主張にこだわりすぎることなく他人の意見もよく聴き、組織目標達成のために一致協力している。
5．部下やメンバーの意見によく耳を傾け、対人関係をうまく保ち、職場のチームワークを高めるように行動している。

積極性【定義：職務遂行において、挑戦し創意・工夫する行動】
1．失敗を恐れることなく、新しいテーマや難しいテーマに前向きに取り組んでいる。
2．現状に満足せず、チャレンジングな課題に能動的に取り組み、レベルの高い業務目標を主体的に設定している。
3．常に問題意識を持ち、組織や業務の改善、効率化、合理化に率先して取り組んでいる。
4．組織全体としての仕事の流れ、手順・手法などの工夫を日常的に心がけ、新しいアイデアを出し、改善に結びつく提案を行っている。
5．管理能力の向上や新知識の修得のため自己啓発を意欲的に行い、社内だけでなく社外にも通用する人材になるよう努力している。

情報指向【定義：情報を取捨選択して収集し、活用すること】
1．OA機器、情報技術など情報処理のためのスキルを修得し、自在に操作し、十分に活用している。
2．社内外に幅広い情報源や人脈、情報ルートを持ち、しかも常

に新しい情報源を開拓している。
3．常に新しい情報に関心を示し、情報源や情報ルートを通じて必要な情報を速く、正確に収集している。
4．特定の目的に沿った有効な情報を広範囲に収集・整理し、業務遂行に効果的に活用している。
5．社内外から広く多様な情報を収集し、統合・再構築して価値ある新しい情報を創り出し、関係者に提供している。

指導力【定義：部下や後輩を目標に向かって導く能力、育成する能力】
1．指導者たる自覚を持ち、目標必達のために自らが率先垂範するとともに、常に部下を激励し、目標に向かってリードしている。
2．目標達成の重要性や成し遂げたときの充実感を十分に説明し、部下を動機づけ、やる気を起こすテクニックを持っている。
3．部下一人ひとりの意思や適性、能力特性を確実に把握し、必要な機会をとらえて日常の指導活動に大いに活用している。
4．目標面接において、個々人への動機づけや具体的なチャレンジ目標の引き出し方などが適切である。
5．仕事上の行き詰まりや悩みが生じたとき、部下の相談には気軽に応じ、ともに解決策を考えるという行動を必ずとっている。

判断力【定義：情報を取捨選択する能力、物事や事象の状況を見極める能力】
1．会社目標、部門目標を十分に認識して適宜、適切に状況判断している。

2．上司や先輩、同僚の業務内容や指示内容を適切に理解している。
3．社内外の人たちの要望や意見を、十分に理解して適切に職務遂行をしている。
4．職務遂行過程において、さまざまな状況を考慮して適宜、適切に自らの考えで判断している。
5．業務に必要な情報を、適切に取捨選択して職務遂行に反映している。

挑戦拡大力【定義：現状に甘んじることなく、さらなる成長や発展のためにチャレンジできる能力】
1．難しい業務目標を自ら設定し、チャレンジ精神をもって取り組んでいる。
2．社内制度の抜本的な見直しの必要性を、上司に躊躇せずに提案している。
3．最新のシステム確立のための情報収集や分析を意欲的に行っている。
4．関心のある他の企業の担当者に電話やメールなどで交渉をして、その企業の制度や製品などの内容をヒアリングしている。
5．他社で実施していない独自の制度や製品、サービスなどを研究し整備している。

コミュニケーション力【定義：自分の考えや意図を相手に的確に伝え、相手とスムーズに会話をして意思疎通ができる能力】
1．上司や先輩、同僚と緊密なコミュニケーションを図っている。
2．業務遂行において、自分の業務に関係のある人たちとのコミュニケーションを適切に行っている。

第Ⅵ章　アセスメント並びにコンピテンシー評価の設計と活用

　　3．電子メールによって社内外の関係者との連絡を適切に行っている。
　　4．顧客と十分にコミュニケーションを図っている。
　　5．社内外の人とスムーズにコミュニケーションを図っている。

2　コンピテンシー評価の進め方

　コンピテンシーモデルが完成したら、それをもってコンピテンシー評価を実施するが、それはつぎの形をとる。
　評価の結果は例えば
　　レベル3……10点
　　レベル2……　6点
　　レベル1……　1点
という形で点数化する。となると、例えばディクショナリー（短文）が全体で250短文（50要素×5短文）あれば、
　　最高で　2,500点
　　最低で　　250点　　となる。
つまり実力が点数で表示されることになる。

Ⅵ—11図　評価は短文ごとに3段階

ディクショナリー	常に該当する	おおむね該当する	ほとんど該当しない

ディクショナリー	レベル3	レベル2	レベル1

3 コンピテンシー評価の活用（実力等級）の設定

　この点数を、例えば７区分すれば、７段階の実力等級制を設定し、各人を格付けすることができる。

　その実力等級で目標面接の場で各人に職責がきまる。その職責にチャレンジを加えて、今期の役割（給）がきまり、その達成度を通じて業績（ないし業績賞与）がきまる。その業績を累積したものが成果であり、その成果によって昇進（成果昇進）が決められていく。

　すなわち、このコンピテンシー評価から成果主義に至る流れはつぎのようになる。

　つまりつぎのステップを踏みコンピテンシー評価は成果主義につながっていく。

① 能力によって職能資格に格付ける
↓
② 意思と適性をとらえるアセスメントにより人材群を決める
↓
③ 次にコンピテンシー評価により実力等級へ張り付ける
↓
④ その実力で職責の広さがきまる
↓
⑤ 目標面接の場で今期の職責がきまり、それに自らのチャレンジを盛り込んだ目標を設定し上司と部下との間で合意確認し各人の役割の重さがきまる
↓
⑥ その役割は評価の手続きを経て、今期の役割給が決まる
↓
⑦ 期末には、その達成度評価を受けて業績（評価）が最終的に確定する
↓
⑧ その結果は、業績賞与か、業績年俸に結びつけるとともに、累

第Ⅵ章　アセスメント並びにコンピテンシー評価の設計と活用

　↓　積されて成果となり昇進ないし降職に反映される
　⑨　結局、コンピテンシー評価と目標面接が「運用の鍵」を握る（実力主義を入れることで、能力が成果主義賃金に結びつく）

この流れを図で示すと、Ⅵ—12図のようになる。

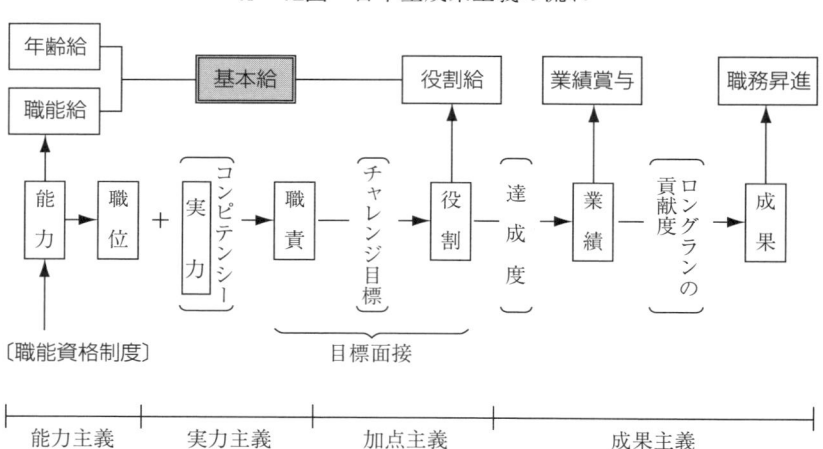

Ⅵ—12図　日本型成果主義の流れ

| 能力主義 | 実力主義 | 加点主義 | 成果主義 |

3　実力による成果主義の導入

　新時代の人材政策の1つはⅥ—12図でみるように公正な日本型成果主義の導入である。
　要約するとつぎのようになる。
　①　職能資格制度を整備し、人材育成に全力を傾ける
　②　実力評価を実施する
　③　実力の高さに応じて上司が組織の立場から各人の職責の広さを決める

④　その職責に各人が自分の意欲で、具体的行動目標（チャレンジ）を設定し、それを上司が承認して役割がきまる
⑤　その役割の重さで役割給を決める
⑥　その役割の達成度つまり業績で賞与をきめる
⑦　その毎年の業績を累積したものを成果と呼ぶが、その成果を昇進に結びつける

すなわち、成果主義は３つの柱からなる。

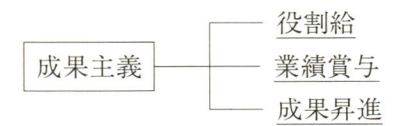

```
成果主義 ─┬─ 役割給
          ├─ 業績賞与
          └─ 成果昇進
```

すなわち、業績は、本人のせいだけではないから、神聖なる基本給に結びつけてはならない。従って、業績給なるものとは存在しない。

上記の３つをもって、これからの成果主義を整備していっていただきたい。

今後の管理職、専門職など上級職能の賃金は役割給が主体となり、それ１本に絞られていくこととなり、役割には本人の能力、実力、意欲の３つが含まれており、その３点で努力すれば、それだけでも高い賃金を入手することができる。これがまさに成果主義である。

4　能力と実力のダブルラダー（「職能資格制度」で人材育成・「実力等級制度」で人材活用）

今後、高齢化、技術革新が進む中で能力と実力の２つの概念をもつことが課題となる。

つまりそれがダブルラダーにほかならない。Ⅵ―13図でみる通りである。

そしてこの２つのラダーがライフステージごとにⅥ―14図のような

第Ⅵ章　アセスメント並びにコンピテンシー評価の設計と活用

Ⅵ—13図　Double Ladder の性格

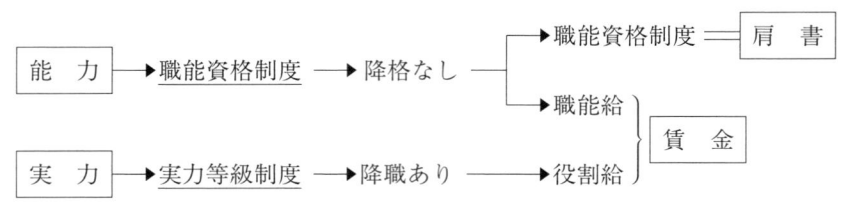

```
能　力 →職能資格制度→降格なし ┬→職能資格制度 ═ 肩　書
                              └→職能給      ┐
                                             ├ 賃　金
実　力 →実力等級制度→降職あり →役割給      ┘
```

Ⅵ—14図　ライフステージと Ladder の役割

処遇システム ＼ ライフステージ	第1ステージ 18〜40歳	第2ステージ 40〜60歳	第3ステージ 60歳〜
職能資格制度 →肩書	○	○	○
→賃金（職能給）	○	○	—
年齢別最低生計費→賃金（年齢給）	○	—	—
実力等級制度→賃金（役割給）	—	○	○

機能を果す。

　職能資格は絶対に落ちない。一度8級になったら7級以下になることはない。職能資格制度に降格はない。実力等級は降級あり。体力気力が衰えていけば、どんどん落ちていく。職能資格は一度勉強したものは消えることはないから、降格はない。だから職能資格制度は永遠。昔軍隊はダブルラダーであった。大将、中将、少将、大佐、中佐、少佐、大尉、中尉、少尉、これは職能資格だった。これは絶対落ちない。大将が中将に落ちることはない。大佐が中佐に落ちることはない。軍隊はダブルラダーだったわけだ。一方実力等級は旅団長、師団長、大隊長、中隊長、小隊長、これは体力が衰えてくればどんどん落ちていく。もう大隊長辞めて、中隊長辞めて、小隊長辞めてとなる。実力が落ちると職責が落ち、役割が落ちて役割給が落ちていく。だから60を

過ぎると役割給がどんどん落ちていく。だから定年延長しても、別にぜんぜん問題はない。しかし役割が落ちなければ賃金は同じ賃金をずっと払い続ける。役割を果たしてくれればいいんだから。とくに高齢化が進むこれからにおいては、絶対に必要な等級概念である。

5　実力等級のフレーム

さてそこでその実力等級のフレームだが、それはⅥ—15図でみる通りである。

```
┬キャリア　　　──経験年数、過去の実績
│　　　　　　　　　取得資格免許、執筆論文、学会発表
├コンピテンス　──修得要件、習熟要件
│（保有能力）
├完全遂行役割　──職責の広さ、チャレンジ度、役割の重さ、役割の達成度
│（アカンタビリティ）
└コンピテンシー──等級別ディクショナリー（クラスターと短文）
　（実力）　　　　　（高成果実現行動力明細）
```

第Ⅵ章　アセスメント並びにコンピテンシー評価の設計と活用

Ⅵ—15図　職種別実力等級制度のフレーム（例示）

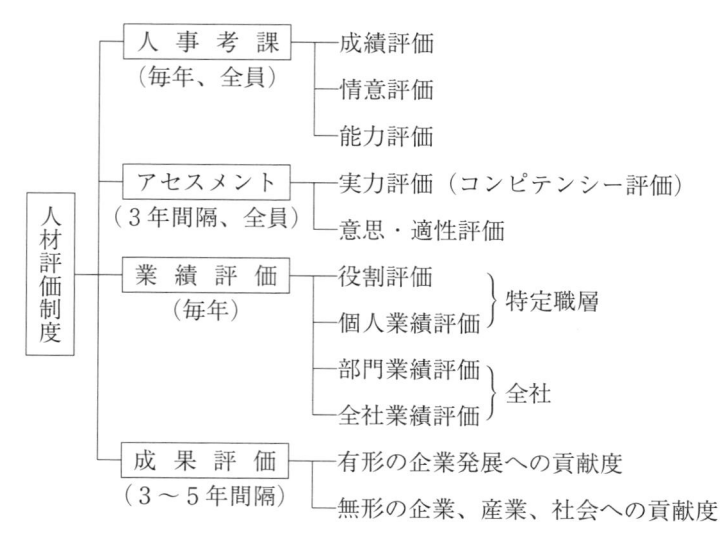

職能資格制度		評価側面	職　　能		実力グレード	
			キャリア	コンピテンス	完全遂行役割	コンピテンシー
9	Hi-Skill	Ⅶ				
8						
7		Ⅵ				
6	Skill	Ⅴ				
5		Ⅳ				
4	Second-Skill	Ⅲ				
3		Ⅱ				
2	First-Skill	Ⅰ				
1						

Ⅵ—16図　人材評価制度の整備要件

人材評価制度
- 人事考課（毎年、全員）
  - 成績評価
  - 情意評価
  - 能力評価
- アセスメント（3年間隔、全員）
  - 実力評価（コンピテンシー評価）
  - 意思・適性評価
- 業績評価（毎年）
  - 役割評価 ┐
  - 個人業績評価 ┘ 特定職層
  - 部門業績評価 ┐
  - 全社業績評価 ┘ 全社
- 成果評価（3～5年間隔）
  - 有形の企業発展への貢献度
  - 無形の企業、産業、社会への貢献度

Ⅵ—17図　期待像の種別

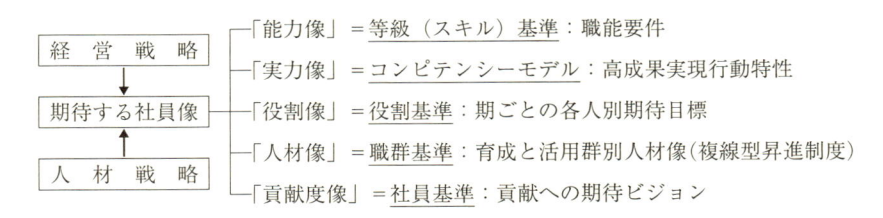

```
┌─────────┐      ┌─「能力像」 = 等級（スキル）基準：職能要件
│経 営 戦 略│      ├─「実力像」 = コンピテンシーモデル：高成果実現行動特性
└─────────┘      │
    ↑            ├─「役割像」 = 役割基準：期ごとの各人別期待目標
┌─────────┐      │
│期待する社員像│──┤
└─────────┘      ├─「人材像」 = 職群基準：育成と活用群別人材像（複線型昇進制度）
    ↑            │
┌─────────┐      │
│人 材 戦 略│      └─「貢献度像」= 社員基準：貢献への期待ビジョン
└─────────┘
```

　従ってこのような実力等級別を公正に運用機能していくにはⅥ—16図の諸評価が不可欠である。

　そして、このような評価制度を確実にするにはⅥ—17図をみるような期待像を明示することが要件となる。

6　役割評価の実際

　役割（実力で与えられた職責に各自のチャレンジを加える形で各期の役割が決まる。

　Ⅵ—18図でみる通りである。

　従って職責は広い狭いだが、役割は重い軽いということになる。

(1)　職責評価（X軸とY軸）

　X軸は量的な大きさ、Y軸は質的に困難度を示す。

　まず量的側面は、Ⅵ—19図の要素で評価され、Ⅵ—21図のように5区分される。

　一方、質的側面はⅥ—20図に示す要素で評価され、Ⅵ—21図のように3区分される。結局、職責は15の桝目で評価される形となる。

第Ⅵ章　アセスメント並びにコンピテンシー評価の設計と活用

Ⅵ―18図　役割評価（3軸）

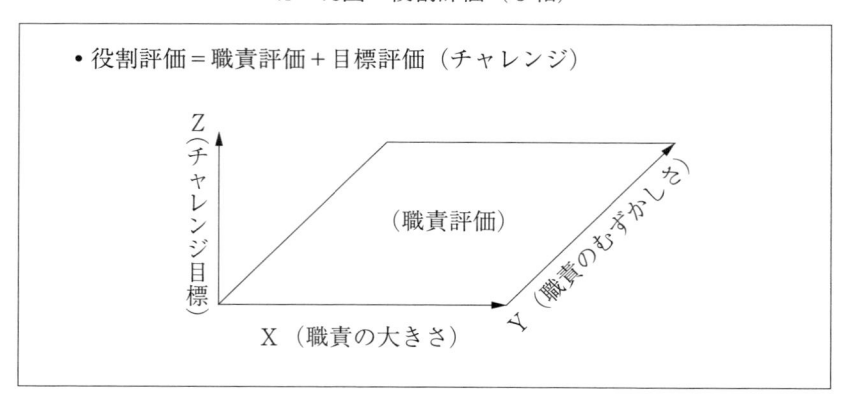

・役割評価＝職責評価＋目標評価（チャレンジ）

（職責評価）
Z（チャレンジ目標）
X（職責の大きさ）
Y（職責のむずかしさ）

Ⅵ―19図　量的側面の評価

― 人 的 規 模（部下人数…社員，パート等―単位人）
― 物 的 規 模（敷地，建物，機械設備等―単位億円）
― 金額的規模（売上高，粗利益，経費等―単位％）

Ⅵ―20図　質的側面の評価

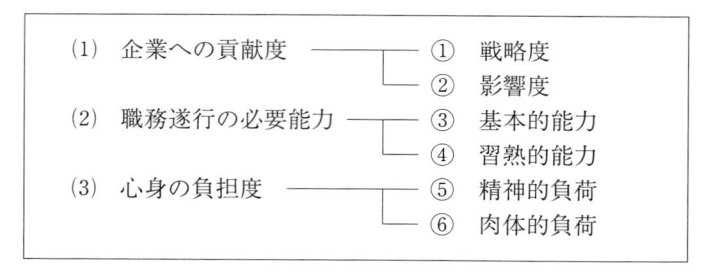

(1) 企業への貢献度 ─┬─ ① 戦略度
　　　　　　　　　　└─ ② 影響度
(2) 職務遂行の必要能力 ─┬─ ③ 基本的能力
　　　　　　　　　　　　└─ ④ 習熟的能力
(3) 心身の負担度 ─┬─ ⑤ 精神的負荷
　　　　　　　　　└─ ⑥ 肉体的負荷

Ⅵ—21図　職責評価係数

(倍)

X \ Y	A	B	C
Ⅰ	1.3	1.2	1.1
Ⅱ	1.2	1.1	1.0
Ⅲ	1.1	1.0	0.95
Ⅳ	1.0	0.95	0.9
Ⅴ	0.95	0.9	0.85

(2)　役割評価（Z軸を職責に乗じる）

Z軸つまりチャレンジは、Ⅵ—22図でみるようなチャレンジ係数が設置される。

Ⅵ—22図　チャレンジ目標係数（例示）

	フル係数	ハーフ係数
㋑　確実，拡大，自己充足，育成	1.02	1.01
㋺　革　新	1.05	1.025
㋩　創　造	1.08	1.04

7　人材評価と処遇

以上をまとめるとⅥ—23図のようになる。

Ⅵ—23図　昇格と進級と昇進

項目	昇格（職能資格）	進級（実力等級）	昇進（役職位）
定　義	人事処遇上の肩書 （ステイタス）	人事・組織上の位置 （順位）	組織上の配置 （ポジション）
定　員	なし	なし(注a)	あり
基　準	キャリアと能力	実力と役割	実力と 意思・適性と業績
運　用	進級・昇進に先行	昇格が前提	基本的には 進級に連動
方　法	卒業方式	卒業前提の入学方式	入学方式
判　定	事後評価	現時点評価	事前評価
人　事	降格なし、滞留あり	降級あり	降職・転換あり(注b)
辞　令	〜に任ずる	〜に任ずる	〜を命ずる
賃　金	職能給（昇格昇給）	職責給の昇給(注c)	管理職・役付手当

（注）a．進級つまり実力等級に「定員なし」とは、甲子園の高校野球に例えるならポジション（ポスト）は9つなのにベンチ入りの15名をいう。
　　　　つまり実力等級は15名在籍者の中から昇進（ポスト）は9名を選抜すればよいという関係をもつ。
　　　b．転換とは職群転換を指す。
　　　c．進級と「職責給の昇給」は完全一致ではない。とくに管理職にはポスト定員が存在するからである。

第Ⅶ章　考課者訓練の進め方

1 考課者訓練のアウトライン

1 考課者訓練の内容

　人事考課を公正に進めていくには、上司教育、なかんずく考課者訓練がどうしても必要である。新任管理者はもちろん、すべての管理者を対象に、毎年少なくとも1回は定期的に考課者訓練を実施するようにしたい。

〔考課者訓練のねらい〕
　さて、考課者訓練のねらいは2つある。
　(イ)　ルールの理解
　(ロ)　価値基準の統一
　つまり、1つは人事考課のしくみなり、自社の人事考課制度の内容について、十分に理解・認識することである。成績考課と能力考課の違い、等級基準と職務基準の違い、面接制度の意義や内容の認知、人事考課表の具体的運用の仕方の理解、これらが不十分では、人事考課の公正さを実現することはおぼつかない。
　考課者訓練のねらいの第2は、価値基準の調整である。価値基準の調整とは何であろうか。

〔価値基準の調整〕
　人事考課は、実際には、3つの選択によって行われる。
　　　　⎰　行動の選択
　　　　⎱　要素の選択
　　　　　　段階の選択
　この3つの選択の基準つまり価値基準が不揃いでは、考課者間の評価ズレを正すことはできない。

まず行動の選択というのは、どういう行動は人事考課の対象として取り上げ、どういう行動は取り上げないかの選択である。日常の職務活動、それも考課対象期間中の行動に限定される。
　次に要素の選択であるが、ある行動を考課対象として取り上げるとき、それをどの要素で評価するかが、この要素の選択である。考課要素の理解が不確実だと、要素の選択が間違ったものとなり、ハロー効果など、評価はゆがんだものとなる。とくに情意考課の要素は、その選択を誤りやすく、ハロー効果を生じやすいから、注意するようにしたい。
　参考までに、情意考課の要素の選択基準を示すと、次のようになる。
　規律性……日常の服務規律の遵守度（服務規律を守っていたかどうか）
　責任性……自分の守備範囲を守ろうとする意欲の度合い（守ろうとする意欲をもって職務に臨んでいたかどうか）、および細心の注意
　協調性……守備範囲外だが、チームワークにプラスになる行動、および守備範囲の内外を問わず、他と調子をあわせて行動していたかどうか
　積極性……(イ)改善、提案　(ロ)自己啓発　(ハ)チャレンジへの意欲の度合い（事態の改善やプロモートに対し意欲的に臨んでいたかどうか）
　次の段階の選択というのは、ある行動をある要素で評価するとして、SとするかBとするか、Dとするか、の判断である。これを誤ると、評価は甘辛を生じ、不安定なものとなる。
　参考までに、絶対考課における段階の選択基準を示すと次のようなものとなる。
　S……上位等級としてもA（申し分ない）
　A……（期待し要求する程度を上回る）申し分ない

B……（期待し要求する程度）少々ミスや問題はあるが（あったが）業務は支障なく十分に行われる（行われた）

C……（期待し要求する程度を下回る）いろいろ不十分な点（ミスや問題）はあるが、何とか業務は遂行される（遂行された）

D……業務に支障をきたす（きたした）

　ルールの理解だけがねらいなら、管理者となって１回か２回、訓練を受ければよいであろうが、上記のような価値基準の調整は１日だけでは無理で、何回も訓練を繰り返すことによって成果をあげることができる。

2　毎年１回、定期的に行う

　そこで考課者訓練の進め方だが、Ⅶ—１表として掲げた訓練スケジュールの１つの案をみてもわかるとおり、できるだけビデオやＤＶＤを用いての模擬考課演習を含めるようにしたい。

〔人員の規模〕

　人員の規模だが、訓練は40〜50名程度を１グループとするのがよい。あまり多いと各人が発言する機会を得ることがむずかしくなり、グループ討議も十分意をつくすことができなくなる。また、いろいろの階層の管理者をごちゃまぜにした形で実施することが望ましいであろう。

　この１グループをさらに、７〜８名程度の小グループに編成し、小グループごとにコーディネーターを決めるようにする。

〔所要時間〕

　所要時間は、考課者訓練は演習を含めて行われるものであるから、スケジュール案でもみるように、少なくとも１回につき７〜８時間をかける必要がある。

〔考課者訓練実施のステップ〕

（i）　基本事項の説明

Ⅶ—1表　訓練スケジュールのたて方

9：00～9：05	開会挨拶
9：05～9：15	社長訓辞
9：15～10：50	講義
10：50～11：00	休憩
11：00～11：15	考課演習の進め方の説明
11：15～11：40	「作文」または「ビデオ」または「ＤＶＤ」による問題の提起
11：40～11：45	事実の再確認
11：45～12：00	個人ごとの考課
12：00～12：10	グループ別集計、事務局提出
12：10～13：00	昼食・休憩
13：00～14：00	個人別意見発表と整理
14：00～15：00	グループ別討議——考課と育成プラン
15：00～15：10	休憩
15：10～16：00	まとめ
16：00～16：10	感想文記入
16：10～16：15	閉会の辞
16：20～	散会

　能力とは何か、何のために人事考課を行うのか、自社における人事考課制度はどのようなしくみとルールになっているのか、また、人事考課に取り上げられる要素はどんなもので、どういう意味をそれぞれがもっているのか、人事考課の結果はどのように集計され、どのような形で活用されていくのか、まず基本的な事項の説明がされる。

(ⅱ)　演習（ビデオまたはＤＶＤ上映〜ケース）

演習は1つの物語を用い、その中に登場する人物について各人に考課してもらう。
(iii) 集　計
考課演習が終わればそれを集計し、その結果のばらつきを全員に見せる。そして、その全体的な評価結果の散らばりと、自分の評価結果のズレを認識させ、同時にいかに人事考課というものが主観により異なった答が出るものであるかを理解してもらう。
(iv) 各自の意見を発表させる
そして、なぜそのようなくい違いが生じたかについて、各人の意見を発表させ、同時に人事考課の陥りやすい一般的なエラーについて説明を行う。そしてエラーを避けるためには、どのような点に留意がなされなければならないかを説明する。
(v) グループ別の評価
グループ別で再び1つの評価結果を作成し提出させる。それをさきほどと同じ方法で集計し、グループによって再びなぜ異なった評価が出たかをグループ別に発表させる。
(vi) 考課例の掲示
(vii) 感想文提出
最後に人事考課の意義、人事考課制度、ルールに対する感想を書かせて提出させ、考課者訓練は終了する。

＊

そして、このような考課者訓練を管理者教育の一般的恒常コースの中に組み込んでおき、少なくとも年1回程度は実施することとしたい。
以下、これらについて、その実際上の要点を詳しく述べてみることとしよう。

1　考課者訓練のアウトライン

Ⅶ―2表　当日までに準備しておくもの

- ビデオ・DVD器材一式
- ビデオまたはDVD〈問題と解答編〉
- 自社の人事考課規定、職能資格規定（あらかじめ参加者に配布、当日持参のこと）
- 参加者名簿（1グループ7～8名で編成、グループごとにコーディネーターを決めておき○印）
- 卓上のグループ名札、参加者名札
- 模擬考課表（控用と提出用がセットになっているもの）
　　　　　　　　　　　　　　　　　　………参加者数×1.2
- グループ別集計表………グループ数×3
- 集計結果掲示用模造紙………3枚
- 感想文記入用紙………参加者数
- ファクト・ファインディング（事実の確認）………参加者数×1.2
- 講義スケルトン

Ⅶ―3表　トレーナー自身が当日までに準備しておくもの

- ビデオ・DVDの問題編と解答編の徹底研究
- 講義予習（講義テキスト通覧）
- "ファクト・ファインディング"の再確認
- "訓練の進め方"の詳細予習
- 事務局全員の打合せと分担

2　手順と内容

1　講義——基本的事項の説明

　まず、①能力とは一体何かを説明する。これについては、できるだけ平たく、体系的に説明するのがよい。そして、このような能力が、従来において一般的に各社ではどのようにしてとらえられてきたか。また自社においては、このような能力考課が②従来はどのようなルールで行われてきたのか、また、その際における基本的姿勢はどうであったのか、陥りやすいエラーはどのようなものであったか、これらについて説明を行う。

　続いて、③自社の人事制度の全般の概要と人材評価の関連を説明し、基本的事項の説明を終了する。

　ここで、④参加者から意見なり質問を受ける。できるだけ多くの人が発言するように仕向けていく。できれば一人ひとりを指名し、必ず何らかの発言を求めるのがよい。

　さて、基本的事項の説明が終わったならば、いよいよ⑤評価要素の説明に入る。これについては手引書の中で、要素の着眼点や基準等について十分説明がなされているはずであるので、あらかじめ読んでおいて訓練に参加させるようにする。もしくはここであらためて評価要素を1つひとつ説明していく。

　説明が終わったならば、約8名を1単位としてグループ編成を行う。そしてそのグループごとで要素の1つひとつについて討議と検討を行う。つまり、各要素の意義とか、考課上のねらいとか、着眼点などを検討し、また現実、具体的にどのような行動が、どのような要素の対象になるのか、これらについて、自由に⑥グループ別に討議せしめる。

この間、訓練実施者は各グループ間を適宜巡回し、グループ別討議に参加し、討議を盛り上げていく。
　このような要素のグループ別討議が一応終了したならば、どのような要素が、どのような形で議論されたか、とくに顕著なものについて⑦グループ別に発表を行わしめる。このグループ別の討議とグループ別討議事項の発表によって、要素に対する理解感は一層高まることとなる。
　これが終了したところで、次の演習に入っていく。

2　模擬考課演習（各人考課）

　全員に、たとえばⅦ―1図でみられるような⑧「考課者訓練用紙」を配付する。これは実際の人事考課の考課様式書をやや簡略化したものを用いればよい。Ⅶ―1図でみるように、思いきって簡略化した訓練用の特別フォームを用いてももちろんよい。
　これは提出用と、自分のメモ用の2つに分かれ、⑨提出用にはあらかじめ所属と氏名を記入させる。
　さて、いよいよ訓練者は演習となる⑩物語の説明またはビデオ・DVDの上映に入る。作文物語の場合はつぎの要領である。

　　『では、いまから物語をお話しいたしますから、これをよく聞いて、この物語の中に登場する2人の人物について、皆さんはそれぞれ考課をしてください。物語はただ1回しかお話しいたしません。したがって物語の中に出てくる行動や事件の中で、これは重要だと思われる事項については、メモをしておいてください。
　　はっきりした理由もなく漠然と考課することは許されません。なぜそのように考課したか、あとでその説明を各人に発表してもらうことになりますから、十分物語の中身を理解し、確信をもって考課し、記入するようにしてください。

第Ⅶ章　考課者訓練の進め方

Ⅶ―1図　考課者訓練用紙（情意のみの場合）

（提出用）

所属＿＿＿＿＿＿　氏名＿＿＿＿＿＿

考 課 要 素	佐 藤 君	山 田 君
規　律　性 協　調　性 積　極　性 責　任　性		

------------------------------- （切り取り線） -------------------------------

（メモ用）

考 課 要 素	佐 藤 君	山 田 君
規　律　性 協　調　性 積　極　性 責　任　性		

S　上位等級でも申し分ない
A　申し分ない
B　少々ミスはあるが、業務は遂行された
C　ミスや間違いがかなりあったが、業務は遂行された
D　業務に支障をきたした

まずメモ用の方に考課し、その考課が確信をもってもう間違いないと思ったならば、それを提出用に写し替え、それが終わったら事務当局に提出をしてください。
　なお、時間は無制限です。十分時間をかけて考課してください。
　考課が終わったならば、提出用の用紙のみを提出し、この部屋から一応外に出てください。ただし部屋の前にある休憩所にいることとしてください。
　全員が提出し終わったならば、事務当局であらかじめ用意された手順に従って、手ぎわよく集計し、その集計結果をこちらにはり出します。その段階で皆さんに再びこの部屋に入っていただきます。休憩は自由ですが、この部屋から遠ざからないようにしてください。最後の人が提出し終わってから集計が終わり、その結果をはり出すのは約10分後です。
　よろしいですね。ではメモ用紙を用意してください。物語をいまからお話しします』

　『物語は、佐藤君と山田君に関する１日の行動です。佐藤君と山田君は同僚です。いずれも高卒で、高校を出てから５年目の若者です。仕事としては若干の判断を交えた業務を日常行っています。２人は同一の〇〇係に所属しており、共同で同じ仕事をそれぞれ分担して行ったり、またそれぞれで別の業務を行う形になっております。
　さて、この２人についての物語ですが、よく聞いてください』

　『佐藤君と山田君は同僚です。ある日の朝、始業ベルが鳴ると同時に係長が２人に仕事を与えました。"今日１日でやる仕事としてはやや多いが、どうしても今日中に終えてもらいたい仕事がここにある。あしたの朝までに終わっておかないと会社業務としてはたいへん支障をきたすこととなる。どうしてもきょう中に終わらしてい

ただきたい。たいへんだけれども、よろしく頼むよ。
　仕事の内容は、これまでもときどきやっているが、例の計算を交えたすでに作成されている文書の点検と、若干の判断を交えての整理だ。これはもうすでにいつもやっていることだから、あらためてそのやり方については説明しない。十分注意して、間違いのないように、そして今日1日でやり終えるようにやってください。ではよろしく頼むよ"』

『"佐藤君、いいね"。係長は佐藤君に声をかけます。佐藤君は"はい承知しました"。と、はっきりした返事をします。再び今度は係長が山田君に声をかけます。"山田君、いいね"。山田君は返事をいたしません。わかったようなわからないような顔をしておりますが、常日頃、山田君はいつもこのような調子です。仕事を与えても、特段返事はいたしません。しかしそれは大体山田君の性格であって、しばしばこれまでもその通りであったので、係長はそれ以上声をかけず、大体山田君も理解したものと思います』

『さて仕事の指示が終わって、佐藤君と山田君は2人とも仕事を始めました。まじめに2人とも一所懸命に仕事を進めていきます』
『やがて昼近くになりました。係長としてはどうしても今日中に終えておかなければならない仕事なので、気になるので、2人の進行ぶりを見ます。佐藤君はかなり進んでいます。山田君は佐藤君に比べると、かなり遅れています。そこで心配になって山田君に声をかけます。"山田君、今朝言ったように、あしたの朝までにはどんなことがあってもこの書類の作成が終わっていないと困るから、よろしく頼むね。たいへんだろうけれども、とにかく今日中にやり上げてくれんか"。依然として山田君は返事はいたしませんが、わかったような表情です。とにかく一所懸命に仕事をしていることでもあ

り、そこで係長としては、それで了解しているものと思います』

『やがて昼になりました。2人は食事をし、休憩時間に入ります。そこで食事が終わって外に出た2人は、芝生に寝ころびながらいろいろと話をしますが、佐藤君が山田君に声をかけます。"今度の日曜日、みんなでそろってハイキングに行く予定になっているが、山田君、一緒に行こうよ。○○山から○○海岸のほうに向けて遊んでくるのは、たいへん気持ちいいよ。山田君はいままでほとんどこういうものに参加していないようだから、今度はひとつ参加しようじゃないか"。

これに対して山田君はつぎのように答えます。"うん、でも日曜日はおれは1人で寝て暮らすのがいちばんいいから、せっかくだが断るよ。だいいち、寮の連中と一緒にハイキングに行っても、あまりおもしろくないしな。おれは行かないよ"

佐藤君はこの山田君の返事に対して、もう一度声をかけ直します。"うん、しかしやはりハイキングにみんなで行くということは、健康にもいいが、人間関係からみてもいいことなんだよ。やっぱり親しくなっておくということは、今後いろいろ仕事をやったり何かやるうえにおいても、たいへん得することでもあるから、1人で寝ているのもよいだろうけれども、たまにはみんなと一緒に山や海に行くこともいいから、ぜひ行こうじゃないか。ほかに特別な用事があるなら別だけれども、用事がないならぜひ行こうよ"

しかし山田君は、その再度の呼びかけに対しても断ります。"いや、とにかくおれはあんまり行きたくないから行かないよ。君たちだけで行けよ"

佐藤君はそう言われるとそれ以上呼びかける気にもなりませんので、"そうか。それじゃしかたないな。いずれまた機会があったら声かけるから、その時には参加しろよな"。このようにして2人の

会話は終わります』

　『さて昼休みが終了し、午後の時間が始まりました。2人は定時に椅子に着き、再び午前中の作業を続行いたします。何しろかなりの量があるし、それを今日中にどうしても終えておかなければならないので、2人とも一所懸命です。係長はそれをチラチラと横目で見ながら、係長自身も膨大な作業を処理していきます』
　『やがて3時近くになりました。係長としては気が気ではありませんので、再び2人の仕事の進行ぶりを見ます。佐藤君はもうかなり仕事が進んでおります。これなら大体定時までに終わるんじゃないでしょうか。係長は内心ホッとします。一方、山田君の方を見ます。これは佐藤君に比べるとまだまだかなり遅れており、少なくとも2時間から3時間程度の残業をしないと終わらない程度のものが残っているような気がします。
　そこで再び係長は気になるので山田君に声をかけます。"山田君、いいね。今日中にやらなければならない仕事だから、頼むよ。がんばってくれよな"。依然として山田君ははっきりした返事はしませんが、大体了解したような顔ですので、係長はそれ以上は言いません』

　『このような状態で1日が終わり、やがて定時の5時がやってきました。
　5時近くになったので、係長は今度は席を立ち、佐藤君のところに行きます。佐藤君の仕事ぶりをしばらくながめております。その時に、佐藤君はちょうど全部の仕事が終了しました。ふと見ると、係長が背中のうしろから自分の仕事を見ておりますので、"係長、一応できましたよ"と報告します。そこで係長も声をかけます。"ああ、いやどうもたいへんご苦労さん。"それじゃちょっと見せてもら

おうかな。よくやってくれたね。たいへんだったろう。ご苦労さん"。そう言いながら係長は、佐藤君がやり終えた書類をパラパラとめくってみます。

　そうすると、これはいままでも注意したことはあったのですが、やはりところどころ間違いがあります。判断の違いもあれば、単純な計算の誤りの見落としもあります。そこで係長は、"佐藤君、この計算の点検においても、それからこの文書の整理のところにおいても、ちょっと誤りがあるような気がするね。まだ詳しくは見てないけれども、どうだろうかな"。そこで佐藤君は、すかさず声を返します。"いや係長、実は今日中にやらなければならないと思ったので急いでやったんですが、私いまから全部見直すつもりでいたんです。いや、もうちょっと待ってください。とにかく私もう一度これを全部見直したうえで、大体自分の誤りやすい点も知っておりますから、その上で実は係長に提出するつもりでいたわけです。いまたまたま係長がいらっしゃったので、終わったと申し上げましたけれども、いまからすぐ全部見直しますから。そうですね、1時間から1時間半あれば全部見直すことができますから、残業させてください。そのうえで提出いたしますから。係長が全部目を通していただいて、よければ私帰らせていただきますので、いかがでしょうか"』

『このように、佐藤君は自分のやり上げた仕事を点検するために、残業を申し出ました。もちろん係長としては異議ありません。"ああ、いいよ。それじゃひとつ、済まないけど、しばらく残業して、もう一度全部目を通してくれないかな。そのうえでおれに提出してくれ。おれももう一度見直させてもらったうえで、終わりということにしようじゃないか"。佐藤君は残業を始めます』

『一方、山田君の方の仕事を見ます。山田君は一所懸命仕事をし

ておりますけれども、何となくソワソワしております。"山田君、どうかね"。山田君は、ここではじめて返事らしい返事をします。"一所懸命やりましたけれども、やっぱりたいへん仕事の量が多いので、まだかなり残ってしまいました"。申し訳けなさそうな顔をしています。

　係長は仕事の残りを見ながら声をかけます。"そうだね、これはまだあと2時間から3時間分ぐらいあるな。それじゃひとつ、今日は残業してくれるかい。朝から何回も言っているように、ぜひ、今日中に終えておかないとたいへんに困るので、それじゃ残業頼むな"。これに対して山田君が返答します。"係長、実は今日私は残業することができないんです。友だちと約束があるんで、これからもう帰りたいと思います"

　係長はびっくりします。"いや、今日中にやり上げてもらわなきゃ困ると、朝から何回も言っただろう。それじゃ悪いけど、友だちにいまからすぐ電話ででも連絡して、その約束を断ってくれないか"。残業してもらいたいから、かなり強い調子で係長は残業を命令します』

『これに対して山田君はしばらく考えていましたが、"いや係長、でももういまからじゃ友だちに連絡する方法はありません。指定された場所に私としては行きたいし、またどうしても今夜は会っておきたいのです。帰らしてください"。このような形で、2人のやりとりが続きます。だんだん係長も山田君もエキサイトし、やりとりは激しくなってまいります。係長はどうしても残業をさせたいし、山田君としてはどんなことがあっても帰りたい意向のようです。そこに調整はほとんど不可能のようにみうけられます』

『たまりかねて佐藤君がついに声をかけます。"係長、それじゃぼ

　　　　　　　　　　　　　　　　　　　　2　手順と内容

くがやりますよ。ぼくは今日何にもありませんし、ぼくの分も１時間から１時間半かければ終わりますから、そのうえで山田君の残った分をやることにしましょう"。係長は内心、ほっとします。救われた感じです。"そうか佐藤君、それじゃ申し訳ないけれども、山田君もこう言っているから、山田君の残った分を全部やり上げて帰ってくれるかね。じゃあ山田君、帰っていいよ"。かなりつっけんどんに山田君に言います。山田君もエキサイトした手前、"そうですか。それじゃ帰らせてもらいます"と帰って行きます』

　『"佐藤君、すまないね。それじゃ頼むよ"。なお係長は山田君が処理した書類を点検します。仕事はたいへんよくできています。大体、山田君はコツコツとやるタイプなんですが、仕事の内容も佐藤君のやり上げた仕事ぶりに対しては、はるかにきれいだし、まず間違いもほとんどなさそうです。その点は内心感心します』

　『やがて佐藤君は自分のやった仕事を点検したうえで、山田君の仕事をやり終え、これを点検したうえで係長に提出します。そのすべての仕事が終了し、そして係長から"よくできた。ご苦労さん。帰ってよろしいよ"と言われたのが、定時から約４時間のちの９時半前後でした』

　『さて、以上が物語です。この物語の内容について、さきほど申し上げたような注意に従って、各人メモ用紙のほうにまず考課してください。それが終わったならば提出票に清書し直して事務局の方に提出し、外に出てください。いいですね。
　物語の内容については、もう二度と説明いたしません。また皆さん方の質問も受けませんので、ただちに考課に移ってください。時間は無制限です。
　なお考課は、そのシートの下にも書かれているように、Ｓ・Ａ・

第Ⅶ章　考課者訓練の進め方

　　　B・C・Dの5段階で考課してください。S・A・B・C・Dについては、すでにさきほど基本的事項の説明で説明し終わったところですから、それに従って考課をしてください。では開始してください』

　以上が物語の説明である。ビデオやＤＶＤによる場合、その上映のあと、画面に盛り込まれた事実を、「事実確認書」を配布して、事実の確認（ファクト・ファインディング）を行う。このようにして第1回の演習を進行させれば、各人は各人ごとに配られた⑪考課者訓練用紙に、いまの物語に従って考課を行う。

　一般に、この程度の問題だと早い人で約7、8分、遅い人で大体15分から20分で考課を終了し、提出する。大体その前後をみはからって⑫休憩に入ればよい。

　さて、この演習問題（考課物語）に従って考課が行われ、提出が行われたならば、これをⅦ—4表でみるような形で⑬集計を行う。手ぎわよく集計することが必要だ。へたをすると集計に手間どるから、あらかじめ集計手順については十分検討をし、集計のための人員を確保

Ⅶ—4表　集　計　様　式

考課要素	佐　藤　君					山　田　君				
	S	A	B	C	D	S	A	B	C	D
規　律　性	2	5	9	4	0	1	2	8	7	2
協　調　性	11	7	2	0	0	0	1	6	11	2
積　極　性	4	10	3	2	1	1	2	3	10	4
責　任　性	7	9	2	1	1	0	1	2	8	9

しておくことが望ましい。

　集計時間が20分も30分もかかったり、また集計結果が数量的に計算違いであったり、読み違いがあると、あとの考課者訓練自体の効果を半減させるから、できるだけ手ぎわよく、短時間に、しかも絶対に間違いのない形で集計するようにしたい。

　集計し終わったら、それはⅦ—4表のような形になるわけだが、これを模造紙などに書き、見やすい場所に大きくはり出す。

　はり出しが終わったならば、ここで⑭全員を部屋に呼び入れる。そしてつぎの説明が開始されることとなる。

3　人事考課のポイントについての説明——個人別意見発表と問題点の集約

　第1回の演習が終わり、各人の考課結果が集計されてはり出され、これをもとにして各種の検討が進められる。まず、⑮集計結果の説明と自己批判である。それは、次のような説明から始めればよい。

　『皆さん、ここにはり出されたのは、皆さん方がいま同じ物語の中で登場した佐藤君、山田君についての考課結果です。これでみられるように、同じ物語であるのに、1つの要素に対し、ある人はたいへん良い(S)とつけた人がいるかと思うと、たいへん悪い(D)というようにつけた人もいます。つまりいうなれば、同じ行動であるのに、SもいればBもいる、Cもいる、Dもいるというのは、いかに人事考課が主観的な立場で行われるおそれがあるかを示しているものといえます。

　このようなくい違いがあっては、いかに人事考課の結果を、部門間の調整とか、甘辛調整をしたところで、はたしてそんなものが処遇などに使えるでしょうか』

『よくながめ、自分の考課結果との違いを確かめてください。自分の考課のズレをよく自覚して、これからは人事考課を行う場合にいかに慎重でなければならないかを痛感してください。それがたいへん重要なことです。あなた方自身が自分のつけた結果とここにはり出された集計結果とを比較して、たとえば自分は一体多数派なのか、それとも少数派なのか、まずそれをよくみてください。

多数派ということは、必ずしもそれが正しい考課だとはいえませんが、ともかく常識的な考え方をもっている人だということがいえるかもしれません。それからまた少数派、つまりここに１票とか２票というところがありますが、このような人達の考課結果は、それが自分の考課結果であるならば、それはやはり一般的かつ常識的判断基準からみればやや乖離した見方であるといってよいのです。

また皆さん方自身の考課結果は全般的な考課の中では甘いほうなのか、それとも辛いほうなのか、それともほとんどが（標準まん中）に集中し過ぎているのか、それとも極端化であるのか、これらをまず確認し、自己批判をしていただきたい』

『おもしろいことに、Ｓをつけた人はほとんどＤを使う。それが極端化傾向です。つまり、ものごとを極端にみがちな人です。集中化傾向というのは、できるだけ無難に考課してしまおうという考え方の持ち主です。たとえばＳが２つ以上、そしてＤが２以上ある人は、これは明らかに極端化傾向の人だといえます。またほとんどＢばかりの人は、これは集中化傾向の強い人だといってよいでしょう。

さあ、ではよく自分のを見て、次に該当すると思った人は手を上げてください。まず、自分は多数派に属すると思う人』
（ここで手を上げさせる）

『次に、自分の考え方は他の人の考え方とやや違うと感じられた

人。
　また極端化傾向が強いと思われる人。いま言ったようにＳとかＤが２つ以上それぞれ使われている人は、極端化傾向の人です。このような人は、これからもっと世の中を穏やかにながめるように考えてみてください。
　では集中化傾向の人はどうでしょう。手を上げてください。あなた方は、どちらかというと是々非々の精神が欠けている人たちです。やはり良いものは良い、悪いものは悪いと、はっきり部下をながめる習慣を身につけてください。
　甘いと思った人はどうでしょうか。では辛いと思った人はどうですか』

　このような形で、各人に、まず自分の価値判断基準というものが、一般的な大勢の中でどのような位置づけにあるかを自覚させる。これがたいへん大事な仕事だ。
　さて次は、⑯で各人の発言を求める段階となる。できれば要素の１つひとつについて、やや極端な考課を行った人から説明を求めていく。たとえば次のような進め方をする。

　『○○さん、あなたは、佐藤君の規律性にＳとつけましたね。佐藤君の規律性をＳとつけた人は、実はあなたともう１人、△△さんの２人だけです。これはたいへん貴重な意見ですが、なぜ佐藤君の規律性にＳをつけたか、これについて、そのつけた理由、考え方を話してください』

　このようにしてつぎつぎに指名をし、意見を述べさせる。

　『□□さん、あなたは、いま発言した○○さんたちと違って佐藤

君の規律性をＣ、つまり「悪い」とつけていますね。これは一体なぜでしょうか。意見を述べてください』

　このようにして、各要素について、なぜその段階でその要素でそのような考課を行ったかについて、まず少数意見から、そしてそれも両極端から発言させ、ついで漸次多数派に向けて答えを発表してもらう。このようにすることによって、人さまざまの考え方の違いを相互に理解することができる。

　主観はまさに、人によってさまざまだ。たとえば、右の物語の中で、山田君の規律性にＳをつける人もいる。山田君は係長が命令したのに返事もしていない。残業も拒否して帰っている。にもかかわらず、なぜ山田君の規律性がＳなのか。これに対する１つの説明はこうだ。

　「山田君は、誰が何といっても定時５時になったら帰った。これは会社が定めた終業時間という１つの規則に対して、きわめて忠実であり、規律性は高いと判断できる」

　これも確かに１つの判断基準であることには間違いなかろう。それが正しいかどうか、それは各会社で判断すればよい。要は、全員が同じ判断基準に立つことだ。

　ともかく、上記のようにして、手ぎわよく、順序よく、しかも対照的に皆の意見を求めていく。訓練実施者の能力が要求されることはいうまでもない。価値判断基準の相互の関連性や対照的な意見のくい違い、その発想の特性、および自分の考え方の特性、こういうことが十分に理解され反省されることが必要である。

　そしてまた、これらの討議を繰り返すことによって、考課要素に対する理解も深まる。判断力とか、規律性とか、協調性、積極性、責任性、知識、成績、こういう考課要素の実践的意味をさらによく理解しうることとなる。

このような各人の意見発表がひと通り終わったならば、今度は再び訓練実施者の説明に入る。つまり⑰人事考課のエラーの性格についての説明である。それは次のような形で行う。

『人事考課には、一般に次のようなエラーが生じやすい点が指摘できます。集中化傾向、極端化傾向および甘辛のゆがみ、およびハロー効果などです。

これらについては、すでに演習で理解した通りですが、たとえばハロー効果というのは、何か1つがよいと、全部何もかもがよいと判断してしまうエラーで、これは人事考課の中でもとくにこわいエラーです。

では、これらのエラーは、一体なぜ起こるのかが問題です。それは演習におけるさきほどの皆さん各人の発言によってすでにおわかりのように、実は考課を実施していくプロセスで3つの判断行動において各人にくい違いが生じたからです。

3つの判断行動とは何かというと、まず1つは、行動の選択（──こう言いながら、これを黒板に大きく書く）、つぎに要素の選択、そして最後は段階の選択です。

　　　行動の選択
　　　要素の選択
　　　段階の選択

まず行動の選択とは、一体、どのような行動が人事考課の対象になるかの問題です。たとえばさきほどの物語の中で、昼休みにハイキングに誘われて断った件がありました。これは、人事考課の対象に取り上げるのかどうかです。取り上げるかどうかで考課結果は当然異なってくる。人事考課の対象としてあの件を取り上げた人は手を挙げてください。

反面、人事考課の対象に取り上げなかった人、またよくわからず、

入れたような入れないような漠然とした気持ちで処理された人はいかがですか』

このようにして、行動の選択において各人がとった態度を発表させる（筆者の経験によると、一般には人事考課の対象に入れない人が６割、入れる人が３割、そしてあとの１割が漠然としてつける傾向がある）。

『では―』という形でさらに問いかける。

『では家の中でたえず夫婦げんかをしている。これは人事考課の対象になるのでしょうか』

『さらに、では会社が終わってから、帰りぎわにガード下で１ぱい酒を飲んで大声でわめきちらし、たまにはだらしなく周囲の人とけんかまでしている。このようなことがしばしば行われているということが耳にはいるとします。これは、人事考課の対象になるのでしょうか』

『ではもっと身近に、昼休みに電話がかかってきました。昼休みだからといって全然電話の受け答えをしません。これは人事考課の対象になるのでしょうか』

『家庭内のこと、通勤途上のこと、昼休みのこと、ハイキングの件。さて、これらは人事考課の対象になるのかどうか、よく考えてみてください。これを人事考課の対象にするかどうか、これだけでも人事考課の結果は違ったものになるのはあたりまえでしょう。

さきほど、ハイキングに行く件を取り上げた人は、その行動からおそらく佐藤君の協調性はよい、山田君の協調性は悪いとつけたと思われます。これを取り上げなかった人は、協調性に対する判断も異なったものになったはずです。

このように、人事考課の対象として一体何を取り上げるかについて、判断基準が統一されていなければ、人事考課のエラーがそこから生じてくることになります。
　では、人事考課とは何かを、もう一度説明しておきましょう。人事考課とは、"日常の職務における行動を通じての成績と能力の観察と分析"だということです。いいですね。そこからおのずから対象範囲は限定されることになるでしょう』
　（ここで、ハイキングの件を考課の対象に入れるかどうかについてはまだ説明はしない。それは次の段階のグループ別の第2回演習が終わった時点で、正解という形で説明すべきであるから）

『それでは要素の選択についての説明に入ります。考課対象とすべき行動を取り上げたならば、その行動をいずれの要素で説明するか、これが要素の選択です。たとえば命令を与えた時に返事をするかしないかは、規律性なのか、協調性なのか。またさきほどの例で山田君は残業を拒否しましたが、一体これは規律性なのか、協調性なのか、積極性なのか、それとも責任性なのか、いずれの要素で説明するかを決めなければならない。これが要素の選択なのです。
　要素の選択において注意しなければならないのは、1つの行動は1つの要素で説明し終わらなければならないということです。たとえば残業を拒否したのは規律性も悪いんだ、協調性も悪い、積極性も悪い、責任性も悪いということになると、ただ1つの行動で何もかも全部悪くなってしまう。これを積み上げると、いわゆるハロー効果が生じる。何か1つよいと、何もかもよくなる。1つ悪いと、すべてが悪くなる。これでは困る。つまり過大評価になってしまう可能性があるからです。このような過大評価を防ぐ意味においても、1つの行動は1つの要素で説明し終えることが必要です。
　ただし、考課要素は基本的能力と、精神的習熟度と、情意と、成

績の４つに分かれているが、この４つのそれぞれの島（グループ）の中では、いま述べたように１つの行動は１つの要素で説明し終わらなければなりませんが、１つの行動が、違った島で各々取り上げられることはあります。つまり、たとえば、知識が乏しいから成績が悪いというようなケースです。また、知識もないし規律性もないからこのような失敗をしでかしたんだと、このような取り上げ方をしても、それは許されます。しかし、あくまでも、１つの考課要素群（島）の中では、１つの行動は１つの要素で説明し終わらなければなりません』

『さて皆さん方は――ここで各人に問いかける――つの行動を１つの要素で説明しつくしたでしょうか。何か１つ悪い点をあちらの要素こちらの要素で説明はしなかったでしょうか』

『次に、考課要素相互間の関連性について、十分に理解しておかなければなりません。たとえば規律性というのは、日常の服務規律に関することだけに限られてしまう。責任性というのは、野球でいうならば自分の守備範囲に飛んできた球に関する問題で、協調性というのは、自分の守備範囲以外に飛んできた球に関するものです。これを混同してはならない。

さらに積極性というのは何かというと、たとえば積極的に協調していたというのは協調性であって積極性ではない。このような取り上げ方をしたなら何もかもが「積極性」に関連してしまいます。積極的に責任を守った、積極的に規律を守ろうとした、これは「積極性」ではない。

このような形で要素が並んだ時の積極性とは、たとえば自分の守備範囲を変えるように上司に具申をしたり、その守備のあり方について、こういうあり方でいま決められているけれども、これはこのように改善してはどうだろうかと提案したりすることが積極性なの

です。つまり、作業の手順の改善や提案、企画意欲など、これが積極性です。したがって自分の守備範囲に関しては、それがいかに積極的な取組みでも、それはすべて責任性で説明しつくされねばなりません』

『考課各要素間の相互関連性を正しく理解しないと、ハロー効果や論理誤謬をおかし、公正さが失われる。さきほどの問題で一般には、残業を拒否したという事実で、そのような人は規律性も悪く、協調性もなく、積極性も乏しく、当然責任性も薄いというように、不当に過大に悪く考課してしまう危険性を多分にもっています。よく注意してください。人事考課においてもこのへんがもっとも問題です。

さらに要素の選択に関して注意すべき点は、確たる証拠もないのに考課してはならないという原則です。人事考課は場合によっては極端にいうならば白紙で出してもかまわない。つまり、はっきりした根拠がないのに無理をしてつける必要はないのです。ききほど述べた物語の中で、はたして佐藤君、山田君２人をすべての考課要素について考課するだけの材料があったでしょうか。おそらくなかったのではないでしょうか。その場合には、そのような材料のない要素については考課をつけないのが正しいのです。

このように、人事考課はあくまでも事実の観察であって、想定ではない。想定ではそこからエラーが生ずることになるのです。何となくあいつはいいような気がする、あの点が優れているのだからこの点もきっと良いであろうとなると、これはもはや事実の観察ではなくなります。単なるイメージです。そういう形で人事考課は断じて行われてはならないのです。

したがって、確たる証拠がない場合には記入しない。これが人事考課のもう１つの大事な原則です』

『さて、最後の選択は、段階の選択です。ある行動をある要素で説明するとして、さてその考課段階としてＳなのか、Ａなのか、Ｂなのか、Ｃなのか、Ｄなのかの選択がそれです。本来人事考課は、"期待し、要求している程度を満たしているかどうかの観察"ですからプラス（満たしている）とマイナス（満たしていない）の２つさえあればよいはずです。しかし一般の人事考課になると、これだけではやはりもの足りない気がする場合が多いようで、したがって現実としてはＳ・Ａ・Ｂ・Ｃ・Ｄなど５段階を用いることとなりますが、とするならば、よほど精密に、Ｓとは何か、Ａとはどの程度のものかをあらかじめ決めてかからなければなりません。ところが、実務上の問題としてＳ,Ａ等をいかに精密に決めてかかっても、それを誰でも完全に実感をもって理解しうるように文書化することはほとんど不可能だといえます。

したがって結局、多くの考課者訓練や相互の討議を通じて、どういう場合がＳなのか、どういう場合がＡなのかを、実感をもってみんなが体得していく以外には、適切な方法はないといえます』

ここで一般的な説明を少し加えると、考課段階はあまり複雑にすべきではない。これは最初にも述べたように人事考課はできるだけ簡潔がよいということと相通じる。ちょうどむずかしい写真機は、素人が使っても十分に写せないのと同じことだ。距離もなく、シャッター時間の調節も必要がないようなカメラならだれでも写せる。人事考課も同じだ。簡単な人事考課のしくみでも、むしろ運用さえよければ成果はあがる。いかに高度な精密な人事考課規程を作ったとしても、適切な運用が伴わなければ価値がない。できるだけ簡潔な考課表を作り、それをともかく的確に同一かつ客観的な基準で考課できることが肝要だ。運用が適切ならば、そのあとに、より精密な人事考課ルールを設定、導入するという段階を経てはどうだろうか。

ともかく考課者訓練を積み重ねながら、S・A・B・C・Dの具体的感覚を考課者がもつことが必要である。

『Sとはあくまでも「たいへん良い」ということです。「たいへん」というのは、「そうざらにない」ということであって、ちょっとよいとそれはS、というのでは困ります。たとえば、"○○さんは命令を与えると必ずよく返事します"、という事実に対し「ああ、いつも返事をするから、Sだ」というのでは困る。実は返事をするのがあたりまえであって、それはBなのです。返事をしないのがCなのです。これを返事をよくします―S、返事をしません―D、これでは極端化傾向というエラーをおかすことになります。

結局、極端化傾向は、何が標準なのかについて明確な認識がない場合に生ずるわけです。つまりBレベルに対する基準のあいまいさが問題だといえるでしょう。すでに述べたように、人事考課における1つの要点は、Bレベルの統一と確認であるといえます。Bレベルに対する確認があるなら、みだりにSとかDが出てくるはずはありません。』

さて、以上の説明が終了した段階で第2回の演習に入る。

4　グループ別考課

再び⑱訓練用紙を配付する。これは第1回の個人別考課演習とまったく同じものでよい。ただ違いは、今度は8名程度の単位で編成されたグループごとで討議し、グループとして1つの考課結果を提出させる。したがってこれはあくまでも⑲グループ別考課という形になる。

これは時間は無制限にすると、いつまでも議論がつきないから、個人別考課が時間無制限であったのに対し、今度は一定の時間を設定する。グループ別討議を十分に尽させるためには、やはり少なくとも1時間ほどは用意したい。

グループ別討議と考課が終わったならばこれを提出させ、その場で集計する。

　グループ別考課は、リーダーを決め、コーディネイトする。つまりリーダーが全体の意見をまとめ、意見が集約できない場合には、グループの中で多数意見をとる。ただし、どうしても多数決では問題が多すぎる場合には、少数意見も併記しておくこともちろん許されるであろう。しかしこれはあとで、いずれ各グループに発表してもらう時の説明として付加される形をとる。

　グループ別考課が終わったならば、これを集計し、発表する。そして、これ以後は、第１回演習後の意見発表とまったく同じ手順を繰り返す。つまり、なぜグループ間でくい違ったか、その考課根拠の違いを皆で検討する。グループ内でどのような意見が交換されたか、どのようなことが論争のタネになったかについて詳細に発表をしてもらう。

　この⑳討議を繰り返すことによって、要素に対する、また人事考課のエラーに対する認識は一層深まる。と同時に、部下に対してどの程度のことを期待し要求すればよいか、つまりＢレベルについての具体的感覚も定まってくる。また、自分の考課上の癖を見つけることもできよう。

　いよいよ最後のステップは㉑正解の提示である。

　人事考課に正解はあるのか。もちろん正解が必要である。それは、いうならば共通の判断基準なのである。人事考課においては、価値基準の自由は許されない。おれはこう思う、彼はこう思うという形で皆が自分の思いで部下を考課し、それがもし仮に賃金や昇給に査定されるのであるなら、一体、査定される従業員はどのような気持ちをもつであろうか。明確にされた基準で、かつ誰がつけようと、ほぼ同じ結果が出ることが是が非でも必要である。

　まさに正解がなければならないのだ。その正解は誰がつくるのか。

Ⅶ—5表　あらかじめ用意された正解

考課要素	佐　藤　君	山　田　君
規　律　性	B	C
協　調　性	A	—
積　極　性	—	—
責　任　性	A	C

（正解は社内の人事委員会でつくられねばならない）

それは外部の者でもなければ、学者でもない。まさに企業の中で、全員が討議し、集約した形で正解はつくられていかねばならない。したがってこのような演習問題およびそれに対する正解は、日常において議論をつくしながらつくり上げておくことが要求されるわけである。

　さきほどの問題について、ここにあらかじめ用意された正解がある。この正解を、自社における正解とするかどうかは、企業内全員の意思によって決めればよい。

　ここでは１つの例示として正解を示すとⅦ—5表に示すごとくである。このケースでは、要素によっては考課不能の箇所もある。取り上げるべき行動がないからである。また、さきのⅦ—4表でみた考課結果の集計結果と必ずしも一致しているわけでもない。

　たとえば昼休みのハイキングの会話の件はまったく対象の行動にならない。したがって山田君の協調性を判断する材料はどこにもなかったと考えざるを得ない。また山田君の積極性をとらえる材料もなかったのではなかろうか。山田君に関していえることは、要するに命令を与えたのに返事をしなかったということと、残業を拒否したという事実のみである。この２つの事実のみが、情意考課の対象としては扱われなければならないであろう。

　返事をしなかったこと。これは彼が、最初に述べたように、高校を

出てから5年目程度の、いうなれば中から上にかけての係員であるということであるならば、やはり仕事が与えられたとき明確に返事をするということは、"確認"のうえにおいて大事である。確実に仕事が伝達され、遂行されることは、企業において基本的に重要なことであるだろう。したがって本来、このクラスにおいて、仕事を与えたのに返事をしないということは、Dクラスに値しよう。

しかしながら、なぜ係長が返事をさせなかったかである。返事をしない傾向や習慣があるならば、返事をするよう求め指導すべきである。「山田君、いいね。返事をしなさい。承知したといいなさい」、こう言うべきではなかっただろうか。もしここまで念を押していたならば、あの残業拒否の問題はそもそも発生していなかったであろう。なぜならば、山田君は「いや、実は今日私残業できませんから、もし定時までに終わらなかったら、誰かにやらせてください。私は帰らしていただきますから」と彼は発言をしたであろう。とするならば、その時点ですでに係長は「いや、ぜひやってくれないか」とか、「それじゃ佐藤君、やってくれるだろうか」、さらに2人ともできないのなら、誰かに応援を求めるなり、また自分がそのつもりで始めから仕事を割り振るなりすることができたであろうと思われる。このように考えると、事の1件はまさに係長にも責任があるといわねばならない。

人事考課を行うにあたって必要なことは、上からの命令指示が適切であったかどうかを十分考慮に入れてかからねばならない点である。上からの命令指示が適切でない場合には、能力が高くとも結果が必ずしも良いとは限らないから、その責任は命令指示の不確かさにも帰すべきである。まさにこの事例はそこに1つの問題が置かれている。

以上からして、"返事をした"点で佐藤君は規律性に関しては「B」、そして山田君はDとつけるべきであるが、係長の責任が半分あるという意味において、山田君の返事をしなかった事実は規律性において「C」という形で評価が行われてしかるべきである。

山田君に関する限り、協調性と積極性を考課する材料は、あの1日の物語の中ではなかったといわざるを得ない。
　では、残業を拒否した件はどうなるであろうか。これは自分の守備範囲に関するものである。他人の応援を求められて残業を拒否したのならば、協調性の問題である。しかしこれはあくまでも自分に与えられた仕事の残業拒否であるから、これらは責任性で処理されるべき事柄である。会社は1つの組織として業務が展開されている。あしたの朝までどうしてもできていなければならない書類が、もしできていなかったならば、それによって企業はどれだけの大きな損失をこうむるであろうか。致命的な打撃を与えることだって考えられないことはない。
　このように考えると、残業を拒否して自分の仕事をほったらかして帰った。今日1日のうちにどうしてもやり終えなければならないということが、朝からくどくどと説明されているにかかわらず、それは山田君の耳にも入っていたはずだ。そしてそれに対して明確な返事もせずに、残業を拒否して、自分の仕事を未了のまま終えた点は、責任性に関して強く罰せられるべきであろう。いうならば山田君の責任は本来は「D」である。
　ところで問題になるのは、係長の態度に落度はなかったかということである。係長は早く残業命令を正式に出すべきではなかっただろうか。日本の残業はズルズルと行われる。何となく残業に入っていく。そのあたりに日本の時間管理意識の低さがある。
　これから時間短縮が進んでいく。時間短縮は、まず基本には時間管理意識というものが高くなければならない。時間中ダラダラやっていては、時間短縮や、週休2日制の進展は望めない。残業命令は的確に出されねばならない。日本の労働時間が国際公正労働基準からみて長いことは否定できない。今後日本の労働時間を欧米なみにもっていくためには、それにもっていけるだけの姿勢なり心がまえというものが

第Ⅶ章　考課者訓練の進め方

Ⅶ—2図　正解の考え方（その1）〈山田君の場合〉

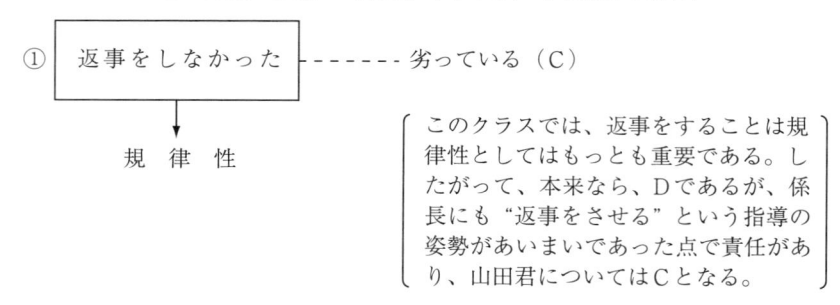

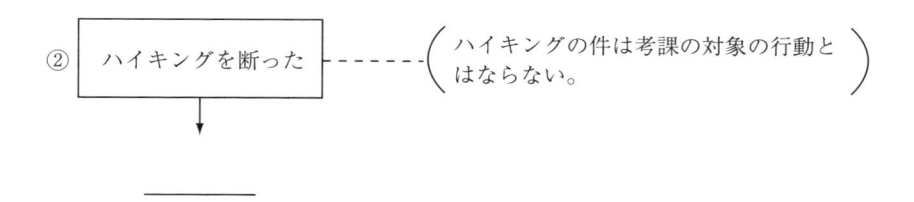

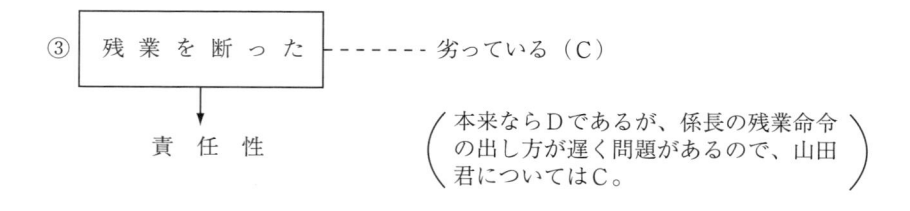

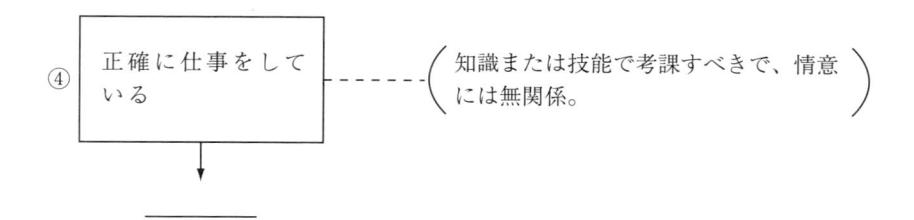

① 返事をしなかった ------ 劣っている（C）

　　↓
　規　律　性

　　　　　　　　　{ このクラスでは、返事をすることは規律性としてはもっとも重要である。したがって、本来なら、Dであるが、係長にも"返事をさせる"という指導の姿勢があいまいであった点で責任があり、山田君についてはCとなる。}

② ハイキングを断った ------ （ハイキングの件は考課の対象の行動とはならない。）

　　↓
　――――

③ 残業を断った ------ 劣っている（C）

　　↓
　責　任　性

　　　　　　　　　（本来ならDであるが、係長の残業命令の出し方が遅く問題があるので、山田君についてはC。）

④ 正確に仕事をしている ------ （知識または技能で考課すべきで、情意には無関係。）

　　↓
　――――

必要だ。

　係長はやはり明確な形で残業命令を、少なくとも残業しなければならないと判断ができた時点で、それはおそらく11時または午後3時だが、その時、「山田君、今日君は残業してもらう。いいね」と出すべきではなかっただろうか。もし残業を念を押していたなら、山田君がそれでもなおかつその時点で黙っており、そして終業時になって残業を拒んだなら、責任性はDに値しよう。しかし、もし念を押していたら、「今日私、友だちとの約束がありますからできません」と明確に答えていたかもしれない。そして彼は何ら責められるべき結果を生じてはいない。結局、係長の判断の誤りと部下に対する管理と指導の不適切さが責められることとなる。このように、本来は「D」であるが、係長の命令指示の与え方の不適切さを考慮して「C」が妥当する。

　一方、佐藤君については、返事をした、また時間中仕事を一所懸命にやった、これはあたりまえである。これが"期待し要求されている程度"なのである。したがってこれらは「B」となる。佐藤君の規律性をAとつける人がいるが、これは「Bレベル」に対する確固たる信念の欠如から生じたものといえる。

　次に、佐藤君が山田君の残った仕事に対して、残業をみずから買って出た事実だが、これはあくまでも自分の守備範囲以外の問題である。したがって、これは協調性に関する問題である。協調性とは、仕事を進めるうえでの人間関係とか、共同意識とか、グループとしての仕事を円滑に遂行しようとする精神である。ところで、"段階の選択"だが、それはSであろうか、それともAであろうか。係長が「佐藤君、山田君がこういう事情だから、今日残業を代わってやってくれないだろうか」と声をかけていたとするならば、それはおそらく期待し要求している程度であるといってよいのではないだろうか。なぜならば、その程度が高校を出て5年目程度のレベルと考えていいからである。

　このケースでは、仕事をみずから買って出たという意味において協

第Ⅶ章　考課者訓練の進め方

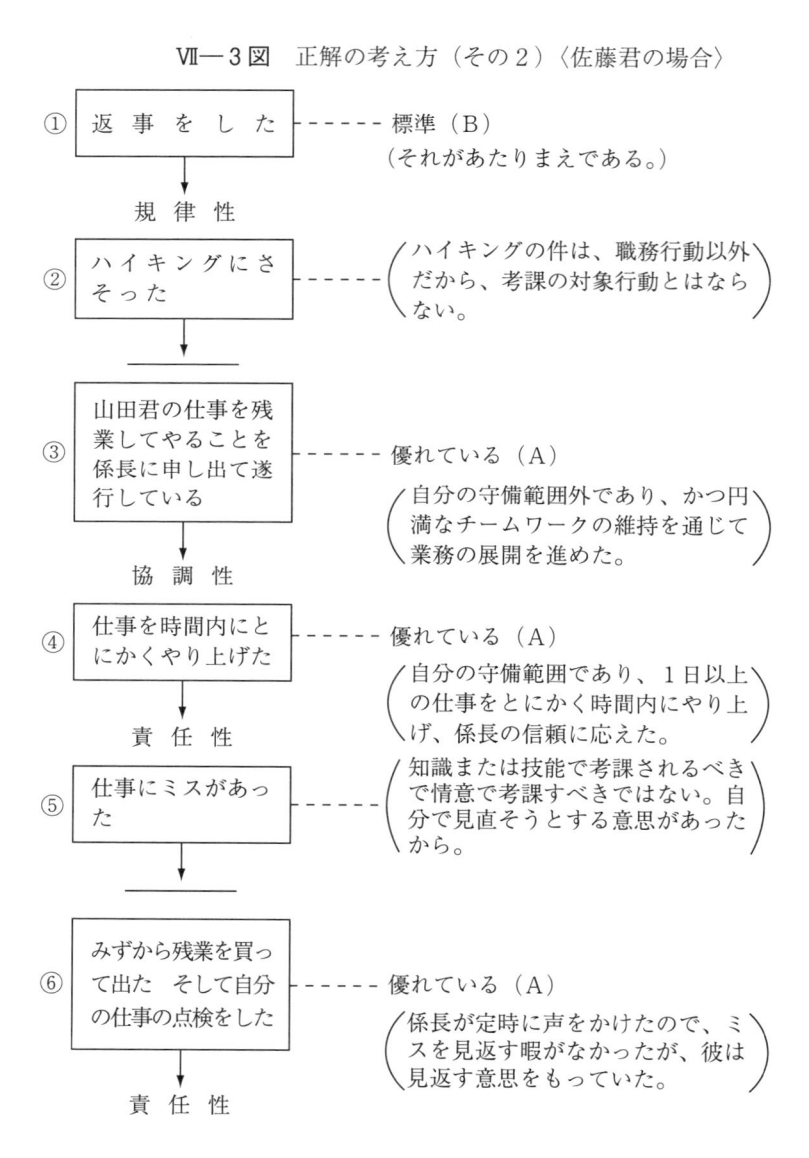

Ⅶ—3図　正解の考え方（その2）〈佐藤君の場合〉

① 返事をした　------ 標準（B）
　　　　　　　　　　（それがあたりまえである。）
　　↓
　規　律　性

② ハイキングにさそった　------ （ハイキングの件は、職務行動以外だから、考課の対象行動とはならない。）

③ 山田君の仕事を残業してやることを係長に申し出て遂行している　------ 優れている（A）
　　　　　　　　　　（自分の守備範囲外であり、かつ円満なチームワークの維持を通じて業務の展開を進めた。）
　　↓
　協　調　性

④ 仕事を時間内にとにかくやり上げた　------ 優れている（A）
　　　　　　　　　　（自分の守備範囲であり、1日以上の仕事をとにかく時間内にやり上げ、係長の信頼に応えた。）
　　↓
　責　任　性

⑤ 仕事にミスがあった　------ （知識または技能で考課されるべきで情意で考課すべきではない。自分で見直そうとする意思があったから。）

⑥ みずから残業を買って出た　そして自分の仕事の点検をした　------ 優れている（A）
　　　　　　　　　　（係長が定時に声をかけたので、ミスを見返す暇がなかったが、彼は見返す意思をもっていた。）
　　↓
　責　任　性

調性Aとつけることができる。自分も2〜3時間程度の自分の仕事を残している。そのうえに山田君の仕事をやってのけようとするのであるから、これはやはり期待し要求する程度を上回っていると考えてよいと思われる。したがってここに用意されている正解は「A」である。

次に積極性については、佐藤君の積極性を説明する材料はどこにもない。佐藤君が残業を買って出た事実は"積極性"ではない。また自分の仕事をとにかく定時までに終わらせた事実を積極性としてとらえがちだが、これも積極性ではない。積極性は仕事の改善、提案に関する行動に限定されるべきであるからだ。さてそうなると、佐藤君について積極性を述べるものは何もない。

さて、責任性だが、彼は仕事の内容に誤りが若干あった。しかし彼は、とにかくまず定時までにやり上げ、その後、見直し、提出するというスケジュールを組んでいたと考えられる。つまりこれは仕事の進め方の問題である。1つひとつ確実にやっていくか、まずざっとやって、あとを確実に見直して終わらせるか、これはおそらくその人の性格によって変化する。

しかも佐藤君は自分の仕事をとにかく定時までに終わらせようとしたし、間違いはあっても、それは彼は初めから見直すつもりでいたということ。たまたま係長がそばにいて声をかけたから係長に見てもらったのであって、彼、自らはそれを見たうえで提出しようとした点において、これは責任性を問われるべき問題ではない。

しかもさらに重要なことは、彼は自分の誤りについて指摘された場合、ただちに残業することを表明しているし、あくまでも自分の仕事に対してどこどこまでも仕上げるという責任の精神は強かったのではなかろうか。ただ残念ながらミスがあったということは、やはり彼の知識または技能または経験上の不足である。したがっておそらく成績および知識の面においては、彼は"期待し要求されている程度"以下で考課されざるを得ないのかもしれない。しかし"情意"に関する限

りは、彼はやはり優れていたといえる。かくして、彼の責任性は「Ａ」となる。

これがさきほどⅦ—5表で示した正解の内容である。

最後に㉒質疑応答とまとめを行って、演習は終わる。

5　感想文提出

以上の演習が終了したならば、用紙を配付し、大体400字から800字程度で、その場で㉓感想文を書かせ提出させる。わが社の人事考課制度に対する意見、きょうの考課者訓練の効果、および自分の考課の位置づけ等についての感想、さらに考課要素の中で、とくにむずかしいと思った要素、そして"正解"に対する意見等、これらを時間も約10分程度でまとめ、記入し、提出させる。

感想文はあとで提出させるのでは理屈が先行することになってあまり意味がない。何とかいい作文を書いて提出しようと、体裁的なものになってしまうおそれがあるからだ。

この、最後の感想文の提出で考課者訓練は終了する。人事当局としては、この感想文を整理し、コメントをつけたうえで上司に報告しておく。そしてトップにも問題を知っておいてもらう。

なお、以上の考課者訓練を度重ねて実施していくためには、たえず適切な演習問題が用意されている必要がある。適切な問題は、よその企業のものであってはならない。あくまで自社の日常の行動に関連したものでなければならず、また企業の1つの意志としての正解が用意されていなければならない。いうなれば人事考課の判例集みたいなものである。このような問題を、たくさん積み上げる必要がある。

それではそのような判例集は誰が作るのか。人事当局だけで作ることはできないから、できれば中間管理者に日常の考課上の疑問点をおり込んだ形で、しかもできればその解答の考え方も一応提出させる。それら提出されたものを、できれば考課者訓練委員会にそれを提出さ

せ、考課者訓練委員会でその問題を修正し、仕上げ、そしてそれに対する正解を用意していくようにしたい。

　演習問題、判例集、考課者訓練、これらを数多く積み上げることによって、具体的な形で考課基準を認識することができるし、考課者間の偏向を修正し、公正な価値基準を一層鮮明にしていくことが可能となる。

　なお、この演習例においては物語を口頭で説明したが、活字にして配布してもよいし、映画やビデオテープやＤＶＤでもよい。できれば従業員の誰かを演技者として日常の職場行動に関する短編映画を作るならば、なお親密感が出てくるのではないだろうか。

　ビデオやＤＶＤの場合、活字によるよりも考課結果の広がりが出て、活字や口頭より成果が上がるものと思われる。活字の場合、その用いられたことばにまどわされてしまって、固定概念ができ上がってしまうおそれがあることも否定できない。

　なお、このような考課者訓練の教材については、企業レベルでいくつかすでに用意しているところがあるが、一般市販のものとしては社会経済生産性本部のもの（ビデオと活字によるマニュアル）がある。

▶ 図 索 引

Ⅰ—1図	人材評価の２つの側面	13
2〃	過去の人事考課の流れ	14
3〃	減点主義から加点主義への転換	18
4〃	期待像を軸としたトータル・システムの能力主義人事	21
5〃	能力主義人事の流れ	25
6〃	目標面接の内容	30
7〃	目標面接の仕組み	30
8〃	中間面接の内容	33
9〃	育成面接の内容	34
10〃	育成面接の順序	35
11〃	人事考課修正の方向	43
12〃	新時代の人材評価制度	47
Ⅱ—1図	人事考課のしくみ	51
2〃	職能資格等級によってバーの高さは異なる	55
3〃	バーの高さの確認	55
4〃	中間項	57
5〃	能力や適性の把握	59
6〃	人事情報システム	60
7〃	能力と仕事と賃金	61
8〃	能力主義人事システムの構成と人事考課	63
9〃	成績考課と能力考課	65
10〃	組織の一員としての自覚	69
11〃	人事考課の組立て	70
12〃	能力の領域	71
13〃	人材アセスメント	73
14〃	能力主義のなりたち	76
15〃	考課者訓練のねらい	86
16〃	考課者訓練の内容	86
17〃	同一等級でも個人によってバーの高さを調整する	87
18〃	考課基準と人事考課	92
Ⅲ—1図	等級基準と職務基準	97
2〃	人事・労務の流れ	99
3〃	役割と職務と課業	100

Ⅲ―4図	職種別等級別「職能要件」(等級基準)	101
5〃	職能要件と能力開発・能力評価システム	103
6〃	職務調査の流れ	104
7〃	職務調査の内容と手順	105
8〃	課業	106
9〃	難易度区分基準	112
10〃	知識・技能の広がり	116
11〃	連名表による課業分担一覧	118
12〃	営業店課業分担一覧表(例示)	119
13〃	職能資格制度のしくみ	123
14〃	難易度と資格等級との関連の設定	124
15〃	等級別習熟度の指定	128
16〃	「B」(標準)が大切	135
17〃	期待し要求するレベルとは何か	135
18〃	5段階の考課基準	135
Ⅳ―1図	連名課業分担表	143
2〃	要素別考課と総合考課の違い	151
3〃	多面評価システム	152
4〃	能力の内容	154
5〃	能力の構成	154
6〃	能力の中身	155
7〃	職能階層別の能力の重点の置き方	158
8〃	能力の考課の仕方	160
9〃	人事考課の構成	163
10〃	能力把握システム	167
11〃	人事考課の層別区分	167
12〃	用意さるべき様式の種類	171
13〃	考課段階別の考課方式	173
14〃	人事考課の諸方式	175
15〃	図式尺度法における考課尺度	182
16〃	人材評価システム	186
17〃	配転と人事考課	193
18〃	配転と職歴開発	193
Ⅴ―1図	結果と原因の関係を明確に	201
2〃	復元期間の認知	202
3〃	公正な個別賃金決定基準	206

Ⅴ—4図	人事考課と処遇	212
5〃	職能資格制度における昇格の意義	214
6〃	能力と成績の間にある中間項	215
7〃	相対区分	221
8〃	絶対区分	221
9〃	相対区分と絶対区分の使い分け	221

Ⅵ—1図	評価領域	225
2〃	アセスメントの内容	225
3〃	人事情報システム（P.I.S）	226
4〃	アセスメントを構成する分析	226
5〃	各分析の内容	227
6〃	アセスメントの構成	228
7〃	アセスメントの位置づけ	228
8〃	モデリングの方式	230
9〃	日本賃金研究センターのクラスターの構成	231
10〃	樹木モデル	232
11〃	評価は短文ごとの3段階	242
12〃	日本型成果主義の流れ	244
13〃	Double Ladder の性格	246
14〃	ライフステージと Ladder の役割	246
15〃	職種別実力等級制度のフレーム	248
16〃	人材評価制度の整備要件	248
17〃	期待像の種別	249
18〃	役割評価	250
19〃	量的側面の評価	250
20〃	質的側面の評価	250
21〃	職責評価係数	251
22〃	チャレンジ目標係数	251
23〃	昇格と進級と昇進	252

Ⅶ—1図	考課者訓練用紙（情意のみの場合）	262
2〃	正解の考え方（その1）〈山田君の場合〉	286
3〃	〃　　　（その2）〈佐藤君の場合〉	288

▶ 表索引図

Ⅰ—1表	加点主義と減点主義のどちらが望ましいか ……………	19
Ⅱ—1表	成績考課と能力考課の性格の違い …………………………	65
Ⅳ—1表	職能クラス別の能力考課要素のとり方 …………………	150
2〃	人事考課の実施頻度 …………………………………………	164
3〃	考課要素 ………………………………………………………	165
4〃	層別にみた考課要素の重点の置き方 ……………………	169
5〃	減点法のしくみ ………………………………………………	178
Ⅴ—1表	点数への置き換え方 …………………………………………	210
2〃	一次、二次、三次別ウエイト ……………………………	211
3〃	昇格基準 ………………………………………………………	216
4〃	賞与の場合のウエイト（参考例） …………………………	216
5〃	昇格の場合のウエイト（参考例） …………………………	216
6〃	昇給の場合のウエイト（参考例） …………………………	216
7〃	職掌別にみた考課要素の重点（参考例） ………………	217
8〃	ウエイト総括表 ………………………………………………	218
9〃	ウエイト総括表（参考例） …………………………………	219
Ⅶ—1表	訓練スケジュールのたて方 ………………………………	257
2〃	当日までに準備しておくもの ……………………………	259
3〃	トレーナー自身が当日までに準備しておくもの ……	259
4〃	集計様式 ………………………………………………………	270
5〃	あらかじめ用意された正解 ………………………………	283

▶ 様式例索引

様式例Ⅲ—1	職種別課業の書き出し ………………………………………	109
2	職務調査の基本様式 …………………………………………	111
3	各人が分担している課業にチェック ……………………	117
4	個人別課業分担表（ミッションシートまたは職能開発シート）	121
5	課業マニュアル ………………………………………………	129
6	職務記述書（例示） …………………………………………	131

様式例Ⅲ—7	職能要件書（例示）	132
様式例Ⅳ—1	成績考課様式(1)	140
2	成績考課様式(2)	142
3	能力考課様式	146
4	職能開発カードのサンプル	187

楠田 丘（くすだ きゅう）

大正12年　熊本県生まれ
昭和23年　九州大学理学部数学科卒
昭和39年　労働省統計業務指導官
昭和40年　経済企画庁経済研究所主任研究官
昭和43年　アジア経済研究所主任調査研究員
昭和45年　日本生産性本部主任研究員，同59年，理事
同　年　日本賃金研究センター研究主任，同56年，代表幹事

主要著書　「日本型年俸制索定マニュアル」（経営書院）
　　　　　「賃金表の作り方」（経営書院）
　　　　　「賃金テキスト」（経営書院）
　　　　　「職能資格制度」（経営書院）
　　　　　「成果主義賃金」（経営書院）
　　　　　「ベア・定昇の実際」（経営書院）
　　　　　「新・能力主義賃金」（経営書院）
　　　　　「人材社会学」（経営書院）
　　　　　「賃金管理の近代化」（日本労働協会）
　　　　　「生産性と賃金」（日本生産性本部）
　　　　　「賃金とは何か」（中央経済社）
　　　　　他，多数。

人を活かす人材評価制度

1972年11月5日	第1版第1刷発行	
1975年9月9日	第2版第1刷発行	
1978年9月12日	第3版第1刷発行	
1982年12月15日	第4版第1刷発行	
1987年7月19日	第5版第1刷発行	
1993年8月17日	第6版第1刷発行	「新しい人事考課」を改題
2006年9月15日	第7版第1刷発行	「加点主義人事考課」を改題
2010年8月14日	第7版第2刷発行	
2015年7月27日	第7版第3刷発行	
2023年4月22日	第7版第4刷発行	

定価はカバーに表示してあります。

著　者　楠田　丘
発行者　平　盛之

発　行　所
㈱産労総合研究所
出版部　経営書院

〒100-0014
東京都千代田区永田町1-11-1　三宅坂ビル
電話03(5860)9799
https://e-sanro.net

落丁・乱丁はお取替えいたします　　　印刷・製本　中和印刷株式会社

ISBN978-4-87913-970-2　C2034